权威·前沿·原创

皮书系列为
"十二五""十三五""十四五"时期国家重点出版物出版专项规划项目

BLUE BOOK

智库成果出版与传播平台

北京交通蓝皮书

BLUE BOOK OF BEIJING TRANSPORTATION

北京交通发展报告（2022）

ANNUAL REPORT ON DEVELOPMENT OF BEIJING TRANSPORTATION(2022)

构建公共交通引领发展的城市综合立体交通网

主　编/北京交通大学北京综合交通发展研究院

社会科学文献出版社
SOCIAL SCIENCES ACADEMIC PRESS (CHINA)

图书在版编目(CIP)数据

北京交通发展报告.2022：构建公共交通引领发展的城市综合立体交通网/北京交通大学北京综合交通发展研究院主编.--北京：社会科学文献出版社，2022.12
（北京交通蓝皮书）
ISBN 978-7-5228-1286-1

Ⅰ.①北… Ⅱ.①北… Ⅲ.①交通运输发展-研究报告-北京-2022 Ⅳ.①F512.71

中国版本图书馆CIP数据核字（2022）第247795号

北京交通蓝皮书
北京交通发展报告（2022）
——构建公共交通引领发展的城市综合立体交通网

主　　编／北京交通大学北京综合交通发展研究院

出 版 人／王利民
组稿编辑／恽　薇
责任编辑／冯咏梅
文稿编辑／李艳璐　张　爽　孙玉铖
责任印制／王京美

出　　版／社会科学文献出版社·经济与管理分社（010）59367226
地址：北京市北三环中路甲29号院华龙大厦　邮编：100029
网址：www.ssap.com.cn

发　　行／社会科学文献出版社（010）59367028
印　　装／三河市东方印刷有限公司

规　　格／开　本：787mm×1092mm　1/16
　　　　　印　张：20.5　字　数：304千字
版　　次／2022年12月第1版　2022年12月第1次印刷
书　　号／ISBN 978-7-5228-1286-1
定　　价／168.00元

读者服务电话：4008918866

▲ 版权所有 翻印必究

《北京交通发展报告（2022）》编委会

主　任　王稼琼

副主任　余祖俊　闫学东　施先亮

编　委　（按姓氏笔画排序）

马　路　毛保华　叶　龙　乐逸祥　冯　华
毕　颖　李红昌　肖　翔　吴　静　何世伟
张秋生　武剑红　林晓言　欧国立　姚恩建
聂　磊　夏海山　黄爱玲　谭克虎

主要编撰者简介

(按姓氏笔画排序)

马 路 博士,北京交通大学交通运输学院教授、博士生导师。主要研究方向包括智能交通、交通规划、交通流理论和交通安全等。主持国家自然科学基金、北京社科基金等国家级和省部级项目多项。发表学术论文40余篇。入选交通运输行业重点领域创新团队核心成员,获高等学校科学研究优秀成果奖、中国仿真学会科技奖等荣誉。

乐逸祥 博士,北京交通大学交通运输学院教授、博士生导师。主要研究方向包括铁路运输组织、城市轨道交通网络运营等。主持国家重点研发计划项目子课题,国家自然科学基金,北京市自然科学基金,国铁集团重大、重点项目等国家级和省部级项目20余项。在国内外顶级学术刊物发表理论成果30余篇。获北京市、黑龙江省、铁道学会等省部级科技进步奖一等奖1项、二等奖5项、三等奖1项。

冯 华 博士,北京交通大学经济管理学院教授、博士生导师,北京交通大学服务经济与新兴产业研究所所长。主要研究方向包括科技创新与新兴产业、科技服务业与新型基础产业。主持国家社科基金重大项目、国家软科学研究计划重大项目多项。发表学术论文100余篇,获全国高等学校科学研究优秀成果(人文社会科学)奖,入选财政部"财政人才库",荣获"宝钢优秀教师奖""北京市教学名师奖"等荣誉。

李红昌 博士，北京交通大学经济管理学院教授、博士生导师。主要研究方向包括运输经济理论与政策、轨道交通经济社会环境影响及投融资评价、交通产业及企业治理等。主持国家级、省部级、世界银行项目50余项。发表学术论文200余篇，出版专著3部。获中国铁道学会优秀论文一等奖等荣誉。

肖　翔 博士，北京交通大学经济管理学院教授、博士生导师，北京市教学名师，北京市资产评估协会人才工作委员会委员。主要研究方向包括财务管理、企业投融资分析、资产评估、公司治理等。主持参与国家级、省部级项目80余项。发表SSCI、CSSCI等论文90余篇，出版专著8部。获省部级和中国铁道学会等10余项科研奖励。

何世伟 博士，北京交通大学交通运输学院教授、博士生导师、副院长，担任第五届国家安全生产专家组（铁路、城市轨道交通组）组长，国家铁路局专家委员会委员等职务。承担国家重点研发计划课题、"973计划"、"863计划"、国家自然科学基金等项目80余项。发表学术论文200余篇。获中国铁道学会科学技术奖一等奖4项，获詹天佑铁道科学技术奖成就奖、茅以升铁道科技奖等荣誉。

武剑红 北京交通大学经济管理学院教授、博士生导师。主要研究方向包括国内外铁路体制改革、投融资政策和经营管理模式以及高速铁路管理体制、模式、效益评价等。主持国家级、省部级、世界银行、亚洲开发银行项目80余项。发表学术论文100余篇，出版专著3部。获省部级、市级科学技术进步奖、哲学社会科学优秀成果奖8项，11篇论文获中国铁道学会优秀论文一等奖等荣誉。

姚恩建 博士，北京交通大学交通运输学院教授、博士生导师，担任教育部交通运输类教学指导委员会委员等职务。主要研究方向包括综合交通、智能交通、低碳交通等。主持国家重点研发计划等项目 40 余项。发表学术论文 220 余篇,授权发明专利 20 项,出版专著、教材 5 部。获北京市科学技术进步奖二等奖、中国智能交通协会科学技术奖一等奖、十佳全国公路优秀科技工作者、宝钢优秀教师奖等荣誉。

夏海山 博士,北京交通大学建筑与艺术学院教授、博士生导师,担任中国建筑学会理事、北京土木建筑学会副理事长、中国国土经济学会 TOD 专委会副主任等职务。主要研究方向包括轨道交通与城市空间协同发展、数据推演技术与城市空间规划、智慧城市与可持续发展研究。主持国家自然科学基金项目等多项国家级项目。出版专著、译著 8 部。获詹天佑铁道科学技术奖专项奖等荣誉。

黄爱玲 博士,北京交通大学交通运输学院教授、博士生导师。主要研究方向包括交通运输系统工程、交通复杂网络、综合交通系统优化等。主持国家级、省部级项目 30 余项。发表学术论文 40 余篇,出版专著、译著 8 部。获商务部商务发展研究成果奖三等奖,中国智能交通协会科学技术奖二等奖,北京市民主党派参政议政优秀调研成果一等奖 2 项、二等奖 2 项等荣誉。

谭克虎 博士,北京交通大学经济管理学院教授、博士生导师。主要研究方向为运输经济理论与政策。主持和参与科研项目 20 余项,主持省部级科研项目 10 项,其中运输经济和综合运输管理体系方向 5 项,铁路企业与快递企业合作方向 5 项。发表学术论文 60 余篇,包括 CSSCI 论文 21 篇,出版专著、教材 7 部。获中国铁道学会科学技术奖二等奖等荣誉。

摘 要

2021年北京在公交运营服务提升、绿色出行、交通方式融合、京津冀交通一体化、交通综合治理等方面取得了丰硕成果。交通的高质量发展在保障冬奥会运输和疫情防控期间居民出行方面发挥了重要作用，有力支持了北京"四个中心"建设，同时支撑了国家层面交通发展战略的实施。随着城市不断建设，首都圈结构逐渐完整，城市和区域的大量出行对北京交通发展提出了较高的要求。现阶段北京交通存在一些挑战，如轨道交通和道路等基础设施网络发展较快，但不同网络之间的综合衔接能力不足，带来了公交地铁换乘难、多方式交通接驳不便、票务信息管理分散等问题。北京市应以公共交通为基础，从设施连接和信息融合两个方面加强小汽车、自行车、步行等交通方式间的衔接，构建公共交通引领发展的城市综合立体交通网。

本报告分为三个部分：第一部分为总报告，第二部分为分报告，第三部分为专题篇。总报告首先对北京2021年的交通发展情况进行了分析，分别从对外交通、绿色交通、平安交通、科技交通、人文交通、旅游交通等视角进行了总结和展望。在此基础上，分析了北京综合立体交通网的发展现状，并提出了发展方案和改进方法。分报告围绕铁路、机场、道路交通、综合交通等细分领域展开研究。铁路方面，根据北京既有铁路资源和通勤需求现状，研究利用既有铁路提供通勤服务的可行性和必然性，提出了利用国铁资源构建市郊铁路通勤网络的结构模式。机场方面，以经济水平和交通水平为出发点，研究了大兴国际机场临空经济区发展建设策略。道路交通方面，通过对北京市停车现状和问题进行分析，有针对性地提出了优化方案

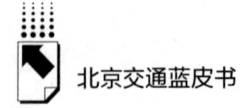

及相关建议。综合交通方面，研究了北京公共交通一体化高效换乘网络的优化以及北京市慢行系统出行品质的提升方法，制定了具备可实施性的策略方案。专题篇在总报告和分报告所提出思路的基础上进行了更加具体、针对性更强的案例分析与研究：一是探讨了北京市职住平衡的影响因素及改善对策；二是分析了北京新型智慧城市建设的现状和问题，并提出了具有针对性的发展建议。

本报告总结了近年来北京交通发展的重要成果，从相关细分领域梳理了北京的交通建设情况，分析了现阶段的挑战，展望了未来的发展趋势，并提出了有针对性的对策建议和具体的落实方案，以期为北京交通发展的理论与实践提供借鉴，为我国其他城市的交通发展提供参考。

关键词： 综合立体交通网　城市通勤　绿色交通　公共交通　高质量发展

前　言

北京作为我国的首都和超大城市的代表，在交通规划、建设、管理与政策等方面取得了丰硕的成果。大量的共性问题使北京在交通发展中所形成的经验具有很高的参考价值，对我国现代化城市交通发展能够起到先锋引导作用。北京交通发展立足于北京市交通出行需求，同时服务于国家战略和重大活动保障，如京津冀协同战略、交通强国战略、冬奥会交通保障等。2017年9月，中共中央、国务院批复《北京城市总体规划（2016年—2035年）》，对北京市交通发展、管理与治理提出了高质量、高标准的要求。

北京交通大学北京综合交通发展研究院作为北京市委、市政府首批批复建设的首都高端智库14家试点单位之一，旨在围绕北京交通发展中的重要领域开展研究，并对年度热点问题进行追踪。相关成果则形成了一系列研究报告，按年度收录于本报告，选题重点关注北京交通发展中的管理与政策问题，并为其他城市交通发展提供参考。

北京的交通发展具有"方式齐全、情境复杂、经验丰富"等特点，针对北京交通发展的研究涵盖了交通领域的众多方面，国内外大量研究也均以北京为实例分析的对象，涉及的研究方向较多，近期所关注的研究方向主要包括交通多网融合、京津冀交通一体化、智慧城市与交通等。

北京交通发展逐渐从以"量"为导向的基础设施建设模式向以"质"为目标的设施、规划、管理、政策高质量融合发展模式转变。为推动多网融合背景下的交通高质量发展,提升交通枢纽的衔接能力是现阶段的重要发力点。公共交通是多网融合的主角,是支撑小汽车、自行车和步行等多种交通方式有机衔接的核心。由此,本报告将"构建公共交通引领发展的城市综合立体交通网"作为年度主题。

目 录

Ⅰ 总报告

B.1 2021年北京交通研究报告 ·· 001
B.2 2021年北京综合立体交通网建设报告 ································· 022

Ⅱ 分报告

B.3 2021年国铁资源服务城市通勤研究报告 ······························· 064
B.4 2021年大兴国际机场临空经济区高质量发展报告 ··················· 101
B.5 2021年轨道交通、地面公交、慢行交通多网融合研究报告 ······ 147
B.6 2021年北京停车产业化发展模式研究报告 ···························· 191

Ⅲ 专题篇

B.7 北京市职住平衡影响因素及改善对策研究 ···························· 225

B.8 北京智慧城市建设管理研究 …………………………………… 266

Abstract ……………………………………………………………… 298
Contents ……………………………………………………………… 300

皮书数据库阅读使用指南

总报告

General Reports

B.1 2021年北京交通研究报告

摘　要： 北京交通发展积极响应党中央、国务院发布的《交通强国建设纲要》，并在《北京城市总体规划（2016年—2035年）》的指导下取得了丰硕的成果。开展年度的分析和研究，对未来的工作安排具有重要参考意义。本报告从"对外交通、绿色交通、平安交通、科技交通和人文交通"等角度出发，对2021年北京市的交通发展情况进行了总结分析。相关数据表明，本年度北京交通运行平稳安全，有力地支撑了"两区"建设，推动了京津冀交通一体化的高质量发展。

关键词： 城市交通　交通发展　交通政策

一　北京对外交通发展情况

2021年，北京市坚持落实交通领域常态化疫情防控措施，对外客运总

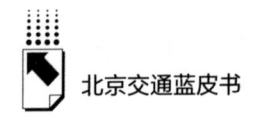

量较2020年有所回升，为1.7亿人次，增长28.1%。其中，公路客运量为2722.6万人次，较上年增长46.6%；铁路客运量为8550.1万人次，较上年增长34%；航空客运量为5769.13万人次，较上年增长14.0%。

（一）境内客运

1. 铁路客运

2021年，疫情防控向好态势持续巩固，铁路客运需求逐渐回升。北京境内铁路客运量为8550.1万人次，较上年增加2167.3万人次，增幅为34%（见表1）；旅客周转量为95.482亿人公里，较上年增加35.1%。

表1　2014~2021年北京境内铁路客运量

单位：万人次

指标	2014年	2015年	2016年	2017年	2018年	2019年	2020年	2021年
境内铁路客运量	12599.8	12814.3	13374.6	13868.2	14268.5	14751.9	6382.8	8550.1

资料来源：中国铁路北京局集团有限公司。

2021年1月，北京朝阳站随京哈高铁京承段同步开通，北京地区图定日开行旅客列车698.5对，较上年增加110.5对，其中北京站开行131对，北京西站开行196.5对，北京南站开行251对，北京北站开行61对，朝阳站开行59对。

从发送旅客的目的地来看，运送旅客最多的5个车站分别是天津站、石家庄站、上海虹桥站、郑州东站和太原南站。其中北京去往天津的旅客最多，为540.2万人次。

2. 航空客运

受疫情影响，2021年航空客运市场客流虽有所增加，但仍未恢复到疫前水平。2021年北京境内航空客运量为5716万人次，较上年增加20.1%，为2019年的74.8%（见表2）。其中，首都国际机场航空客运量为3211万人次，大兴国际机场航空客运量为2505万人次。

表2　2017~2021年北京境内航空客运量

单位：万人次

指标	2017年	2018年	2019年	2020年	2021年
境内航空客运量	7113	7396	7644	4760	5716

资料来源：北京市商务局。

2021年首都国际机场旅客吞吐量前十的境内航线分别是北京—上海（往返）、北京—成都（往返）、深圳—北京（往返）、北京—广州（往返）、杭州—北京、北京—重庆等。其中，旅客吞吐量最大的是上海—北京的航线，达到217万人次，较上年增长了26.1%。

3. 公路客运

2021年，北京共有8个省际客运站，运营线路292条，较上年减少172条。疫情期间，为全面遏制疫情蔓延，北京多次暂停省际客运，客运量再次下滑，共完成客运量352万人次，较上年下降4.1%，其中到达量为166万人次，发送量为186万人次。运营车辆共1044辆，较上年减少295辆；共完成旅客周转量11.2亿人公里，较上年减少7.4%。

（二）境外客运

1. 航空客运

2021年，首都国际机场旅客吞吐量最大的10条国际航线分别为北京—布鲁塞尔、首尔—北京—阿姆斯特丹、哥本哈根—北京、北京—首尔、沈阳—北京—法兰克福、北京—洛杉矶、北京—巴黎、北京—伊斯兰堡—卡拉奇等。受新冠肺炎疫情影响，我国采取了较为严格的入境措施，跨境客运量大幅减少，2021年北京境外航空客运量为53.13万人次，较上年减少82.3%，仅为2019年的2.0%（见表3）。

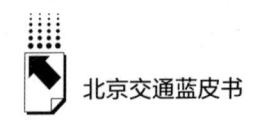

表 3 2017~2021 年北京境外航空客运量

单位：万人次

机场	2017 年	2018 年	2019 年	2020 年	2021 年
首都国际机场	2470	2685	2655	293	53.06
大兴国际机场	—	—	9	8	0.07
总　计	2470	2685	2664	301	53.13

资料来源：北京市商务局。

2. 铁路客运

北京西站是北京市唯一的铁路客运口岸，2021 年受新冠肺炎疫情影响，铁路客运口岸关闭，境外铁路客运量为 0（见表 4）。

表 4 2016~2021 年北京西站境外铁路客运量

单位：万人次

指标	2016 年	2017 年	2018 年	2019 年	2020 年	2021 年
境外铁路客运量	5.4	4.8	4.5	3.1	0.2	0

资料来源：北京市商务局。

二　北京绿色交通发展情况

2021 年，北京交通领域坚持"慢行优先、公交优先、绿色优先"的方针，着力优化交通结构，大力发展绿色交通，推动首都空气质量持续改善。

（一）出行需求与特征

1. 机动车保有量

自 2011 年北京实施小客车指标调控政策起，北京的机动车保有量增长率总体呈现下降趋势。2021 年，北京市机动车保有量达 685 万辆，比上年末增加 28 万辆，增长 4.26%。其中，私人机动车保有量达到 561 万辆，较上年增加27万辆（见图1）；私人汽车521.1万辆，较上年增加13.2万辆，私人汽车中轿车294.1万辆。

图1　2012~2021年北京市机动车保有量与私人机动车保有量

资料来源：北京市公安局公安交通管理局。

2. 绿色出行方式及构成

2021年，北京市中心城区工作日出行总量降至3530万人次（含步行），其中绿色出行比例进一步增长，达到74%。具体来看，轨道交通出行比例为14.7%，与上一年持平；公共汽（电）车出行比例为11.5%，同比下降0.2个百分点。步行、自行车出行比例合计达到47.8%，再创过去五年新高，其中自行车出行比例为16.4%，同比上升0.9个百分点；步行出行比例为31.4%，同比上升0.2个百分点。

（二）公共交通

2021年，在疫情防控常态化形势下，北京市公共交通客运量较上年稳步回升，达53.5亿人次，绿色出行成为市民首选，从源头上减少了交通行业污染物排放。2021年底，新开9条（段）城市轨道线路，北京轨道交通运营总里程达783公里；调整134条地面公交线路，城区公共汽（电）车运营线路总长度达28430公里。通过构建便利互通、多网融合的绿色出行体

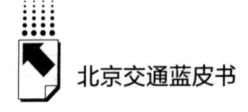

系，北京市的出行结构得到了进一步的优化。

1. 运营线路数量

截至2021年末，北京市城区公共（汽）电车运营线路总数为1217条，比上年末增加10条，同比增长0.83%；轨道交通运营线路为27条，比上年末增加3条（见图2）。

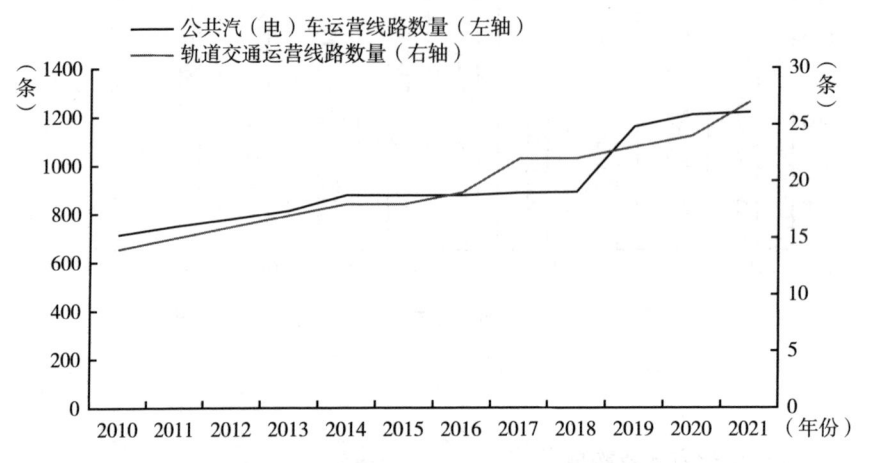

图2 2010~2021年北京市公共交通运营线路数量

资料来源：《北京市2021年国民经济和社会发展统计公报》。

2. 运营线路长度

截至2021年末，北京市城区公共汽（电）车运营线路长度为28580公里，较上年增加162公里，同比增长0.57%，增长速度显著放缓；轨道交通运营线路长度为783公里，较上年增加56公里，同比增长7.70%，增长速度有所回调。公共汽（电）车运营线路长度在2019年大幅上升后，建设速度有所放缓（见图3）。

3. 运营车辆数量

2021年，北京市公共汽（电）车运营车辆数量有所减少，而轨道交通运营车辆数量有一定的增长。2021年，北京市公共汽（电）车运营车辆数量为23079辆，较上年减少869辆，同比减少3.63%；轨道交通运营车辆数量为7110辆，较上年增加331辆，同比增长4.88%（见图4）。

图3　2010~2021年北京市公共交通运营线路长度

资料来源：《北京市2021年国民经济和社会发展统计公报》。

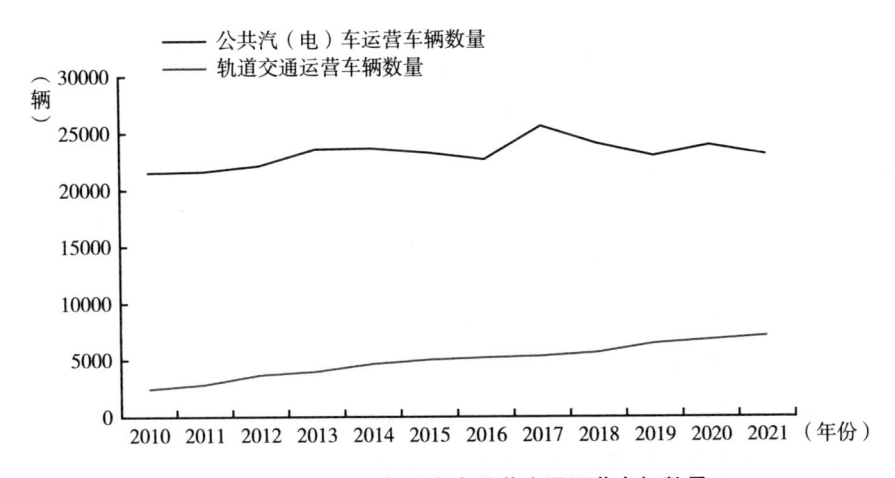

图4　2010~2021年北京市公共交通运营车辆数量

资料来源：《北京市2021年国民经济和社会发展统计公报》。

4. 客运量

2021年，全市公共汽（电）车客运量为25.5亿人次，占客运总量的37.6%，较上年增长23.8%；轨道交通客运量为30.68亿人次，占客运总量的45.2%，较上年增长33.7%（见图5）。全年行驶里程为66435.74万公里，同比减少1.35%。

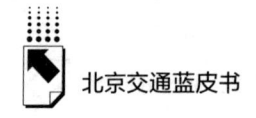

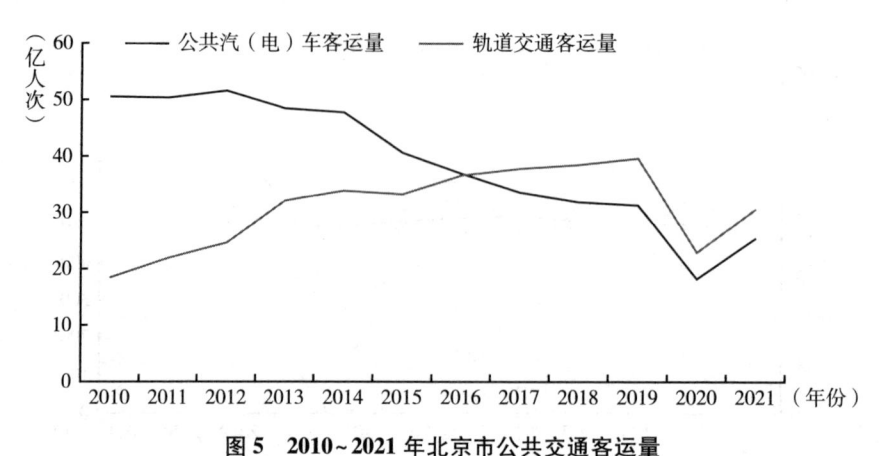

图 5 2010~2021 年北京市公共交通客运量

资料来源：《北京市 2021 年国民经济和社会发展统计公报》。

（三）慢行系统

近年来，北京市坚持从"以车为本"向"以人为本"转变，积极倡导和推动城市慢行系统建设，实施慢行系统品质提升行动，鼓励和支持广大市民采用"步行+自行车"的慢行交通方式出行。

2021 年，北京中心城区居民慢行交通出行比例达 47.8%，较 2017 年增长 6.9%，达到 10 年来的最高水平，北京市民慢行出行意愿持续提升。自行车（包括自有自行车、公共自行车和共享单车）骑行总量显著增加，其中共享单车骑行量达到 9.5 亿辆次，较上年增长 37.7%，平均行驶距离为 1.3 公里，平均骑行时间为 11.3 分钟。从骑行时间分布来看，20.5%的骑行量发生在早高峰时段，19.0%的骑行量发生在晚高峰时段。自行车专用路全年骑行量突破 185 万辆次，东拓、南展工程有序推进。

三 北京平安交通发展情况

（一）交通安全情况统计

1. 交通事故统计

如表 5 所示，2021 年，北京市交通安全形势总体平稳，万车死亡率为

1.62 人，较上年升高了 10.2%，这是北京过去五年来道路交通万车死亡率的第一次升高。

表 5　2016~2021 年北京市万车死亡率

单位：人

指标	2016 年	2017 年	2018 年	2019 年	2020 年	2021 年
万车死亡率	2.38	2.33	2.13	1.98	1.47	1.62

资料来源：北京市公安局公安交通管理局。

2. 交通管理与控制设施

2021 年，为确保北京市交通管理服务更加精细、高效、便捷，年内净增调整各类交通标志 7730 套、交通标线 896.08 公里，并同步落实优化交通组织、完善标志标线、增设科技设备、加强路面巡控、开展宣传教育等管理措施，防止交通秩序反弹，进一步提升了城市交通品质和整体景观。2017~2021 年北京市交通管理与控制设施情况见表 6。

表 6　2017~2021 年北京市交通管理与控制设施

类别	2017 年	2018 年	2019 年	2020 年	2021 年
交通标志（套）	260998	277994	279033	287403	295133
指路标志（面）	41304	43830	45314	46640	48906
路名标志（面）	17194	20117	20121	20254	—
交通标线（公里）	75832	82782	75165.3	78088.5	78984.58
隔离护栏（米）	1924395	2156556	1574053	1531742	1501920
信号灯（处）	5707	7175	7175	8224	9543

资料来源：《2022 北京市交通发展年度报告》。

（二）交通安全管理

1. 严管各类交通违法行为，持续提升执法效能

2021 年，北京市交通管理部门对货车、外埠车、摩托车交通禁限行违

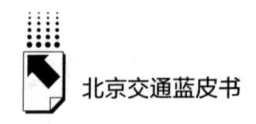

法行为进行了强力整治,加大对外卖配送车辆闯红灯、逆行等严重违法行为的查处力度,对过渡期满仍违规上路行驶的超标二轮电动车和无牌电动车依法实施处罚,将电动自行车租赁行业纳入本市产业禁限目录,启动三、四轮低速电动车专项整治,持续加强"黑车"治理,强化路警联合模式,大力推进常态化、制度化联合治超执法,实现城市道路超限率不超过2%,高速路超限率不超过0.5%。推动货运源头管理工作,全面排查、公示、监管全市重点货运源头单位。

2. 统筹常态化疫情防控,保持疫情形势平稳向好

针对2021年初和7月底出现的京外关联病例情况,北京市交通部门迅速启动应急机制,连续印发通知,组织全市交通行业结合大兴、顺义、房山等地疫情特点,从严从紧精准落实消毒、通风、测温、戴口罩、防聚集等防控措施。同时,动态跟踪疫情变化,随时掌握行业确诊、密接人员信息,调度有关部门做好流调溯源、隔离管控、健康监测等工作。落实重点单位和人员的核酸检测筛查,按照全市统一部署,提高窗口单位核酸检测频次,组织好相关领域一线人员的核酸检测工作,及时排查风险隐患,落实"四早"要求。强化道路客运管控,组织相关部门和企业根据全国疫情形势及时暂停有关地市、省际客运班线和省际、市际包车业务,并组织做好宣传引导和退票服务。

3. 多措并举保障假日交通安全畅通

交管部门结合假日期间交通特点,在节前就着手制订道路疏导和维护方案,假日期间全部警力最大限度地投入路面维护疏导,多措并举全力做好假日交通保障工作。一是做好进出京道路交通维护疏导。二是强化景点景区及公交场站等重点区域交通秩序维护。三是加大违法整治力度,营造良好秩序环境。四是加大涉牌涉酒等严重交通违法行为的打击整治。五是充分依托高峰勤务和铁骑警务机制,加强路面交通维护疏导。六是加强道路交通事故预防,严防发生重大交通事故。

4. 认真落实冬奥会安全应急重点任务

根据北京冬奥会交通工作协调小组要求,北京市交通委员会编制并上报

《北京冬奥会交通运行突发事件应急预案（交通基础设施损毁）》《北京冬奥会交通运行突发事件应急预案（恶劣天气）》《2022年北京冬奥会期间交通行业安全风险评估与控制报告》《北京冬奥会交通行业安全手册》。为防范及应对北京冬奥会交通保障重大风险，制订了《北京冬奥会交通行业保障重大风险防控方案》，并上报交通行业风险清单。

四　北京科技交通发展情况

2021年，北京科技交通总体呈现不断发展的态势，MaaS（出行即服务）平台、智能列车、自动驾驶等交通科技不断取得新的进展。交通科技应用逐渐深入北京居民的日常生活，使市民的出行更加高效便利，同时保障了北京交通的安全通畅。

（一）智慧交通规划

为贯彻落实市委、市政府智慧城市发展战略部署，加快推动《北京市"十四五"时期智慧交通发展规划》落地实施，有效提升北京市交通数字化、智能化水平，促进交通行业提效能、扩功能、增动能，2021年北京市交通委员会结合实际制定了《北京市智慧交通建设行动计划（2022—2024年）》。该行动计划分别明确了到2022年底、2023年底和2024年底北京市智慧交通发展目标，并给出了筑牢智慧交通基础、强化交通大脑建设、推动行业转型升级3项重点任务14条重点举措。

（二）智能决策与智慧交管

2021年，北京市交通委员会基于"北斗+5G"，完成了智慧公交网络调度平台的设计，提升了地面公交的网络化运营调度水平，打破车辆、停车场、线路、管理之间的界限，实现客流、车流耦合并高效协同运行，提高了交通管理智能决策处置能力，加快实现城市交通管理现代化。

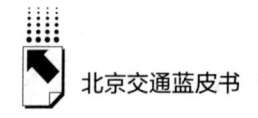

此外，2021年北京市进一步完善智慧交管体系建设：实施核心区域智慧电子警察项目；推进智慧交管重点课题攻关及示范应用；实施智能交通综合信号控制系统建设项目，搭建全市交通信号系统大数据平台和交通信号系统通信网络；不断完善"互联网+交管"服务平台，升级"随手拍"平台，拓宽公众参与渠道；搭建交管12123语音服务平台，推广网上自助办理。

（三）公共交通智能化

秉承"畅通北京，让首都更美好"的使命，北京地铁创新提出"面向乘客需求的'主动+精准'的全时程线上线下一体化智能服务"新模式，上线了"乘客智能综合服务平台"，为乘客提供精准、智能、个性化的全过程出行服务。2021年，北京地铁6号线安装了智能列车乘客服务系统，乘客可通过车门上方、通道上方的高清LED屏，获取下一站、出口位置、换乘路线等信息，一目了然，十分便捷。列车行驶时，车窗就会"变身"显示屏幕，清晰地呈现列车位置、线网图、车站三维示意图等（见图6）。车内的感知摄像头可进行图像识别与智能分析，如有乘客晕倒、挥手求助等，就会自动识别并报警。"候车引导屏幕"可以让乘客清晰地了解智能列车的运行位置、不同车厢拥挤度、强冷/弱冷车厢等，方便乘客自由选择，具有更智能、更高效、更安全等优势。

地面公交方面，2021年，北京市交通出行电子支付建设稳中有进。聚焦"一码通乘"服务，持续督导一码通乘公司加强运营管理、提升服务质效，目前平台累计注册用户1600余万人，日均刷码超过400万人次。聚焦民生卡改革、电子拥军卡发行、数字人民币应用，组织开展了交通领域用卡环境改造，目前电子拥军卡、数字人民币相关工作已圆满完成。聚焦"交通一卡通"互联互通，以京津冀、雄安新区为重点，督导相关企业周密做好"白名单"城市"交通一卡通"互联互通，目前北京市已与全国241个城市实现公共交通乘车刷卡互通。

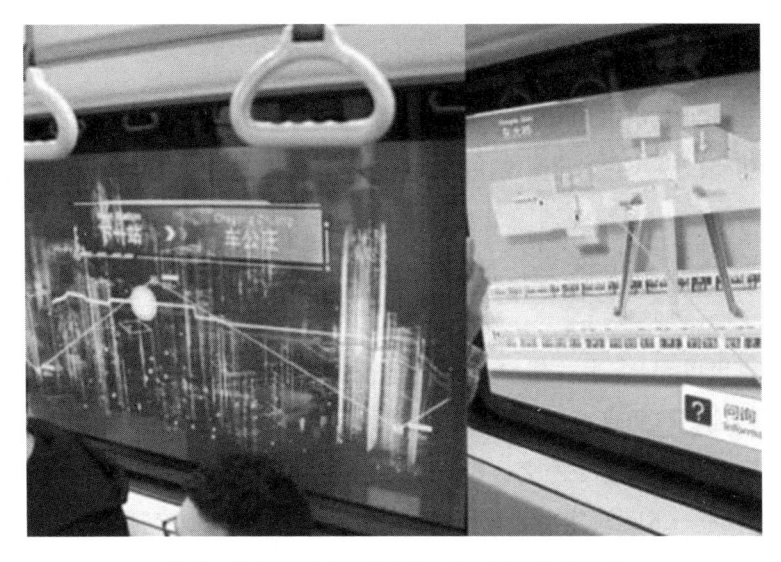

图 6　北京地铁 6 号线智能列车乘客服务系统

资料来源：北京市文化和旅游局。

（四）自动驾驶

2021年，北京市秉承"安全第一、有序创新"的原则，积极稳妥地推进自动驾驶道路测试管理工作，充分发挥联席会议群策群力、议事决策等优势，先后召开11次联席工作小组会、24次专家评估会、1次事故模拟演练、1次安全运行研讨会，围绕自动驾驶测试道路与测试场景开放、测试申请与号牌发放、测试安全管理等方面，积极为企业自动驾驶测试营造良好环境，促进北京市自动驾驶行业快速发展。目前，北京市共开放6区278条1027.88公里自动驾驶测试道路，年度新增道路328.3公里，增幅为46.9%；6家企业165台车辆取得测试号牌，年度新增车辆78台，增幅为89.6%。截至2021年底，北京市累计测试里程达326万公里，年度新增里程105万公里，增幅为47.2%，测试道路、测试车辆、测试里程和自动驾驶技术保持全国领先。北京有望首次将L4级智能车联网业务整体应用于冬奥场景，为不同国家的人提供安全、高效的出行体验。

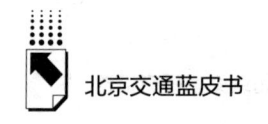

（五）MaaS平台建设

2021年北京市以MaaS平台建设为抓手，持续拓展丰富服务场景，优化完善平台功能，提升一体化交通出行服务品质，助力北京交通碳达峰、碳中和。

2021年，北京市交通委员会研究制定了《北京MaaS行动路线图》，筹备组建MaaS联盟论坛，着力推动形成"政府指导、行业支撑、互联网触达"的北京MaaS体系。

北京市以MaaS平台建设为抓手，持续开展绿色出行碳普惠激励活动，协调高德地图与北京市政路桥建材集团有限公司达成1.5万吨碳减排量交易，实现全球首笔涵盖公交、步行、地铁、骑行等多种绿色出行方式的碳交易，交易额全部反馈实践绿色出行的社会公众。这是交通出行领域实现"双碳"目标的重要尝试。截至目前，MaaS平台用户量超过1440万人，累计碳减排量达4.6万吨。

与此同时，MaaS平台上线室内枢纽导航、充电桩服务等功能，加快推进预约停车、无障碍出行、定制公交等新场景新功能研发，着力提升用户一体化绿色出行体验。

（六）车联网

2020年9月，北京市启动建设全球首个网联云控式高级别自动驾驶示范区，探索实践"车路云"一体化技术路线，开展"车、路、云、网、图"五大体系建设。2021年，示范区完成了1.0和2.0阶段建设，建成城市级工程试验平台与产业政策创新高地，支持开展技术测试验证与商业化试点，不断拓展"车路云"一体化应用场景功能服务，深入聚焦产业链关键技术研究，有序落地场景应用示范和商业模式探索。经过1.0和2.0阶段的建设，北京市经济技术开发区目前已建成329个智能网联标准交叉口，双向750公里城市道路和10公里高速公路，实现"车路云"一体化功能覆盖。在示范区2.0建设中首次实现了城区级范围的车联网安全身份认证，其中包括车与路侧、路侧与云之间的安全身份认证（见图7）。通过建立车联网信息安全管理机制，接入

V2X（车用无线通信技术）安全证书管理体系，实现 V2X 信息的互联互通和安全互信，支撑相关企业进行 C-V2X 安全机制应用与验证。

图 7　车联网

资料来源：北京市文化和旅游局。

总体来看，2021 年北京市智慧交通体系建设进展良好，各项技术顺利稳步发展。作为人工智能与智慧交通发展的战略高地，北京市进一步规范了自动驾驶道路测试区域，推进自动驾驶产业发展，完善产业配套设施。同时，"北京公交"和"北京地铁服务"等智能应用进一步走进市民的生活，极大地提高了出行效率，这些都是北京市科技交通、智慧交通稳步前行的重要保障。

五　北京人文交通、旅游交通发展情况

（一）人文交通

随着我国交通运输业的迅速发展，人们的出行需求也发生了变化。在交通越来越便利的同时，人们更加关注出行中的舒适度与人文属性。这就要求在满足大众对交通基本需求的前提下，为市民提供更加优质的人文服务，并借此充分利用公共交通的文化传播功能，优化人们的出行体验。

自 2019 年《北京市进一步促进无障碍环境建设 2019—2021 年行动方

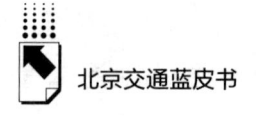

案》实施以来,通过多方努力,北京的公交、地铁线网基本形成了顺畅的无障碍出行环境,城市道路的无障碍出行条件不断完善,无障碍服务规范也正相继出台。

北京市交通委员会的数据显示,截至2021年末,北京城区一共有606条无障碍公交线路、1.2万辆无障碍公交车,占到城区公交车总数的80.12%;27条城市轨道交通线路、459座地铁车站全部提供无障碍预约服务,并在出入口设置了无障碍位置图和现场救援电话。

2021年,北京地铁上线了"北京地铁服务"微信小程序,其中开通了"爱心预约"和"失物招领"两项功能(见图8)。小程序上线后,北京地铁搭建了一套新的智慧服务平台。车站在捡到遗失物后,会将遗失物的特征、数量和拾取位置等信息上传至平台。遗失物品的乘客通过微信小程序输入遗失物品的信息后,系统会自动进行匹配查找。北京地铁还同步推出了一对一无障碍预约服务。目前,北京地铁所有车站均配备了轮椅渡板、直梯、无障碍升降平台或爬楼车等无障碍出行服务设施,方便有需要的乘客出行(见图8)。乘客可以通过小程序提前两个小时填报出行信息,车站工作人员看到预约信息后,提前安排好人员准备无障碍的设备,为乘客提供一对一的服务,出行不便的人士、孕妇还有携带婴幼儿的群体都可以享受此服务。

(二)旅游交通

受疫情影响,2020年北京旅游业规模呈断崖式下降。2021年相比上年有所好转,但仍未恢复到疫情之前的水平。北京市全年接待旅游总人数为2.6亿人次,比上年增长38.8%,恢复至2019年的79.2%,恢复程度好于全国水平25.2个百分点。其中,接待国内游客2.5亿人次,增长38.9%;国内旅游总收入为4138.5亿元,增长43.7%。2021年北京未开放入境团队旅游,接待入境游客24.5万人次,下降28.2%。全年实现旅游总收入4166.2亿元,增长43.0%,恢复至2019年的66.9%,恢复程度好于全国水平15.9个百分点;国际旅游收入为4.3亿美元,下降10.4%。人均消费

图 8 "北京地铁服务"微信小程序

资料来源：北京市文化和旅游局。

图 9 北京地铁无障碍升降平台

资料来源：北京市文化和旅游局。

1633.0元，较上年增长3.0%，恢复至2019年的84.5%，高于全国水平733.7元。

由表7数据可以看出，2017~2019年来京游客人数均保持增长态势，2020年和2021年受新冠肺炎疫情影响来京游客人数减少，对北京旅游业造成了非常大的负面影响，在疫情防控常态化背景下，中央及地方政府相继出台了一系列政策，2021年北京市国内游客人数出现恢复性增长，而国际游客人数却进一步下降。

表7 2017~2021年北京市国际、国内旅游情况

年份	来京游客人数（万人次）	国际游客人数（万人次）	国内游客人数（万人次）	国际旅游收入（亿美元）	国内旅游收入（亿元）
2017	29746.2	392.6	29353.6	51.3	5122.4
2018	31093.6	400.4	30693.2	55.2	5556.2
2019	32209.9	376.9	31833.0	51.9	5866.2
2020	18386.5	34.1	18352.4	4.8	2880.9
2021	25512.8	24.5	25488.3	4.3	4138.5

资料来源：北京市文化和旅游局。

统计数据显示，外省来京游客消费对旅游收入贡献最大，2021年北京接待外省来京游客1.29亿人次，较上年增长32.6%，恢复至2019年的66.9%；旅游收入3657.7亿元，较上年增长45.5%，恢复至2019年的68.9%，外省来京游客消费占旅游总收入的87.8%；人均消费2839.6元，增长9.7%，较2019年增长3.1%。

从客源构成来看，近程市场即来自河北和天津两省市的游客占31.4%；中程（环河北）市场包括山东、山西、河南、辽宁和内蒙古的游客，五省区贡献了30.5%的客源；远程市场占总体的38.1%，来自广东、黑龙江、江苏、上海和四川的客源占比相对较大，依次为4.0%、3.9%、3.3%、3.2%和3.0%。

从外省来京游客的消费构成来看，购物占比最高，达24.5%，餐饮、

长途交通和住宿占比接近，依次为18.7%、17.9%和17.3%，景区游览占10.8%，文化娱乐占6.7%（见图10）。

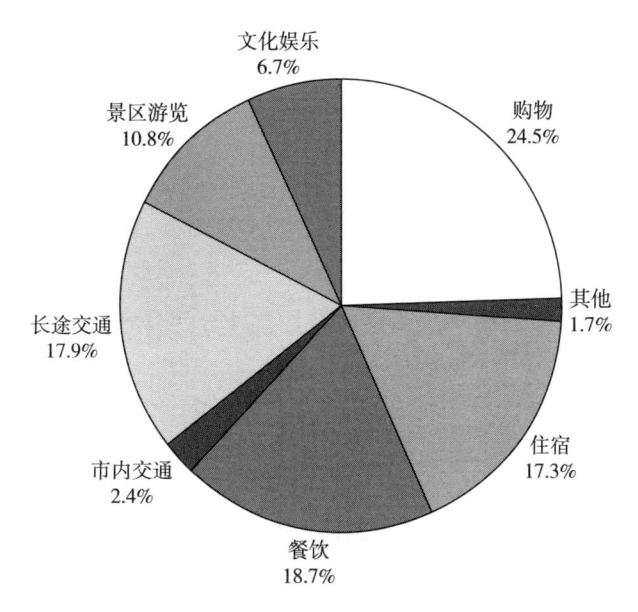

图10 外省来京游客的消费构成

资料来源：北京市文化和旅游局。

2021年北京接待市民在京游人数为1.26亿人次，较上年增长45.9%，较2019年增长0.3%；旅游收入480.7亿元，较上年增长31.0%，恢复至2019年同期的86.0%；人均消费381.3元，较上年下降10.2%，恢复至2019年的85.7%。从市民出游选择来看，市民郊区游所占比重从2019年的53.6%、2020年的55.2%上升到2021年的66.8%，呈现"更周边、更户外、更乡村"旅游新趋势。从消费构成来看，餐饮和购物居前列，分别占29.7%和28.2%，景区游览和交通位列第3、第4名，分别占13.7%、13.2%，文化娱乐占比为5.9%（见图11）。

综合来看，北京市旅游业发展逐步回暖，恢复向好态势。此外，由于经济快速发展，来京旅游人群的消费水平不断提高，交通费用在来京旅游花费中的占比有下降的趋势。2020年和2021年受新冠肺炎疫情影

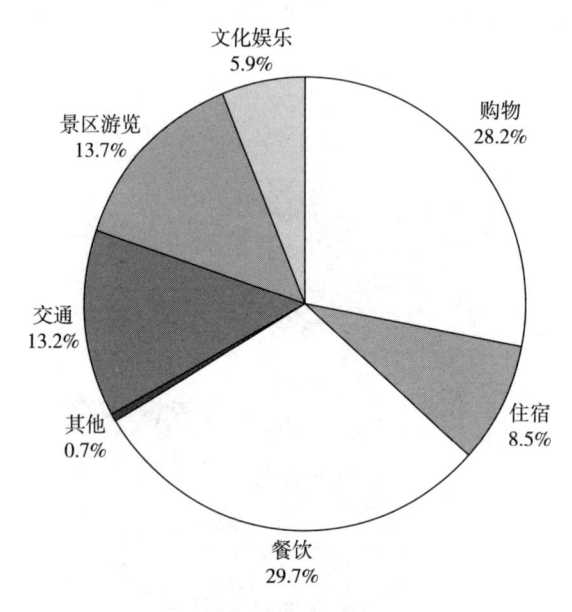

图 11　京内游客的消费构成

资料来源：北京市文化和旅游局。

响，经济发展增速有所放缓，但是北京市境内旅游交通行业已经逐渐恢复前行。

六　2022年北京交通发展展望

2021年是"十四五"开局之年和冬奥会交通筹备的决胜之年，北京市交通行业在市委、市政府的坚强领导和交通运输部指导支持下，坚持服务首都"四个中心"功能，以构建人民满意交通为出发点，以满足人民日益增长的美好出行需求为根本目的，统筹做好交通建设、重大活动交通服务保障和疫情防控等各项工作，坚持以人为本，坚持慢行优先、公交优先、绿色优先，坚持优化供给、调控需求、强化治理，奋力推进首都交通高质量发展，高质量完成2021年度各项任务，有力地推动了北京非首都功能疏解。中心城区绿色出行比例达74%；高峰时段平均道路交通指数为5.58；未发生较大及以上等级安全生产责任事故，交通运行平稳有序，支撑了京津冀协同发展，北京交通实现了"十四五"良好开局。

2022年，北京交通将以服务保障冬奥会、冬残奥会和党的二十大为重点，统筹安全和发展，牢牢把握交通"先行官"定位，当好首都发展"开路先锋"，构建综合、绿色、安全、智能的立体化、现代化城市交通系统。

B.2
2021年北京综合立体交通网建设报告

摘　要： 近年来，我国城市交通的基础设施建设已取得巨大成就，城市综合立体交通网建设也处于快速发展阶段。本报告通过分析国内外城市综合立体交通网的发展现状，总结其发展经验。结合北京综合立体交通网发展现状，分析存在的问题，如信息化和智能化水平不高、网络内交通方式间畅通性和兼容性不足、立体交通网层次性不足、绿色化水平偏低等。在此基础上，提出北京综合立体交通网"便捷顺畅、经济高效、绿色集约、智能先进、安全可靠"的发展理念。最后，本报告针对北京综合立体交通网的功能改善及发展对策进行分析，提出推进轨道交通线网优化、推进综合客运枢纽建设、加强"四网融合"建设、推进综合交通绿色化等北京综合立体交通网近期、中长期建设方案。

关键词： 综合立体交通网　城市交通规划　公共交通一体化

一　国内外城市综合立体交通网发展现状

（一）国外城市综合立体交通网发展现状

1. 东京综合立体交通网建设

东京都市圈涵盖东京、神奈川县、千叶县、埼玉县和茨城县南部地区，是日本政治、经济、文化、交通等众多领域的枢纽，也是日本三大都市圈之一（张连福、吕益华，2003）。东京都市圈总面积约1.5万平方公里，人口3835万人。

（1）发展趋势

东京都市圈交通方式主要有轨道交通、地面公交、出租车、私家车等（苗彦英、张子栋，2015）。根据2015年国土交通省都市局的调查报告，在三大都市圈中，铁道运输分担了平日大部分客流，因此铁路是日本大都市圈发展的重要支撑。

随着东京综合立体交通网络结构的不断完善，从1978年至2018年，东京都市圈居民轨道交通出行占比不断增大，并于2018年达到了近1/3。轨道交通为东京都市圈的居民出行分担了较大部分客流量，缓解了道路交通的压力，也成为东京都市圈居民出行的主要模式（黄珊珊，2015）。

（2）轨道交通

东京轨道交通主要包括JR（新干线/普速线）、私铁（大手/中小）、地铁三大类。东京都市圈的轨道交通范围主要分为内城区、外围区以及郊区。内城区的轨道交通方式主要是地铁，外围区主要是私铁、JR及地铁，郊区主要是私铁和JR。东京的铁路是这个城市最主要的公共交通方式（向蕾等，2018）。

东京都市圈地下铁系统包括都营地下铁、东京地下铁、横滨地下铁、埼玉高速铁道、横滨高速铁道、东叶高速铁道和北总铁道，共计19条线路，线路长约425公里，车站365座，平均站间距1.23公里，日均客流量1166.7万人次，平均乘距7.7公里。东京市内13条地铁线路中10条可与JR、私铁直通运营，将地铁线网总里程从304公里拓展至1033公里。

从平均站间距看，地铁在1.2公里左右，私铁在1.9公里左右，JR普速线在3.2公里左右，平均乘距约18.5公里。东京圈大手私铁包括东武铁道、西武铁道、京成电铁、京王电铁、小田急电铁、东急电铁、京急电铁和相模电铁，平均乘距约12.6公里，地铁线路平均乘距约7.7公里。

（3）地面交通

东京都市圈路面电车由东京都交通局等3家公司经营，共3条线路，全

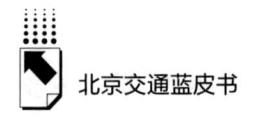

长27.2公里。公共汽车线路全长11218.3公里。出租汽车年实际运营里程为50.6亿公里（黄忆波，2015）。

东京都市圈综合立体交通网布局合理，干支结合，疏密适度，畅通无阻。同时，各企业内外相连，各大主要经营公司的线路、列车可以互相直通，乘客可以根据自己的出行目的地选择最佳线路，车站可以自动验票、自动补票，能满足旅客的各种需要（蒋中铭，2021）。

2. 纽约综合立体交通网建设

（1）发展历史

19世纪后期，铁路的出现促进了纽约大都市圈的形成，使得纽约与其他城市之间的往来更加便利、快捷。1921年，纽约进行了第一次区域规划，此规划的主要核心是对CBD进行建设，建立了区域性的铁路网。20世纪30年代，城市轨道交通网络基本形成。与此同时，由于汽车工业的快速发展，小汽车的使用率不断提高，纽约市不断加强城市道路基础设施的建设，并建立了完善的公路网络。小汽车的出现使居民在城郊之间往返更为便捷，市区人口逐步向郊区扩散，出现逆城市化现象，纽约市的公共交通系统逐渐萎缩。进入21世纪，纽约的规划目标转向城市中心地位的巩固和可持续发展。到2013年，规划目标中的快速公交系统（BRT）、自行车交通系统和轨道交通等基础设施建设较好，提升了城市交通功能，完善了综合立体交通网络结构（郝丽洁，2012）。

（2）发展现状

纽约市民通勤采用公交车、地铁和铁路3种方式的比例达到了55%，其中地铁和铁路占43%，初步构建了公共交通主导的出行方式。

①公共交通

纽约市的公共交通主要包括地铁、公交、铁路及轮渡。在公共交通可达性方面，纽约市改造了多个地铁站周边的步行交通环境，将人行道与公交车站连通，方便乘客乘坐和换乘（凌小静，2018）。

铁路方面，纽约一共拥有2个火车站。所有服务于纽约市的长途城际列车均集中在宾夕法尼亚车站。位于曼哈顿中心的中央火车站则为纽约地铁、铁路的交通中枢。纽约市政建设了连接2个车站的大都会北线铁路通道，同时通过新建和改扩建车站提高通勤铁路服务能力和范围，实现铁路车站之间的互联互通（张晓东、高扬，2014）。

②自行车交通网络

整个纽约拥有超过970公里的自行车专用道，相应地，自行车租赁店铺也遍布纽约市。2015年以来，纽约扩大了自行车道网络，增加了392公里的自行车道，其中包括124公里的受保护自行车道，并推动自行车共享项目向更多社区发展，确保到2022年，90%的纽约居民距离自行车道网络仅需2分钟骑行时间（黄斌、李伟，2018）。

③航空

纽约的飞机场有3个，分别是肯尼迪国际机场、拉瓜迪亚机场、纽瓦克自由国际机场。2018年，纽约三大机场共处理旅客1.38亿人次，平均每天有3700个航班起降，在这些航班中，39%从肯尼迪国际机场起降，34%从纽瓦克自由国际机场起降，27%从拉瓜迪亚机场起降（袁伟彤，2017）。

未来纽约交通网络的建设将更趋向于可持续发展，以提高综合立体交通网的可靠性与质量。主要发展方向包括公共交通网络、步行系统、自行车交通网络、货运交通的绿色环保发展，水运交通和铁路交通的发展，以及航空运输、道路等基础设施的完善，重心在于加强公共交通、步行和自行车交通服务，减少道路拥堵和尾气排放，实现绿色发展，并针对交通基础设施老化开展重建计划（顾佳磊，2020）。

3. 伦敦综合立体交通网建设

大伦敦地区位于英国东南部，由33个相对独立的行政区划单元构成，是英国重要的交通枢纽。在空间上，以伦敦老城为中心形成中央区（CAZ）、内伦敦（Inner London）、外伦敦（Outer London）的圈层格局。

（1）中心城交通运输

中心城即大伦敦地区，有着世界上最广泛的公共交通网络。自2000年起，公共交通系统使用率增长了65%，2015年大伦敦地区的公共交通出行占比为63%，预计2041年将达到80%（祝昭，2011）。

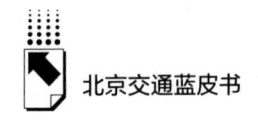

伦敦中心城划分为中央区、内伦敦、外伦敦三层。中央区面积占中心城的1.7%左右，内伦敦和外伦敦进入中央区的出行方式中，乘坐公交的比例超过了90%。内伦敦面积占中心城的18.5%，该地区人口密集，人均机动车拥有率高于中央区，但与外伦敦相比，公共交通出行比例仍然较高。外伦敦面积占中心城的79.8%，大部分居民居住于此，出行距离较长，起始点多，政府难以提供高效的公共交通服务。短途出行时步行仍是首选，公共汽车主要承担连接市中心的作用，其他出行方式中，小汽车占据重要地位。

①轨道交通系统

伦敦的轨道交通系统包括地铁（Underground）、地上铁（Overground）、铁路（Rail）、有轨电车（Tram）、码头轻轨（Docklands Light Railway，DLR）。

伦敦是世界上首个修建地铁的城市，地铁系统十分发达，是居民进入中心城通勤出行的主要方式。目前伦敦共有11条地铁线，共270个车站，线路总长402公里。伦敦地铁每天的出行量约为500万人次。同时，伦敦拥有6条地上铁线路，共112个车站，服务于首都地区，属于国有铁路的一部分，2016年伦敦地上铁出行量超过1.89亿人次。地上铁运营主体为伦敦阿里瓦铁路公司，伦敦地铁公司负责地上铁线路、信号的维修工作。

伦敦铁路包括交通局铁路（TfL Rail）和国有铁路（National Rail）。交通局铁路包括两条线路，运营主体为伦敦交通局；国有铁路为一条横贯铁路，名为伊丽莎白线，长度约为96公里，共41个车站。

伦敦有轨电车有4条线路，主要服务于克罗伊登地区，由伦敦交通局负责票价的制定以及线路的维护和规划，伦敦电车连线公司（TOL）负责电车的运营。

伦敦码头轻轨于1987年建成，作为地铁在城市东南部的补充，是伦敦东部港区再开发项目的一部分。码头轻轨采用全自动驾驶技术，在票务、换乘方面均实现一体化。目前伦敦已建设5条码头轻轨线路，拥有45个车站和149辆列车，列车多以3节编组。

②地面公交

伦敦巴士共有675条路线，约9300辆公交汽车，大多数公交服务通过伦敦交通局授予合同的方式由私人运营商负责运营，伦敦交通局的子公司伦敦巴士服务有限公司负责管理合同、规划公交路线、设置运营商的服务级别和监管服务质量。

③道路

伦敦道路网建设由伦敦交通局、英国高速公路公司（Highways England）以及33个行政区政府共同承担。伦敦交通局负责伦敦市内道路网络以及首都6000多个信号灯的管理与维修，由网络管理控制中心（NMCC）对道路网络进行24小时监控；英国高速公路公司管理4条国有道路；各行政区管理区域内部的道路。

④步行车道和自行车道

伦敦交通局鼓励居民采用步行或骑车的方式出行，2018年颁布的《伦敦市长交通战略》中提到2041年将有80%的出行通过骑车完成，为此伦敦交通局实施了一系列步行车道和自行车道的建设工作。

伦敦实施了一项自行车租赁计划，建设Santander圈，提供伦敦市内的全天自行车租赁服务，包括在东西、南北两条线路中提供500辆自行车，约750个停靠车站，站间相距300~500米，位于主要道路、旅游景点、地铁站附近。此外，伦敦还建设了一系列自行车快速道路，将自行车道与机动车道分离，拓宽人行道，为居民提供更直接的穿越伦敦的方式。

⑤出租车

伦敦交通局负责伦敦市内出租车和私人租赁汽车行业的监管工作，同时负责颁布出租车行驶许可、规定票价，并与警察局合作确保乘客的出行安全。

⑥长途客车

1932年伦敦建设了维多利亚长途汽车站，同期发展了多条长途汽车线路，提供到达英国大部分地区的长途客运服务。维多利亚长途汽车站是伦敦最大的长途汽车枢纽，靠近维多利亚火车站，与铁路干线、地铁、公共汽车线路衔接良好。

（2）市郊铁路

伦敦市郊铁路共16条，总长3071公里，将伦敦都市圈的中心城区和近

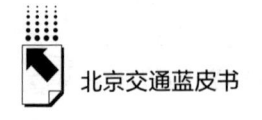

郊区、远郊区连接起来。中心城区内线路长约788公里，共321座车站；近郊区内线路长923公里，共254座车站；远郊区内线路长1360公里，共173座车站（郑碧云，2015）。中心城区市郊铁路密度大，车站分布密集，离中心城区越远，铁路站点布置越少，站间距越大。伦敦市郊铁路共32座换乘车站，实现与伦敦地铁的互联互通。除了伦敦地上铁和区域铁路外，伦敦市郊铁路大部分由英国运输部（Department for Transport，DfT）下的铁路管理部门负责管理，通过特许经营模式将各条线路交由不同的客运公司运营。

（二）国内城市综合立体交通网发展现状

重庆是我国中西部地区唯一的直辖市，面积8.24万平方公里，常住人口3212.4万人，在《国家综合立体交通网规划纲要》中是成渝地区双城经济圈枢纽集群的重要组成部分，致力于成为国际性综合交通枢纽城市。

重庆加快建设国家中心城市，完善特大城市引领发展、大中小城市协调发展的网络化城镇群格局。国土空间呈现都市圈、渝东北城镇群和渝东南城镇群"一圈两群"的发展格局。重庆深度融入国家战略，构建西（中欧班列）、南（渝新欧越南国际班列、铁海联运班列）、北（渝满俄班列）、东（渝甬班列）四个方向国际物流大通道；推进"米"字形高速铁路网建设；规划形成"三环十二射七联线"的高速公路网骨架和"两环十干线多联线"的普通铁路网；加快建设中国（重庆）自由贸易试验区，依托两江新区，打造内陆地区对外开放的国家战略平台；依托7个口岸、11个口岸功能场所和9类特殊商品进口指定口岸，构建口岸功能齐全、通关效率高的水铁空立体口岸体系。重庆立足内陆、面向国际、当好枢纽，全力推动内陆开放高地建设。

1. 公路

从城市普通公路建设来看，2020年重庆中心城区新增城市道路362公里，通车立交达249座，跨江桥梁共30座，穿山隧道共19座，此外还有龙兴隧道、统景隧道、土主隧道、陶家隧道、科学城隧道等5座隧道在建。

高速公路方面，2020年重庆新建成高速公路167公里，川渝间直连高速增至13条，通车里程达到3400公里（《重庆日报》，2022）。计划至2030年建成"三环十二射七联线"的高速公路网骨架，通车里程在4000公里以上，省际通道由原规划的19个增加至28个。

2. 城市公共交通

公共交通方面，2020年重庆中心城区轨道交通运营总里程达343.3公里。中心城区轨道采用网络化运营，在建轨道交通线路10条（段），在建里程213公里。中心城区运营公交车9569辆，运营线路824条，地面公交服务"触角"持续延伸。同年中心城区还完成105个轨道和地面公交换乘站的提升改造，基本实现轨道出入口100米范围内公交换乘设施全覆盖（《重庆日报》，2022）。

2021年1月，重庆城市轨道交通地铁5号线（石桥铺—跳磴）和地铁环线（二郎—重庆图书馆）开通，新增运营里程24.2公里，总运营里程达到367.5公里。至此重庆已开通1、2、3、4、5、6、10号线，以及环线和国博线，共9条轨道交通线路，线网覆盖重庆主城都市区多个行政区，共设车站190座（换乘站不重复计算）。其中，1、4、5、6、10号线，以及环线和国博线为地铁系统，共计270余公里；2、3号线为单轨系统（跨座式单轨），近100公里（见图1）。

截至2021年3月，重庆轨道交通在建线路包括4号线二期及西延伸段、5号线中段、江跳段及北延伸段、9号线一期、10号线二期、15号线一期、18号线一期及北延伸段、24号线一期、市域快线璧铜线等，总体规划包含18条线路。

3. 铁路

铁路方面，2020年成渝城际完成提质改造工作，成为西南地区首条运营时速达到350公里的高铁，实现成渝1小时直达。持续推进"米"字形高速铁路网建设和"两环十干线多联线"普通铁路网建设，形成以重庆为中心的现代化铁路网络体系。

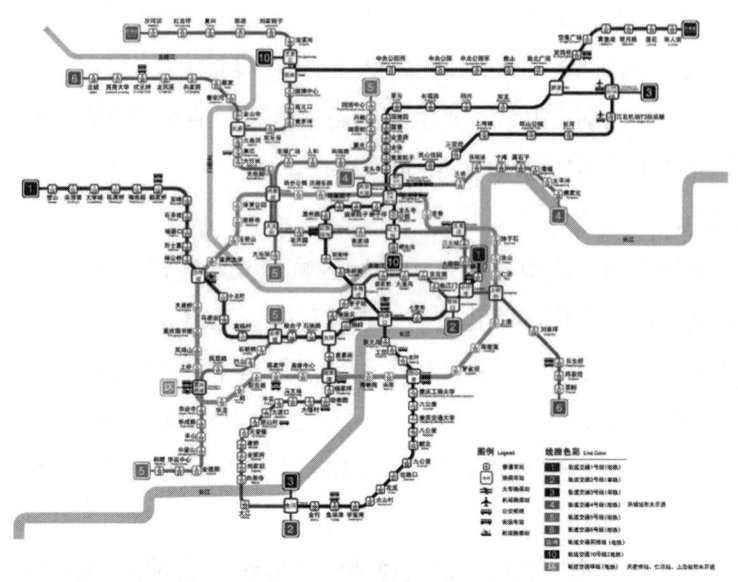

图 1　重庆轨道交通运营线网图

资料来源：https://www.cqmetro.cn/search-way.html。

根据《重庆市中长期铁路网规划（2016—2030年）》有关内容，重庆"米"字形高速铁路网共包括如下十条铁路：东向（重庆—武汉，渝汉高铁），南向（重庆—贵阳，渝贵高铁），西向（重庆—成都，成渝高铁、成渝中线高铁），北向（重庆—西安，渝西高铁、渝达城际铁路），东南向（重庆—长沙，渝湘高铁），东北向（重庆—郑州，郑渝高铁），西南向（重庆—昆明，渝昆高铁）和西北向（重庆—兰州，兰渝高铁）。但截至2020年底，其中开通运营的铁路线路只有成渝高铁和郑渝高铁渝万段，重庆"米"字形高速铁路网的建设依然任重而道远。

4. 民航

民航方面，重庆仙女山机场建成通航。该机场的启用使重庆市形成以重庆江北国际机场为龙头，黔江武陵山机场、重庆巫山机场、万州五桥机场、重庆仙女山机场为支线的干支结合、"一大四小"多通用的机场格局，不仅方便了广大市民出行，还有力地改善了渝东南综合交通条件，促进地方经济社会发展，进一步完善重庆市民用运输机场布局。

5. 水运

水运方面，重庆形成了以长江、嘉陵江、乌江高等级航道为骨架的长江上游航运中心。根据《重庆市推动交通强国建设试点实施方案（2021—2025年）》中的有关内容，重庆将继续推动长江上游航运枢纽建设，健全以长江干线为主通道、重要支流为骨架的航道网络，提速推进长江、嘉陵江、乌江、渠江等高等级航道建设；推进涪江航道整治以及安居、渭沱等地的船闸通航设施升级改造，提升支流航道通过能力和水路运输贡献率。整合长江港口岸线资源，推动成渝地区双城经济圈港口差异化布局。重庆把修复长江生态环境摆在首要位置，筑牢长江上游生态屏障。

（三）国内外城市综合立体交通网建设的经验与启示

国内外城市的综合立体交通网建设主要包含城市轨道交通建设、常规地面交通建设、城市道路系统建设、市郊（域）铁路建设以及城市交通枢纽建设等。部分城市综合立体交通网还包含水运、自行车步道等。多种交通方式形成一张高效率、多层次的交通网络。总体而言，相对于国外，我国由于发展时间较短，综合立体交通网还处于规划建设阶段，具有后发优势。结合国内外综合立体交通网建设，总结并提出如下经验启示。

1. 加强城市内外交通体系的联通

综合立体交通网建设应与城市都市区各区域发展相互协调，做到支撑和引导区域协同发展，优化调整城市功能。对于不同密度、不同运距的客流量，规划不同的交通方式，更好地促进城市交通与城市经济协同发展。城市重点功能区应加大综合交通网建设力度，做好交通方式接驳建设，以促进城市区域内互联互通以及枢纽地区经济发展。以东京轨道线网为例，东京城市形态与轨道路网具有高度重合性，同时环线向外延伸的方向也是埼玉、千叶和神奈川三个东京都市圈主要经济重镇。产业规划区、大型住宅区、特色城镇需要设置大运量线路，基础道路与地面公交应做到城市有人口地区全覆盖

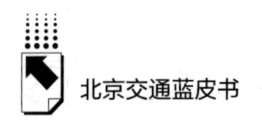

(曹庆锋、常文军，2019)。

在建设城市综合立体交通网时，既要考虑相同交通运输方式的换乘便利性，也要考虑不同交通运输方式换乘的便利性。这一点在国外城市的综合立体交通网建设中均有体现：从硬件上，完善枢纽站功能，建立卫星枢纽站，完善停车接驳（P&R）与公交接驳（B&R），扩大联运走行范围以及公交一卡通的合作范围。

2. 建设智慧交通

物联网技术、大数据和云计算等将各种基本要素通过信息传感相互融合，实现了交通运营的智能化识别、定位、跟踪、监控和管理。随着智慧交通的发展，人们的社会生产生活变得更加高效便捷。因此，建设综合立体交通网络，应更加重视智慧交通的建设发展，加大智慧交通关键信息技术的研发力度。

3. 促进民航运输的协同发展

民航运输相较于其他运输方式，具有速度快、机动性大、舒适安全、基本建设周期短、投资少的特点，在中长途旅客运输、国际旅客运输、地面交通不便地区运输、高附加值货物运输、高时效货邮运输等方面具有独特优势。但是单个机场的民航运输模式往往发挥不出其本身优势。国内京津冀地区的多个机场采用系统的互补协调发展模式，即以一个或者几个机场为主导机场，其他机场各有分工，这种模式的优点在于能够有效利用资源。

二 北京市综合立体交通网建设发展现状研究

（一）北京市综合立体交通网现状分析

1. 道路交通发展现状

北京城市道路经历了基本骨架形成期、城市快速路概念导入期、城市道路系统建设的高潮期和改造升级期（郭继孚，2013）。作为北京综合交通的一部分，北京当前规划了七条城市道路环线（见图2）。本节将从线网规模、机动车保有量以及智能化发展三个方面进行阐述。

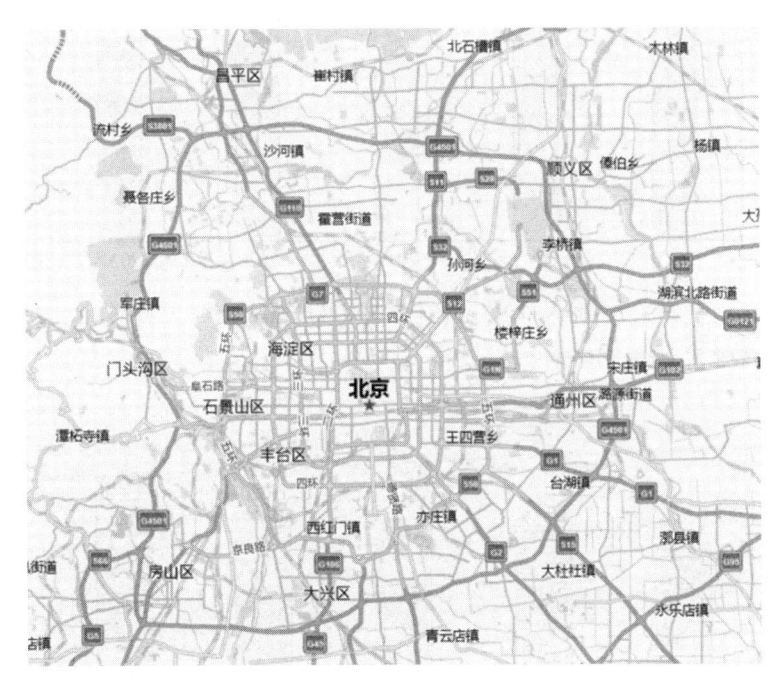

图 2　北京城市道路环线

资料来源：高德地图。

（1）线网规模

2017~2021年北京城市道路里程如图3所示。近年来，北京城市道路里程基本保持不变，说明北京城市道路网已趋于完善，需要从运营层面对路网进行合理的规划。

（2）机动车保有量

随着城市化进程的不断加快，机动化水平不断提高，2017~2021年北京市机动车保有量逐年增长（见图4）。

根据北京交通发展研究院发布的《北京市机动车保有量及使用特征分析》，受新冠肺炎疫情影响，2020年私人小汽车平均出车率较上年大

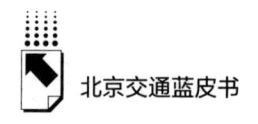

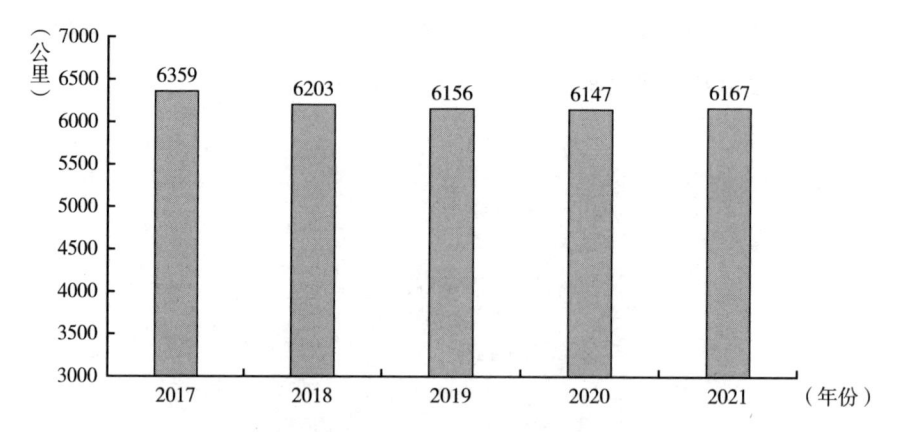

图 3　2017~2021 年北京城市道路里程

资料来源：根据公开资料整理。

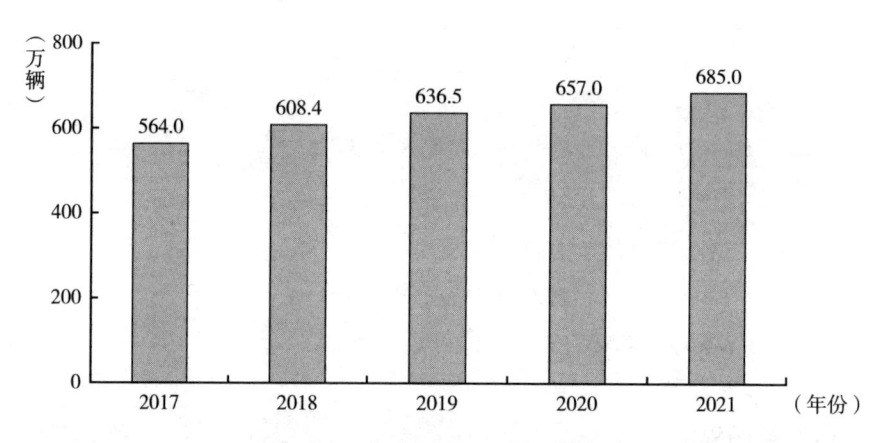

图 4　2017~2021 年北京机动车保有量

资料来源：根据公开资料整理。

幅下降。①

（3）智能化发展

依托《北京市关于加快建设全球数字经济标杆城市的实施方案》，北京将在未来五年建设 1000 公里智能化网联道路，逐步推进多感合一、多

---

① 《【年报解读】北京市机动车保有量及使用特征分析》，"北京交通发展研究院"微信公众号，2022 年 9 月 23 日，https：//mp.weixin.qq.com/s/FXFfB1iimfxw-sIONRlEJw。

杆合一。以车路互联和云端协同的方式为自动驾驶技术提供辅助决策与感知。在2022年底实现"聪明的车、智慧的路、实时的云、可靠的网、精确的图"五大支撑体系。

2. 地面公共交通发展现状

(1) 线网规模

近年来,城市化进程不断推进,居民出行需求不断增加,对地面公共交通的需求也越来越高,因此北京市也在不断对公交线路网进行建设与改造。2017~2021年北京公共汽(电)车运营情况如表1所示。

表1 2017~2021年北京公共汽(电)车运营情况

年份	线路条数(条)	线路长度(公里)	运营车辆数(辆)
2017	886	19290	25624
2018	888	19245	24076
2019	1158	27632	23010
2020	1207	28418	23948
2021	1217	28580	23079

资料来源:根据公开资料整理。

(2) 客运量

北京市地面公交的客运量位于各大城市前列,2017~2021年北京公共汽(电)车客运量如图5所示。

(3) 多样化公交服务

为了给市民多样化的出行提供可靠保障,当前北京市陆续开通商务班车、节假日专线、就医专线和夜班线。

2020年初新冠肺炎疫情发生后,北京市于3月推出了定制公交升级版,为城市在疫情下恢复正常生产工作提供保障。

(4) 现存问题

近年来,城市轨道交通舒适性、准时性趋于完善,但北京公交线路属性不明确、换乘衔接不够充分、服务水平较低、车辆发车间隔时间过长以

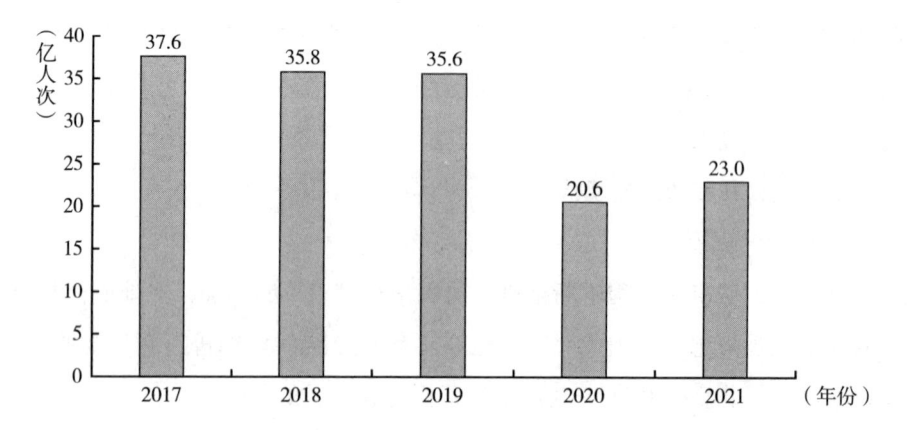

图 5 2017~2021 年北京公共汽（电）车客运量

资料来源：北京交通发展研究院《2021 北京市交通发展年度报告》。

及准点率较低等问题导致公共汽（电）车客运量逐年下降（季朗超，2017）。

3. 轨道交通发展现状

城市轨道交通主要由地铁、轻轨、市郊铁路、有轨电车以及磁浮铁路等交通方式构成，是城市公共交通体系的骨干部分。1969 年，北京成功开通运行了中国第一条地铁，开启了北京轨道交通发展新纪元（张晓东，2016）。城市轨道交通已成为北京市公共交通系统的核心组成部分，其发展现状可从以下几点展开分析。

（1）线网规模

截至 2021 年底，北京市共开通城市轨道线路 27 条，形成地铁、磁浮铁路、市郊铁路、有轨电车等多种交通方式综合运营的城市轨道系统。此外，地铁 3 号线、11 号线、12 号线等线路目前也在规划建设中，到 2025 年，北京轨道交通运营里程预计达到 1600 公里。

（2）营运情况

北京市仍有许多线路还在修建当中，现有轨道交通线路的运营情况见表 2。

表2 北京现有轨道交通线路运营情况

单位：座，公里

线路名称	起止站点	站数	长度
1号线（八通线）	古城站—环球度假区站	36	54.5
2号线（外环）	西直门站—西直门站	18	23.1
4号线（大兴线）	安河桥北站—天宫院站	35	50.0
5号线	宋家庄站—天通苑北站	23	27.6
6号线	金安桥站—潞城站	35	53.1
7号线	北京西站—环球度假区站	30	40.3
8号线	朱辛庄站—瀛海站	35	51.6
9号线	国家图书馆站—郭公庄站	13	16.5
10号线（内环）	巴沟站—巴沟站	45	57.1
11号线	金安桥站—新首钢站	3	2.5
13号线	西直门站—东直门站	17	40.9
14号线	张郭庄站—善各庄站	35	50.8
15号线	清华东路西口站—俸伯站	20	41.4
16号线	北安河站—玉渊潭东门站	16	31.9
17号线	十里河站—嘉会湖站	7	15.8
19号线	新宫站—牡丹园站	10	20.9
昌平线	清河站—昌平西山口站	13	32.5
亦庄线	宋家庄站—亦庄火车站	13	23.2
房山线	东管头南站—阎村东站	16	32.0
燕房线	阎村东站—燕山站	12	14.4
S1线	苹果园站—石厂站	8	10.6
首都机场线	北新桥站—2号、3号航站楼站	5	29.9
大兴机场线	草桥站—大兴机场站	3	41.4
西郊线	巴沟站—香山站	6	9.4
亦庄T1线	定海园站—屈庄（奔驰南）站	14	13.25

资料来源：8684地铁查询网。

（3）服务现状

北京市不断完善城市轨道建设并提升服务水平。服务设施方面，大部分地铁进出站都已配置了自动扶梯或电梯，部分车站也设立了残疾人专用通道。购票服务方面，大部分地铁站设有自助购票机，为满足不同乘客群体地铁出行需求，北京地铁先后推出日、周、月电子票以及空轨联运票和电子

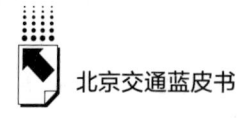

客票。

4.综合枢纽节点发展现状

如图6所示,北京市将围绕10个全国客运枢纽、若干个区域客运枢纽及2个国际航空枢纽,构建"2+10+X"市域客运枢纽体系。

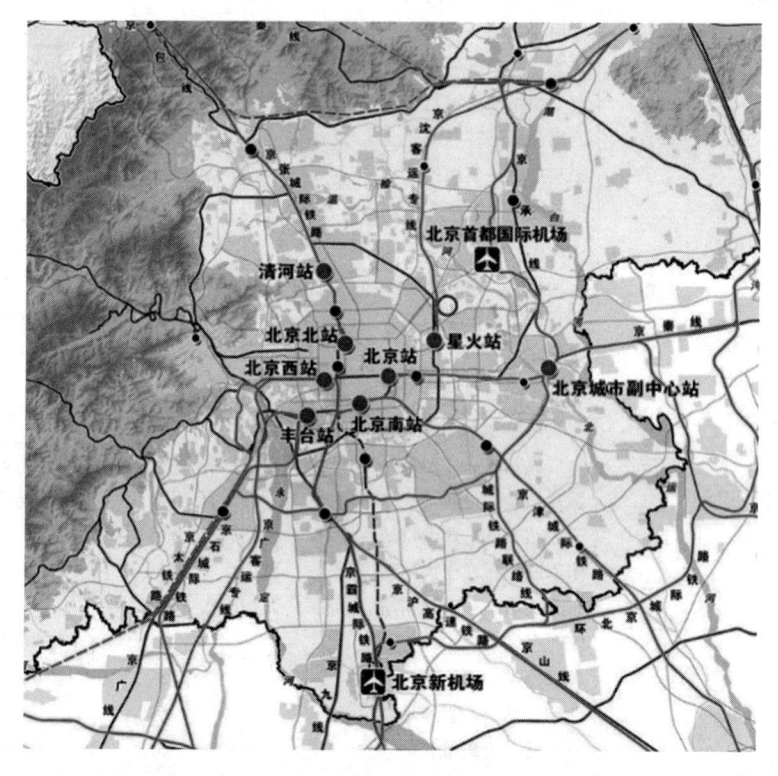

图6 北京"2+10+X"市域客运枢纽体系规划

资料来源:《北京城市总体规划(2016年—2035年)》。

2个国际航空枢纽为北京首都国际机场和北京大兴国际机场及其配套的交通换乘设施;10个全国客运枢纽包括8个围绕北京市铁路客运站进行建设的枢纽场站,另外两个车站未来将结合国铁建设进行配置;若干个区域客运枢纽是以城市公交、省际公交为主,衔接其他交通方式的客运综合交通枢纽场站,分别承担北京周边不同区域的客流集散交换任务(北京市交通委员会,2020)。

(1) 航空枢纽

①北京首都国际机场

北京首都国际机场建成于 1958 年，航站楼面积共 141 万平方米，站坪机位数量 314 个，为 4F 级国际机场，是中国三大门户复合枢纽之一、世界超大型机场。机场综合交通设施情况如下。

轨道交通：北京地铁首都机场线于 2008 年建成通车，全线共设 4 座车站，发车间隔为每 10 分钟一班。

机场巴士：机场巴士线路、站点、时刻以机场调度站信息为准。目前开通运行 8 条市内巴士线路、7 个方向的城际巴士线路以及 15 条空港巴士线路。

②北京大兴国际机场

北京大兴国际机场于 2019 年正式通航，航站楼面积共 78 万平方米，站坪机位数量 223 个，为 4F 级国际机场、世界级航空枢纽。机场综合交通设施情况如下。

轨道交通：北京大兴国际机场航站楼预留 5 条轨道线路，沿机场中轴贯穿航站区，分别是京雄城际、机场快轨、R4/S6、预留轨道线和廊涿城际。

机场巴士：目前机场开通运行 7 条市内巴士线路以及 4 个方向的城际巴士线路。

(2) 铁路枢纽

在《北京城市总体规划（2016 年—2035 年）》提出的 10 座全国客运枢纽中，目前北京市已建成的铁路客运枢纽有 6 座，分别为清河站、北京站、北京西站、北京南站、北京北站和北京朝阳站，各自承担着北京市不同方向的铁路运输任务。规划新建铁路客运枢纽有北京丰台站和北京城市副中心站 2 座。其余 2 座铁路客运枢纽将结合未来国铁集团建设进行配置。北京市已建成运营及规划在建铁路车站基本情况如表 3 所示。

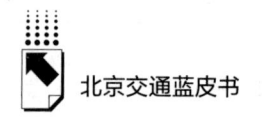

表3　北京市已建成运营及规划在建铁路车站基本情况

枢纽名称	车站规模	主要承接线路
北京站	8台16线	京沪铁路、京哈铁路、京承铁路、丰沙铁路、京原铁路、京广铁路、京九铁路
北京西站	10台20线	京九铁路、京广铁路、京广高速铁路
北京南站	13台24线	京沪高速铁路、京津城际铁路、京沪铁路
北京北站	6台11线	京张高速铁路、京包铁路
北京朝阳站	7台15线	京哈高速铁路、北京枢纽东北环线
清河站	4台8线	京张高速铁路、北京市郊铁路怀密线
北京丰台站	17台32线	京沪铁路、京广铁路、丰沙铁路、京原铁路、丰广联络线、京广高速铁路、京港高速铁路
北京城市副中心站	8台16线	京唐城际铁路、京哈铁路、京滨城际铁路

资料来源：北京市交通委员会。

（3）城市交通枢纽

截至2021年底，北京已建成并投入使用12座客运综合交通枢纽，总建筑面积达到43.13万平方米（见表4）。

表4　北京市客运综合交通枢纽概况

单位：万平方米

枢纽名称	建成运营时间	占地面积	建筑面积
西客站北广场客运枢纽	1997年	1.32	0.13
西客站南广场枢纽	2009年	1.49	0.79
北京南站交通枢纽	2010年	1.1	0.05
清河站交通枢纽	2019年	9*	14.60
六里桥客运主枢纽	2005年	6.7	2.77
动物园客运枢纽	2004年	1.47	5.72
西直门交通枢纽	2008年	4.24	6.36
东直门交通枢纽	2008年	3.01	0.88
宋家庄交通枢纽	2012年	0.65	0.13
四惠交通枢纽	2012年	9.5	2.17
西苑交通枢纽	2013年	4.78	0.26
篱笆房交通枢纽	2018年	1.75	0.23
天通苑北交通枢纽	2019年	6.18	9.04
合　计	—	51.19	43.13

*为粗略估计占地面积。

资料来源：北京交通发展研究院。

除了已经建成运营的 12 座客运综合交通枢纽外，目前北京城市副中心站综合交通枢纽、东夏园交通枢纽、望京西交通枢纽、苹果园综合交通枢纽等的建设正在加快推进。

（二）北京市客货综合交通流发展现状

1. 客运交通流特征分析

（1）道路交通

第一，周期性。城市道路交通是一项以人为本的活动，道路交通流量的变化在某种程度上完全取决于人们出行的规律性。城市居民的大部分日常活动都是上下班，工作日交通流量的高峰时期基本出现在日常通勤的早上和晚上，这就造成每日的交通流高峰呈现周期性变化的规律（崔立成，2012）。

第二，随机性。城市交通和居民出行密不可分，居民所要前往的目的地不尽相同，出行路线千差万别，并且在公路交通条件、气候等因素的作用下，出行时间及路线都会随机变化，具有动态改变的特性。

第三，网状性。城市道路互通互联，构成纵横交错的复杂道路交通网，网络不同部分的交通流量在空间上相互关联，整个路网的交通流处在动态平衡中。

第四，相关性。交通流量随时间推移而变化。某断面当前交通流量的大小会受到前一断面交通流量变化的影响。此外，相邻断面的交通流量之间存在一定的相关性，受到断面之间空间位置和当前交通状况的影响。

（2）轨道交通

北京地铁客流现状表现为集中度高、换乘客流主导、时间不平衡、方向不平衡。随着土地开发强度的加大，未来北京地铁客流量预计呈现先增后减的趋势，最终将稳定在每日 2.0 万~2.5 万人次/公里，换乘系数在网络成熟后稳定在 1.80~1.85（吴海燕、高丽燃，2015）。

北京轨道交通线路高峰客流有明显的潮汐现象，受职住分离现象的影响，客流空间的不均衡性突出。从时间分布来看，工作日早晚高峰客流明

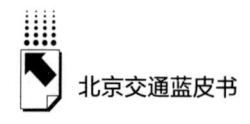

显，高峰小时系数基本在11%~14%；从空间分布来看，日均客流强度为2.05万人次/公里（李臣等，2017），其中1、2、4、5号线日均客流强度是全网日均客流强度的2倍左右。

2.货运交通流特征分析

货运交通流是指各种货物在货流中心、货运站等相同或不同运输方式之间转运、换装形成的货物交通流线。

（1）货运交通流总量分析

2021年北京市货物运输总量达28132.3万吨，较2020年增长了6.8%，货物周转量为881.1亿吨公里，较上年增长4.5%。其中，公路货物运输量为23075.1万吨，铁路货物运输量为315.5万吨，航空货物运输量为161.7万吨，管道货物运输量为4580万吨（见图7）。2017~2021年北京市货物运输总量整体呈增长态势（见图8）。

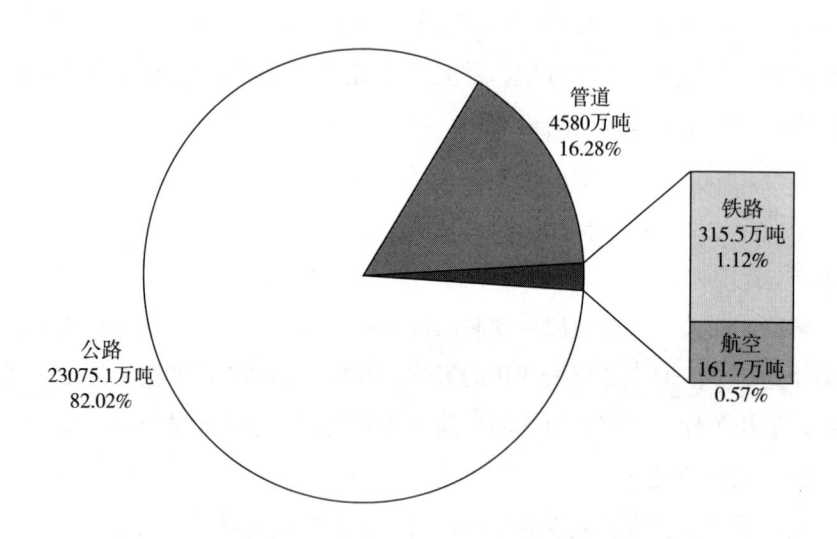

图7 2021年北京市货物运输总量构成

资料来源：根据公开资料整理。

（2）货运交通流分布特征

北京市环路现有六环，起到穿流、截流以及内部疏解的作用，同时从市

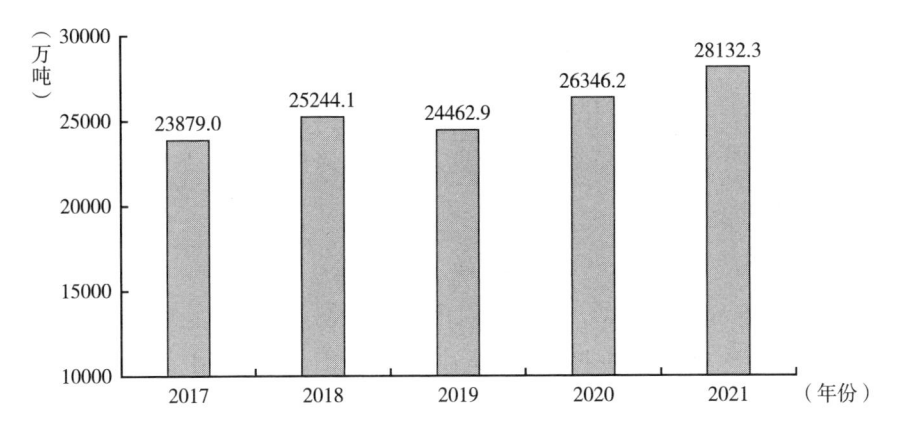

```
(万吨)
30000                                          28132.3
              25244.1              26346.2
25000  23879.0         24462.9

20000

15000

10000
        2017    2018    2019    2020    2021   (年份)
```

图 8　2017~2021 年北京市货物运输总量

资料来源：根据公开资料整理。

中心发散出若干条放射路，整体呈环形加放射状，货运车辆大多只能在四环以外运营（中铁快运等除外），因此五环、六环间成为货运的集中区域。每天六环运输的货物量为 50 万吨、五环运输的货物量为 21 万吨，货物来自四面八方，也从不同方向运入北京不同区域。

（3）限行政策对北京市货运交通流的影响

由于货运限制政策，无通行证的本地车可以随时进入六环，有通行证的本地车在白天才可以进入五环，外地车即使有进京通行证也只能在 00：00~6：00 进入六环或者五环，五环、六环间成为货运需求的集中区域，因此运入六环的夜间运输比例明显高于六环内部和运出六环，且东城区、西城区货运量极少。

（三）北京市综合立体交通网发展所面临的问题

北京市经过 70 年的发展，已经具有一定的交通建设基础，各种交通方式均较为成熟，但是与城市综合立体交通网的建设目标之间仍存在一定的差距，可以概括为以下五个方面的问题。

1. 缺少高水平信息化与智能化技术支撑

北京市作为全国的政治、经济、文化中心，虽有相对强力的数字技术支

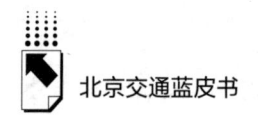

撑城市的发展，但交通网络数字化、智能化创新等方面的发展仍不容乐观，尤其是在射频识别、传感器等关键技术上无主导权且研发能力不足。由于缺少高水平的信息化和智能化技术支撑，综合立体交通网建设的重要一步——"联程联运"服务的实现受到限制，旅客运输难以做到"一个时刻表、一次付费、一票到底"。

2. 网络内线网规模不大，质量不高

根据2019年初的数据，北京的轨道交通线网密度为45米/千人，对比伦敦、巴黎、东京仍有不小的差距。在国内四个一线城市中，2021年北京轨道交通的分担率为54.98%，相比于上海、广州和深圳都较低。截至2021年底，北京公交共有常规线路1217条，线路长度28580公里，发展趋于成熟。但城区线网密度过高，郊区、城市副中心等区域存在线路短缺现象，部分线路满载率过高。

3. 不同运输方式间衔接不顺畅

交通网络的畅通性和兼容性不足也是北京面临的问题之一。目前，制约北京综合运输效率提高的关键问题是各种运输方式之间不够协调、难以兼容。轨道交通投资成本大，建设周期较长，因此存在线网里程较短、北京市郊覆盖范围不足等问题，同时地面公交市郊班车等待时间与开行时间较长，加之站点的设置远离地铁站口、换乘不便等一系列问题，导致城市中心与市郊之间的乘客通行十分不便，阻碍了一体化发展。

4. 立体交通网缺乏层次性

综合立体交通网的建设目的是发挥各种交通方式的比较优势，根据出行频次和出行距离合理布局交通方式。公交、地铁、自行车、私家车各有其服务功能和服务范围，只有把二者有机结合起来，构成协同运营的交通系统，才能使城市交通运行效率和服务水平更高、更优。现阶段公交、地铁、市域铁路的规划基本上是"各自为政"，缺少统筹考虑与规划，存在盲目扩张或资源浪费等现象。

5. 绿色化水平不高

北京城市公交出行比例偏低，除香港的公共交通分担率高达90%外，北京和上海等超大城市的公共交通分担率仅为50%左右，远低于新加坡（63%）和日本东京（86%）。由于公共交通体系建设不完善，居民出行更倾向于私家车，能源利用率低，交通污染尤其是空气污染严重。据统计，在北京、上海等超大城市和东部人口密集区，交通运输移动源对细颗粒物浓度的贡献率达到10%~50%。

三　北京市综合立体交通网发展方案研究

（一）北京市综合立体交通网发展概述

自2021年2月印发《国家综合立体交通网规划纲要》以来，国家大力支持综合立体交通网发展，加大了以轨道交通与地面交通为代表的交通网建设。为满足人们的交通需求，综合立体交通网的发展不仅需要增大路网密度、做好枢纽内部衔接，更要开拓立体交通网发展的新思路，探寻有利于交通网建设与城市规划协调发展的新模式。在此基础上遵循一定的原则和理念，设定一系列目标，选择一定思路，提出针对性措施，对现有交通网系统进行改善，提升交通服务质量及综合效益，更好地方便旅客出行及货物运输，满足社会经济发展的需要，促进交通发展与经济发展互利共赢（《国家综合立体交通网规划纲要》，2021）。

1. 北京市综合立体交通网发展理念

为贯彻落实建设交通强国的奋斗目标，北京市综合立体交通网始终坚持便捷顺畅、经济高效、绿色集约、智能先进、安全可靠的发展理念，以满足人民日益增长的美好生活需要，促进各交通方式统一规划、统一设计、统一建设、协同管理。

（1）科技引领，创新驱动

在综合立体交通网发展过程中，以科技为手段，坚持科技引领、科技创新，利用先进的科学技术手段为交通的快捷便利提供有力支持。与此同时，坚持创新主导地位，鼓励交通行业进行技术创新、手段突破推动新技术在交通领域的应用，实现综合立体交通网数字化、网络化、智能化、绿色化，为综合立体交通网的建设提供有力保障。

（2）协调发展，配置优化

关注不同交通方式的运营情况，协调各类运输方式发展，注重各类交通方式的衔接，实现旅客换乘零距离、货物衔接无缝化。优化北京各区域交通方式配置、交通流管理，以城市交通综合化的理念，对城市公共交通、城市货运交通、私家车交通进行统一规划，对内做好各区域之间交通流分配，对外做好城市群交通流流动。

（3）顺应需求，量质并举

北京综合立体交通网的建设归根结底是为了人民，其目的是满足人民对交通的基本需要。因此，针对交通需求日趋多元化、内需不断扩大的客观现实，在提升能力的同时，进一步优化供给侧结构，提升交通服务的针对性、精准性、高质性，在现有交通网基础上提升客运效率、货运效率，实现量质并举、全面发展。

（4）立体建设，统筹转运

推动各种运输方式立体建设，实现枢纽设施集中布局与乘客空间共享，实现交通方式立体或同台换乘。推动既有综合客运枢纽整合交通设施、共享服务空间，客运枢纽布局中覆盖高铁、城际铁路、城市轨道交通以及出租车和巴士等，增加交通方式选择。加快货运综合枢纽建设，推动"集疏运"体系的建设，完善转运、直运等功能，提升多式联运的运输效率与物流综合服务水平。

（5）枢城一体，互利共赢

引入TOD设计理念，推动枢城一体、产城融合。综合立体交通网中的交通枢纽不仅承担交通功能，也应承担城市的商业、娱乐、休闲、健康等功能，实现高铁站场、换乘枢纽、商业开发和城市配套设施的高效有机结合。

2.北京市综合立体交通网发展目标

从科学的角度出发，尊重城市发展规律，提倡交通与城市和谐共生；完善各级路网，增强路网联动性，打通城市道路微循环；完善各类交通设施设备，提升综合交通服务效率，强化设施设备衔接；推动绿色交通发展，提升智能、平安、绿色、共享的交通发展水平，提高全链条出行效率。

3. 北京市综合立体交通网发展原则

北京作为中国首都，需要加快贯彻落实国家发布的《国家综合立体交通网规划纲要》。坚持以人为本，规划构建现代化高质量国家综合立体交通网，做到市内各种交通流畅达、市外推动京津冀城市群发展，在全国范围内率先建成综合立体交通网。北京市综合立体交通网发展原则可概括为以下四点。

（1）以人为本，服务人民

综合立体交通网归根结底是为了满足人民日益增长的高质量交通需求，必须把服务大局、服务人民作为基本落脚点和出发点，坚持以人民为中心，建设人民满意的综合立体交通网。

（2）立足现状，改革开放

建设综合立体交通网是史无前例的实践创新，没有统一的模式，也没有可供复制的样本，必须从实际出发，掌握北京市目前客运流、货运流、人口分布、城市布局、交通设施等基本交通情况，准确把握新发展阶段的要求以及可利用资源，不断深化交通领域改革，加大开放力度，构建统一开放、竞争有序的交通运输市场，为国家综合立体交通网建设做好先行示范。

（3）优化结构，统筹融合

充分发挥各种运输方式的优势，提高联运效率，强化衔接工作，提升设施网络化以及运输服务一体化水平，提高综合交通运输整体效率，推动各种交通方式融合发展，加强交通运输领域的资源利用以及集约利用，促进交通运输及相关行业的深度融合。

（4）创新智能，安全环保

北京市综合立体交通网是面向未来的长期工程，必须符合时代要求，顺应当今科技发展大势，坚持创新主导地位，大力推进综合立体交通网与人工

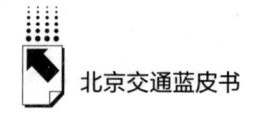

智能、大数据等现代科技手段的结合，提升交通运输智慧发展水平。加强交通运输安全与应急保障能力建设，保障居民出行安全、货物运输安全、道路运营安全。响应国家绿色低碳发展号召，推进交通领域绿色低碳发展，力争2030年二氧化碳排放达到峰值，努力在2060年前实现碳中和，促进交通与自然和谐发展。

4.北京市综合立体交通网发展思路

北京市综合立体交通网发展应按照系统工程理念、交通工程原则，从城市群、都市圈和城市三个层面，结合智能新技术，提高现代化水平，从而实现交通供需关系的动态平衡。沿轨道交通走廊布局城市，构建健康发展的城市结构。第一，提倡绿色交通，贯彻绿色交通理念；第二，优化雏形结构，加强交通顶层设计；第三，调整货运结构，打造"干线+枢纽+配送"一盘棋；第四，推动能源结构转型，实现"碳中和、碳达峰"目标；第五，合理分配资源，缓解路权资源矛盾；第六，促进智能发展，健全一卡通机制。

（二）北京市综合立体交通网功能改善研究

1.综合立体交通网结构分析

北京是我国重要的交通网络枢纽，基本形成了以公路、铁路、航空、水运四种交通方式为主的综合交通网络。铁路、公路方面，均已形成发达的交通网络；航空方面，北京市共有39条国际航线和近80条国内航线，可与国内外大部分地区实现互联互通；货运量方面，北京全市货运总量超过3亿吨，已经开通了与武汉、成都、杭州等城市的直达货运列车和班车。

同时，北京市依据《北京市推进运输结构调整三年行动计划（2018—2020年）》等政策文件对运输结构进行调整，带动京津冀周边及全国地区的铁路货运量增长，以促进京津冀一体化协同发展（蔡静等，2019）。

（1）网络结构现状

客运方面，北京市已经形成了完善的对外综合运输网络和中心城快速路网系统，同时发展和完善道路微循环系统及BRT系统，方便旅客出行。货运方面，北京市货物运输网络以公路为主、铁路为辅，还有部分航空运输一起参与货物周转。铁路运输虽然近年来占比有所降低，但仍发挥重要作用；公路运输在货运系统中占据主导地位，航空运输则是货物运输的新方式。此外，随着大宗货物"公转铁"等措施的提出，铁路货物运输占比有所增加，大量减少了公路运输造成的二氧化碳等污染物排放过多的现象，提升了环境效益。

（2）发展趋势

北京市目前处于小汽车快速发展时期，居民小汽车使用频率不断上升，而北京市道路基础设施及城市建设还未发展完善，加之人口数量庞大，中心城区内频繁拥堵。同时北京公共客运系统发展并不完善，承载率较低，无法缓解城市拥堵情况。

因此，北京应发展以公共运输为主的综合运输体系，增加公共交通在出行方式中的占比，缓解道路拥堵情况，满足居民通勤及城市物流的需要，构建多运输方式网络，减少各运输方式间的换乘时间，促进多种运输方式协调发展。

2. 多种运输方式协调性分析

目前航空和铁路协调度较低，原因在于航空和铁路都适合长距离运输，且机动性较差，两种运输方式的货物运输种类不同，协调性也较差。但空铁联运仍是主要的发展方向，空铁联运主要针对的是客运。

图9为北京大兴机场站列车运行时刻表，大兴机场站主要承担了北京西站与大兴国际机场之间旅客的运输，为旅客前往大兴机场提供了极大便利。从图中可以看出，当前列车车次仍然较少，且发车时间集中于上午9点之前。机场主要承担到达旅客的运输，飞机到达时间集中于中午或下午，但下午以及晚上列车很少，因此客流与列车时刻表匹配度较差，这也是当前航空和铁路协调度低的原因之一。

在轨道交通与地面交通换乘的过程中，存在步行距离过远的问题，同时换乘地面交通的乘客难以从出站口分辨地面车站的位置，轨道交通指引牌中没有相关提示，这些都有待进一步细化。

建设综合运输体系需要协同各交通管理部门的工作，此外还需制定

符合客流特征的运输方式，建立更合理的协调机制，提高各运输子系统的协调性。

复兴号				复兴号		
07:18 大兴机场	C2702 兆 34分▼	07:52 北京西		09:14 大兴机场	C2712 兆 28分▼	09:42 北京西
商务 候补	一等 候补	二等 4张		商务 17张	一等 有	二等 有
07:46 大兴机场	C2704 兆 28分▼	08:14 北京西		11:09 大兴机场	C2716 兆 28分▼	11:37 北京西
商务 17张	一等 有	二等 有		商务 候补	一等 候补	二等 8张
08:06 大兴机场	C2706 兆 28分▼	08:34 北京西		13:47 大兴机场	C2722 兆 28分▼	14:15 北京西
商务 15张	一等 有	二等 有		商务 候补	一等 候补	二等 4张
08:23 大兴机场	C2708 兆 45分▼	09:08 北京西		17:07 大兴机场	C2726 兆 34分▼	17:41 北京西
商务 5张	一等 候补	二等 有		商务 候补	一等 候补	二等 候补
08:54 大兴机场	C2710 兆 34分▼	09:28 北京西				
商务 5张	一等 候补	二等 有				

图9 北京大兴机场站列车运行时刻表

资料来源：12306官网。

3. 客货运系统协调性分析

当前，北京市正在构建"2+10+X"的客运枢纽格局，这些枢纽担负着旅客运输以及货物列车的有序汇集、高效分流的重任。

北京市大部分货运中心分散于丰台西站周围，有利于丰台西站货物的集疏运。大兴国际机场以及首都国际机场附近也有相应的货运中心，能够较好地完成从机场到货运中心的货物输送（见图10）。

高速铁路列车主要行驶在客运专线上，但也存在客运专线与既有线混跑的情况。而普速铁路列车在普速线上运行，存在与货物列车共用线路的情况，有时会出现越行、线路满载。而货运的低效势必影响普速线路上运行的客运列车，造成客运列车的晚点。运能紧张的区段，往往会客车先行，这在一定程度上影响了货运列车的效率。因此，运能紧张的线路可以适当修建货

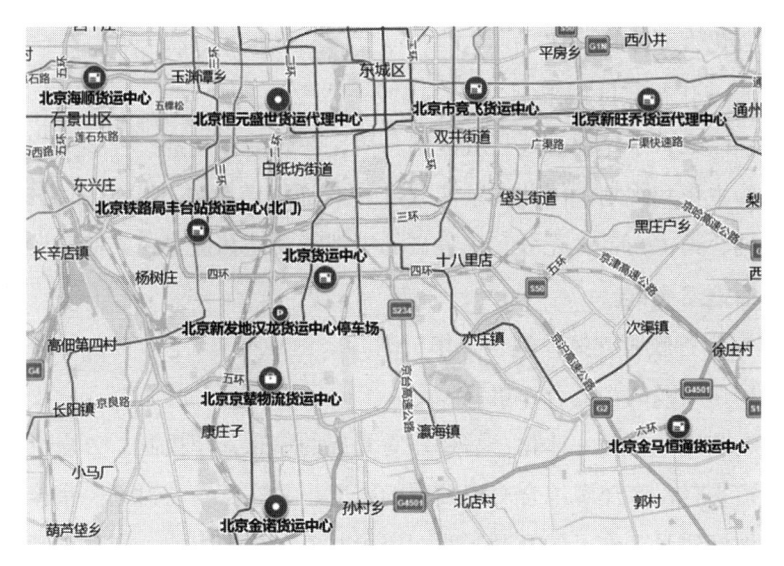

图 10　北京货运中心分布

资料来源：高德地图。

运专线，减少对客运列车的影响，同时保证货运列车的时效性。

在城市内部，货运车辆大多只能在四环以外运营。因此，五环、六环之间成为货运的集中区域，货运车辆对城市内部交通影响不大。因此，需合理规划货运列车线路，避开早高峰、晚高峰时段，减少与城区客流的交叉。

四　北京市综合立体交通网改进方法

（一）北京市综合立体交通网发展要求分析

在优化综合立体交通布局和推进综合交通统筹发展的战略指导下，北京市、天津市与河北省三地要做到资源优化配置、信息技术等要素充分流动、人流物流有效沟通，推动京津冀综合交通枢纽集群的发展。除此之外，为建成北京市综合立体交通网络，还需做到以下几点。

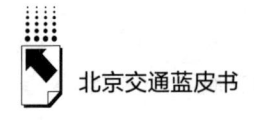

1. 强化管理体制

（1）淡化行政区域限制，提高区域一体性

长期以来，京津冀三地行政区划分明，在政治、经济、社会文化上都有着各自的主张和规划。因此，京津冀综合交通枢纽集群建设需要统一指导、统筹规划、集中力量，充分发挥各自的主观能动性和优势，共同建设京津冀综合交通枢纽集群。

（2）完善政策支撑，健全合作机制

①构建顺畅的沟通合作机制

推动京津冀交通一体化，需要建立开放的信息共享机制。公众可以利用多种渠道来获得京津冀综合交通发展的概况，并广泛参与讨论。京津冀三地政府要做好建设工作上的互通互联、资源共享、协同发展。当存在利益冲突时，三地应通过沟通合作机制交换意见，找出问题和冲突的原因，通过协商得出最满意的解决方案。

②建立联合监督机制

联合监督机制的建立与实施是确保综合立体交通网有效建设的重要保障，监管机构可以提前编制、列出将追究责任的事件和行为，对被监管单位的行为进行提醒和警示。建立完善的追责体制，对于破坏京津冀交通一体化建设的部门、企业、个人追究相应的责任。

2. 构建立体化、现代化城市交通系统

（1）建设立体化道路网络，扩大交通系统容量

一方面，通过加强地面道路建设，增加地面道路网络密度，提高网络可达性。例如，为了贯彻京津冀一体化国家战略，北京市应该加速推进非首都功能的疏解工作，加快通州行政副中心建设，完善通州区支路系统，缓解区域周边交通堵塞，分流京榆旧线向西的交通压力。另一方面，结合街区地下空间开发修建地下道路，形成地下快速通道系统，以分流地面交通压力。例如，抓紧推进北京东六环改造工程，将现行东六环车流引导至地下隧道，将过境货运车辆疏导至外围高速公路系统，确保市民车辆通行顺畅（《北京青年报》，2021）。通过上述措施，建设多层次、立体化的道路网络体系。

（2）打造现代化智能交通系统，提高系统运行效率

北京市交通行业应以创新为驱动，借助"互联网+"推动交通行业持续转型升级。一方面，借助政务新媒体资源，与高德地图、滴滴出行建立合作，通过数据的整合、共享，满足公众出行个性化需求。另一方面，持续推进延崇高速试点智慧公路工程，落实精准信息服务、自动驾驶及车路协同创新应用等创新功能与道路的结合（《北京商报》，2021）。

3. 推进多层次轨道交通"四网融合"

北京市应跳出一味发展地铁轨道网络的局限，站在更高更广的层面上，构建圈层式、一体化轨道交通网络，推进干线铁路、城际铁路、市郊铁路、城市轨道交通"四网融合"。

北京枢纽目前已开通的市郊铁路城市副中心线、S2线、通密线、怀密线均利用国铁既有线开行市郊列车，已实现国铁线路与市郊线路的互联互通（见图11）。

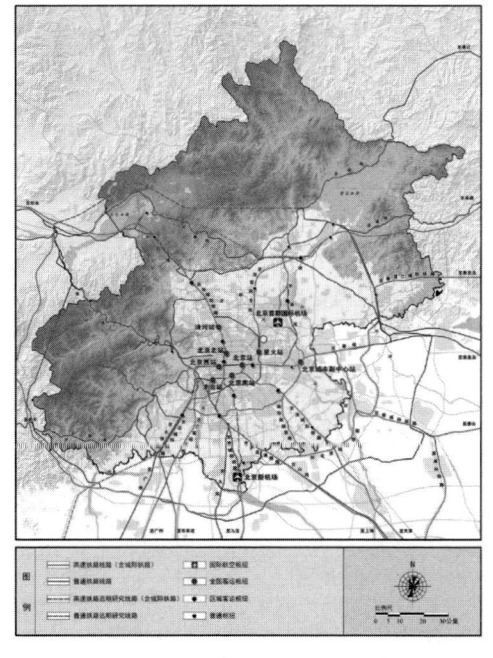

图11 北京枢纽衔接线路示意

资料来源：《北京城市总体规划（2016年—2035年）》。

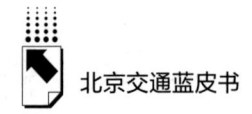

整体来看，当前北京市不同层次轨道网络之间主要通过北京枢纽客站实现衔接（见图12）。从过轨运输的技术标准来看，城市轨道与国铁过轨运输的主要问题在于结点的平、纵断面衔接困难以及车辆供电制式的差异（见表5）。北京市既有城市轨道交通网已经成型，为适应国铁车辆的供电、信号、限界等要求，需进行大规模的改造，工程投资大、难度较高。因此未来在设计城市轨道交通与国铁衔接时，过轨运输方式是重点研究的方向之一。

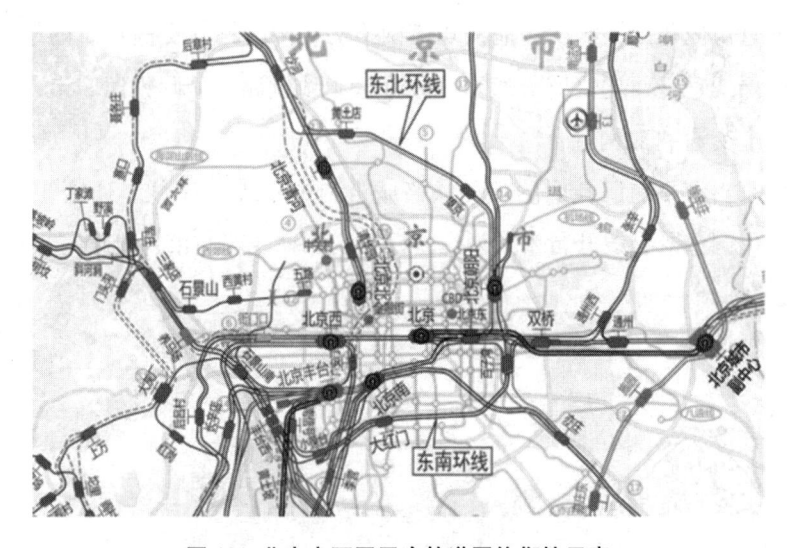

图12　北京市不同层次轨道网络衔接示意

资料来源：《北京轨道交通线网规划公布：布局8个铁路全国客运枢纽》，"澎湃铁路"百家号，2021年12月10日，https：//m.thepaper.cn/baijiahao_15789398。

表5　过轨运输技术标准对比分析

	国铁—市域	国铁—城市轨道
供电制式	制式相同	双制式列车
信号制式	CTCS	CSTC+CSCS
车辆制式	车型相同	双流A/B型车+站台改造
限界	C/D线+限速运行	A/B型车
荷载	需简算	需简算
站台门	退台安装、加装滑动门	退台安装、加装滑动门

续表

	国铁—市域	国铁—城市轨道
线路	市域接入国铁	城市轨道接入国铁
站场	站台改造	站台改造
调度	一体化调度指挥中心	一体化调度指挥中心

资料来源：根据公开资料整理。

4. 发展宽领域绿色交通

建设北京市综合立体交通网，应该以更大的规模、更宽的领域推进绿色交通的建设。

第一，提高公共交通服务质量，增强公共交通吸引力。北京市要进一步提高公交站点500米覆盖率，提升高峰时段地面公交干线平均运行速度；加快新技术的应用和智能调度平台的建设，例如公交智能调度的实施和公交电子学生卡的普及；推进干线、普线、微循环线和定制公交"3+1"线网层级体系的建设，提供多元化、集约化、高品质的地面公交服务。

第二，积极探索合乘、拼车等共享交通方式。不同于目前市场上的滴滴出行、高德打车等各种付费打车模式，北京市要探索的合乘、拼车等共享交通模式仅要求乘客公摊油费，对于汽车驾驶人，则通过额外的专享社会福利来弥补其出行成本。此种模式，一方面，大幅度减少了拼车乘客的拼车费用；另一方面，拼车乘客公摊的油费以及额外专享的社会福利补贴，将提高小汽车驾驶人合乘、拼车的意愿。这样一来，既能缓解城市公共交通可达性不足所引发的出行矛盾，又能减少私家车出行造成的环境污染和资源浪费。

第二，加快北京绿色铁路物流体系建设。北京市物流资源丰富，区位条件优越，是重要的交通枢纽和全国性物流节点城市。

根据北京市现有铁路货场的布局与定位，以及各节点承接的运输货物品类、数量，考虑旅途运输、中转运输费用、"碳达峰、碳中和"要求的碳排放费用等，通过计算分析，选择市内9个铁路货场作为城市绿色铁路物流节点，承接市内民生、战略、应急物资的运输，节点功能定位如表6所示。

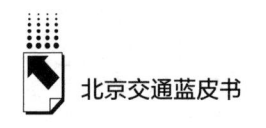

表6　北京市绿色铁路物流节点功能定位

节点名称	当前运输类别	发展定位	建议未来主要运输类别
大红门站	军事物资、矿建材料、生活消费品(含冷链)	京南民生物资集散中心、京南建材进京接卸基地	民生物资、冷链物资、砂石料、钢材
三家店站	叶蜡石、矿泉水	京西民生物资公铁联运中转集散基地	米面粮油等民生物资
顺义站	商品车	区域商品汽车外运基地	商品车
双桥站	钢材、木材、粮食、饮料、日用品	区域大型冷链物流仓配中心	冷链物资
黄村站	特快/快速货物班列、砂石料集装箱	电商快递货物公铁联运集散基地	电商快件
沙河站	军事运输、钢轨、钢材线材、增白剂	京北进京接卸基地	钢材、砂石料
百子湾站	粮食、集装箱、饮食	京东百货到达配送物流中心	米面粮油等民生物资
石景山站	钢铁、钢材	京西建材进京接卸基地	钢材
朝阳站	—	北京小批量高铁快运基地	快件、生鲜等

资料来源：根据公开资料整理。

（二）北京市综合立体交通网近期改进建议方案

1. 推进轨道交通线网优化

为了提高北京市地铁服务能力，增加重点地区的线网密度，应加强对地铁新线的建设。推动具备条件的线路实现快慢线交叉运行和同台换乘。制订车辆段停车检修功能网络化布局规划方案，推进轨道交通第三期建设规划的编制和报批（北京市人民政府，2021）。

2. 实现公交区域调度

落实公交线网总体规划，编制完成干线网、重点片区普线网、微循环网详细规划并推动实施。推动完成基于"北斗+5G"的网络化智慧公交调度平台设计,加强调度系统与大数据平台的互联互通(中新网北京,2021)。优化调度层级,逐步实现三级调度向二级调度过渡,实现区域智能调度发车,当高峰期客流量较大时,可以实现不同公交线路的跨线支援,减缓拥堵地区的客流压力,缩短乘客的候车时间。

3. 推进综合客运枢纽建设

持续推进北京多处综合客运枢纽建设,如丰台站、朝阳站、城市副中心站 3 个国家铁路车站,以及望京西、东夏园、环球影城北等综合交通枢纽的建设。

打造交通枢纽综合治理体系,优化站区内外场地功能,优化区域道路交通组织流线,强化联合、综合执法。重点时段增派地面公交运力,开行应急摆渡车,调集出租车保点,方便旅客夜间和应急接驳。

4. 推动构建世界级机场群

北京市应加快大兴国际机场卫星厅及配套工程建设,实现机场与北京中心城区"一小时通达、一站式服务",与周边城市 2 小时内通达(北京市人民政府,2022)。优化京津冀机场群航线网络布局,形成分工合作、优势互补、协同发展的机场群。此外,还应发挥双枢纽机场聚集辐射效应,并加强与天津滨海国际机场、石家庄正定国际机场的分工协作。

5. 加快推动京津冀城市群协同发展

有序疏解北京非首都功能,是京津冀协同发展的关键环节和重中之重。"十三五"期间,北京市始终以疏解非首都功能为"牛鼻子",有力有序推动疏解,优化提升首都功能,推动首都减量发展、创新发展和高质量发展。

构建完善成熟的轨道交通网、城市群快速公路网络,结合枢纽体系的协同规划与建设,实现不同交通方式的资源互用、信息共享,打造城市群内部"2 小时交通圈",从而提高旅客出行及物流运输的可靠性和便捷性,真正促进城市群内部各城市的协同发展。

(三)北京市综合立体交通网中长期改进建议方案

根据北京市综合立体交通网建设发展现状、方案研究以及发展对策研

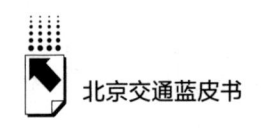

究,并参考《北京城市总体规划(2016年—2035年)》以及《国家综合立体交通网规划纲要》,为未来长期建设更加安全、便捷、高效、绿色、经济的综合立体交通网,提出以下6点建议。

1. 打造"轨道+公交+慢行"三网融合城市交通系统

(1) 加快推进三网建设

积极推进北京市轨道交通建设,增强地铁线网服务能力,织补、加密、优化中心城线网,提高重点地区线网密度。同时根据公交站点周边现状,改进各站点为适应未来接驳需求和换乘流量的公交站台,相应调整公交线路及站点设施,采取截短、延伸、合并、改道等方式,解决市民出行"最后一小时"问题。

(2) 全面促进三网融合

大力发展地铁站公交接驳项目,推进"轨道—公交"一卡通系统建设,实现"一次出行,一张车票,一路通畅"。在公共交通不完备的站点附近,因地制宜推动驻车换乘。加快推进地铁公交换乘平台建设,实现地铁公交"零距离"换乘,减少乘客换乘时间成本。建设三网信息共享系统,加快推进智能调度平台的建设,推进信息共享,为城市居民提供"轨道+公交+慢行"的最优接驳方案。

2. 完善便捷通畅的整体公路交通网

(1) 推进公路建设,提升发展质量

推进北清路等城市快速路和南中轴路等城市主干路建设。围绕重大活动和重点功能区交通保障,推进中心城区次支路建设。加快推进京津冀区域普通公路对接,推进承平高速等项目建设。优化公交线网服务水平,完成干线网等详细规划的编制并推动实施,优化调整公交线路。

(2) 提升公路养护水平,加大公路养护力度

组织开展创建国家级、市级标准的公路养护示范工作。做好公路生命安全防护工程及应急保障体系建设,积极推进桥梁隧道隐患排查整治和山区公路沿线地质灾害防治工作。加强公路配套服务设施建设,完善干线公路、旅游公路的附属服务设施。

3. 加强"四网融合"网络建设

（1）加强高等级公路网建设衔接

加强干线公路与城市道路的衔接，构建配置合理、布局均衡的路网体系。升级改造重要拥堵节点，增强收费站等关键节点的通行能力。在保证主线交通顺畅的前提下，实现高速公路与城市主干路的有效连接。

（2）推进枢纽设施一体化衔接

重点新建以铁路为主体的综合客运枢纽，优先考虑采用立体化布局模式，建成干线铁路与其他交通方式设施布局一体化的综合客运枢纽。优化客运交通枢纽的进出站及换乘流程，推动实现不同运输方式安检互信、同台换乘。

（3）培育区域公共交通市场化运营主体

推动城际铁路、市域铁路运营委托模式的创新，支持有潜力的市场主体进入相关运营服务领域。挖掘培育跨运输方式、跨行政区域的公共交通运营综合服务商，实现区域交通运营服务的统一管理和有效衔接，鼓励不同运营企业通过委托运营等方式开展合作，实现旅客运输一体化。

4. 积极推进综合交通绿色化

（1）持续推动出行结构优化

目前北京市在推动自行车出行方面做了很多积极努力，扭转了其出行比例下滑的趋势，但其发展仍然缺乏体系化布局。建议在进一步提升公共交通服务水平的基础上，加强顶层设计，将慢行道路网与公共交通网有机结合，持续推动出行结构绿色化。

（2）加快货物运输结构调整

北京市新一轮城市总体规划提出建设新的物流系统，并以此为契机，将干线运输公转铁、枢纽布局、城市绿色配送形成一盘棋，处理好政府与市场两者之间的角色定位和关系，在优化货物运输结构的同时，有效促进城市可持续物流系统的建设与发展。

（3）促进交通能源结构转型

近年来，北京市的空气质量得到了明显的改善，但是其排放总量依然远

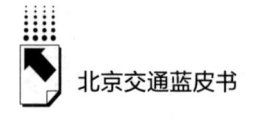

超环境的可承受能力。应继续密切联系交通行业的运输服务与组织，以"控增量、挖存量、提质增效"的战略，推动新能源车的推广应用，并在基础设施配套、政策激励等方面为新能源车发展创造优质的环境。

5. 加快多式联运发展

多式联运是发展综合运输体系的重要支撑，大力推进多式联运发展也是调整运输结构、优化货运组织模式的重要手段，为此可从以下几个方面进行建设。

（1）加强铁路专用线建设

铁路专用线是打通多式联运"最后一公里"的重要基础。建议在北京成立多式联运管理协调机构，统筹区域内各种交通方式，形成分工合理的多式联运发展格局。在产业布局规划中重视铁路专用线的建设规划，并协调好与其他铁路通道的关系。

（2）建设多式联运信息平台

建设多式联运枢纽信息平台，综合应用云计算、车联网等先进技术，优化运输线路，建立对运输全过程的动态跟踪、货物状态监测，提高全程数字化、透明化、智能化水平。组织多式联运相关方深化研究，建立一体化的信息化标准体系。大力推进不同企业间的数据交换工作，提供一站式、综合性信息服务。

6. 打造现代化智能交通系统

利用大数据、智能化决策等现代信息技术，持续推进信息化建设，打造现代化智能交通系统和人—车—路协同系统，从而形成保障安全、提高效率、改善环境、节约能源的北京市综合立体交通网。

（1）综合立体交通系统与互联网融合

利用信息通信技术及互联网平台，促进互联网与交通行业的深度融合，有效融合运用多源交通数据，充分发挥互联网在交通资源配置中的优化和集成作用，形成线上线下相结合的智慧交通系统，为人们的出行提供便捷、高效、舒适的服务，为货物的运输提供快速、经济、低风险的服务。

（2）综合立体交通系统与大数据融合

目前，大数据技术已经成为构建交通信息基础设施的重要工具。利用大数据技术可以实现跨平台、跨区域数据资源的共享，因此北京应充分利用信息整合的优势，构建全面、完整的交通信息系统。同时，基于系统强大的数据处理能力，更加有效地调配交通资源，灵活处理突发事件，提高交通管理的预见性、主动性、及时性和协同性。

参考文献

北京青年报：《北京东六环车流将"转移"至地下隧道通过地面原六环将打造"高线公园"》，新浪网，2021年5月26日，http：//k.sina.com.cn/article_1749990115_684ebae3020013738.html。

北京商报：《时速80公里、L4级自动驾驶 北京首条智慧高速将建成》，"北京商报"网易号，2021年12月8日，https：//www.163.com/dy/article/GQNKTI430519DFFO.html。

《北京市交通综合治理领导小组关于印发〈2021年北京市交通综合治理行动计划〉的通知》，北京市人民政府网站，2021年3月19日，http：//www.beijing.gov.cn/zhengce/zhengcefagui/202103/t20210324_2321573.html。

《北京市人民政府关于印发〈北京市"十四五"时期重大基础设施发展规划〉的通知》，北京市人民政府网站，2022年3月3日，http：//www.beijing.gov.cn/zhengce/zhengcefagui/202203/t20220303_2621094.html。

北京市交通委员会：《北京现代化综合交通体系初步形成》，《中国公路》2020年第23期。

蔡静、刘莹、张明辉、马皓、朱宇婷：《北京地区运输结构调整影响因素及策略研究》，《铁道运输与经济》2019年第6期。

曹庆锋、常文军：《日本轨道交通发展历程及经验启示》，《交通运输研究》2019年第3期。

崔立成：《基于多断面信息的城市道路网交通流预测方法研究》，博士学位论文，大连海事大学，2012。

《江北机场去年旅客吞吐量全国第四达3576.6万人次》，重庆市人民政府网站，2022年1月9日，https：//cq.gov.cn/ywdt/jrzq/202201/t20220109_10286570.html。

重庆日报：《轨道交通一号线朝天门站年底开通 2022年重庆轨道线路总里程将达

850余公里》，2019年12月19日，新重庆客户端，http://cq.cqnews.net/html/2019-12/19/content_ 50750186.html。

《重庆市中心城区交通发展年度报告》，重庆市规划和自然资源局网站，+2020年6月11日，http://ghzrzyj.cq.gov.cn/zwxx_ 186/mtgz/202106/t20210611_ 9390315.html。

郭继孚：《北京交通的发展历程与对策》，《城市公用事业》2013年第6期。

顾佳磊：《国际主要城市未来综合交通发展战略综述及启示》，《交通运输部管理干部学院学报》2020年第1期。

郝丽洁：《交通网络建设与美国纽约大都市圈区域经济的发展》，《中国科技投资》2012年第21期。

《京津冀："十三五"协同发展盘点》，河北党史网，2020年12月9日，http://www.hebeidangshi.gov.cn/article/20201209/2-2020-12844.html。

黄斌、李伟：《纽约自行车交通发展及自行车道改善案例研究》，《北京规划建设》2018年第1期。

黄珊珊：《东京大都市区和北京轨道交通网络的拓扑结构对比及分析》，硕士学位论文，北京交通大学，2015。

黄忆波：《上海与东京城市交通对标研究》，《交通与运输》2015年第1期。

季朗超：《北京公交地面客流下降原因与抑制措施》，《城市公共交通》2017年第11期。

蒋中铭：《东京都市圈轨道交通发展历程、特点和经验》，《综合运输》2021年第9期。

李臣、陈艳艳、刘小明、路尧：《基于多源数据的北京轨道交通客流特征分析》，《都市快轨交通》2017年第5期。

凌小静：《四大世界级都市圈交通出行特征分析》，《交通与运输》2018年第6期。

苗彦英、张子栋：《东京都市圈轨道交通发展及特征》，《都市快轨交通》2015年第2期。

吴海燕、高丽燃：《结合用地性质的北京市轨道客流特征分析》，《北京建筑大学学报》2015年第4期。

向蕾、叶霞飞、蒋叶：《东京都市圈轨道交通直通运营模式的分析与启示》，《城市轨道交通研究》2018年第3期。

袁伟彤：《纽约多机场对我国多机场建设的经验借鉴与启示》，《经贸实践》2017年第2期。

张连福、吕益华：《日本三大都市圈的城市公共交通》，《城市公共交通》2003年第5期。

张晓东：《北京轨道交通与城市协调发展的思考与建议》，《城市规划》2016年第10期。

张晓东、高扬：《纽约市综合交通规划解析及其对北京的启示》，《道路交通与安全》2014年第1期。

张晓兰：《东京和纽约都市圈经济发展的比较研究》，博士学位论文，吉林大学，2013。

郑碧云：《国际大都市圈交通体系对上海大都市圈的启示》，硕士学位论文，浙江大学，2015。

祝昭：《典型世界大都市综合交通发展现状及启示》，《综合运输》2011年第1期。

《中共中央　国务院印发国家综合立体交通网规划纲要》，中国政府网，2021年2月24日，http://www.gov.cn/zhengce/2021-02/24/content_5588654.htm。

中新网北京：《加快交通基础设施建设"北斗+5G"智慧调度公交》，中国新闻网，2021年3月24日，http://www.bj.chinanews.com.cn/news/2021/0324/81317.html。

分 报 告
Sub-reports

B.3
2021年国铁资源服务城市通勤研究报告

摘　要： 近年来，北京城市中心城区与市郊新城间的客流需求显著增强，利用国铁资源服务城市通勤需求是解决城市通勤问题的有效途径。本报告通过分析北京都市圈主要运输走廊、北京市郊铁路服务通勤客流需求及北京都市圈既有国铁资源现状，提出利用市郊铁路作为开展通勤服务的重要切入点。在此基础上，从分析目前市郊铁路发展存在的问题出发，结合国内外先进的发展经验，从合作机制、铁路规划、投资模式、运营模式、换乘优化等方面提出了相应的创新路径及机制建设。相关研究成果能够为北京市利用既有国铁资源解决城市通勤问题提供参考。

关键词： 国铁资源　市郊铁路　北京城市通勤

一 项目概述

（一）北京都市圈主要交通走廊分析

1. 北京通勤都市圈

根据发达国家的经验，结合都市圈的特点，将都市圈的核心因素划定为圈内各点之间的经济、产业合作强度以及相互之间的通勤率。从这些角度来看，广义上的北京都市圈以北京市为中心，包括天津宝坻、武清、蓟州3个区，河北石家庄、廊坊、承德、沧州、衡水、唐山、保定、秦皇岛和张家口9个城市。狭义上的北京都市圈包含近远郊的11个规划新城以及若干近京地区，如河北涿州、廊坊的部分地区等。为了更好地研究北京市郊铁路系统，结合北京自身的特点，同时考虑到与已经存在的环首都经济圈进行区分，本报告将狭义上的北京都市圈称为北京通勤都市圈。

根据北京城市空间特征，可以将北京通勤都市圈划分为以下三个交通圈层。

第一圈层是中心城区，即市中心周围15公里半径的范围，包括城市中心区域和多数边缘集团；第二圈层为近郊新城，即市中心周围15~30公里半径的范围，主要包含通州副中心、亦庄、大兴、门头沟、昌平、顺义和房山新城；第三圈层为远郊新城，即市中心周围30~70公里半径的范围，主要包含延庆、密云、平谷和近京地区的燕郊、三河、廊坊、固安、涿州等。

2. 主要交通运输走廊分析

交通运输走廊在整个城市中发挥着骨架作用，快速、便捷的交通方式及良好的可达性，对大众出行路径的选择具有较强的吸引力，大部分的交通流量由于综合运输阻抗小而向交通运输走廊集聚。

参考北京交通走廊既有相关研究成果，根据《北京城市总体规划（2016年—2035年）》提出的"一核一主一副、两轴多点一区"城市空间结构及近郊新城的布局，结合现有交通方式集聚簇轴及交通流量情况，将北

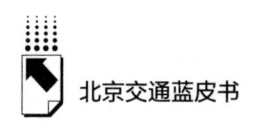

京市交通运输走廊划分为东部、东南方向、南部、西南方向、西部、西北方向、东北方向七个走廊分别进行分析。

（1）东部交通运输走廊

东部交通运输走廊位于北京正东方向，是联系北京城区与北京城市副中心以及近京地区的廊坊北三县的重要交通廊道。

①城镇简介

北京城市副中心规划范围为原通州新城规划建设区，是北京"新两翼"中的一翼，以行政办公、商务服务、文化旅游为主导功能。北京城市副中心的规划面积约为155平方公里，外围地区（通州区）规划面积约为906平方公里。北京城市副中心2016年常住人口为142.8万人，2035年调控目标为130万人以内，就业人口规模调控目标为60万~80万人，承接中心城区40万~50万常住人口疏解。

三河市处在北京、天津、唐山三大城市构成的金三角的核心地带，总人口为54万人，规划并逐步建成了燕郊高新区、工业新区、经济开发区和农业园区，其中燕郊高新区发展最为快速。

燕郊高新区位于环京津、环渤海经济圈核心，是全国离天安门最近的产业开发区，2010年升级为国家高新技术开发区，全区拥有高新技术和先进制造企业182家、高等院校9所。2016年末，辖区人口达120万人，其中常住人口75万人。由于其优越的区位，数十万人在燕郊高新区置有房产但在北京市内工作，由此产生了与北京市区之间强烈的通勤交通需求。

香河县位于北京市和天津市之间，拥有3个省级工业园区、1个省级农业高新技术园区。

②交通方式结构

走廊内部涵盖干线公路、铁路、城市轨道交通三种交通方式，干线公路主要包括通燕高速、京哈高速和G103等，铁路主要有京哈线，轨道交通线路主要有6号线、八通线。公交线路348条，向外延伸的线路连接中心城区的有154条，大部分止于朝阳区。

通过各种交通统计和换算得出，该交通运输走廊客运量为单向87.2万人次/天。

（2）东南方向交通运输走廊

东南方向交通运输走廊主要联系北京城区与亦庄新城。

①城镇简介

亦庄新城的定位是在全球范围内具有影响力的创新型产业集群和科技服务中心、首都南部区域创新发展协同区。

②交通方式结构

走廊内部涵盖干线公路、铁路、城市轨道交通三种交通方式，其中干线公路包括京津高速、京沪高速和 G103，铁路主要有京津城际线，轨道交通为亦庄线。

通过各种交通统计和换算得出，该交通运输走廊客运量为单向 39.3 万人次/天。

（3）南部交通运输走廊

南部交通运输走廊是联系北京城区与大兴新城，以及近京地区的固安、廊坊的重要交通廊道。

①城镇简介

大兴新城的定位是面向京津冀区域的协同发展示范区、科技创新引领区、首都国际交往门户。

固安县地处华北平原北部，位于北京、天津、保定三市中心，是北京南部现代制造业基地，同时是以生态旅游度假为特色的中等城市。

廊坊市位于北京、天津之间，是京津城镇群重要区域中心城市，承担京津城市部分职能，是一个以发展高新技术产业和现代服务业为主的城市。廊坊总体规划中提出，廊坊需加强与京津在产业、基础设施布局等方面的协调发展，充分发挥京津发展主轴重要节点城市的地位和作用。

②交通方式结构

走廊内部涵盖干线公路、铁路、城市轨道交通三种交通方式，其中干线公路包括京开高速、京台高速，铁路主要有京沪线、京九线、京沪客专，轨道交通为大兴线。

通过各种交通统计和换算得出，该交通运输走廊客运量为单向63.2万人次/天。

(4) 西南方向交通运输走廊

西南方向交通运输走廊是联系北京城区与房山新城，以及近京地区涿州的重要交通廊道。

①城镇简介

房山新城是京津冀区域京保石发展轴上的重要节点，定位是首都西南部重点生态保育区及区域生态治理协作区。

涿州市位于北京市西南部、河北省中部，是以现代制造业、旅游文化休闲产业为主导的冀中北部区域性中心城市。

②交通方式结构

走廊内涵盖干线公路、铁路、城市轨道交通三种交通方式，其中干线公路包括京昆高速、京港澳高速和G107，铁路主要有京原线、京广客专，轨道交通为房山线。

通过各种交通统计和换算得出，该交通运输走廊客运量为单向40.8万人次/天。

(5) 西部交通运输走廊

西部交通运输走廊是联系北京城区与门头沟新城的重要交通廊道。

①城镇简介

门头沟区地处北京西部山区，是具有悠久历史文化和优良革命传统的老区。

②交通方式结构

走廊内涵盖干线公路、铁路、城市轨道交通三种交通方式，其中干线公路包括G108和G109，铁路主要有丰沙线，轨道交通为磁悬浮S1线。

通过各种交通统计和换算得出，该交通运输走廊客运量为单向4.4万人次/天。

(6) 西北方向交通运输走廊

西北方向交通运输走廊是联系北京城区与昌平新城、延庆新城的重要交通廊道。

①城镇简介

昌平新城定位为首都西北部重点生态保育区及区域生态治理协作区，同时是城乡综合治理和协调发展的先行示范区。

延庆定位为首都西北部重要生态保育区及区域生态治理协作区、生态文明示范区。

②交通方式结构

走廊内涵盖干线公路、铁路、城市轨道交通三种交通方式，其中干线公路包括京新高速和京藏高速，铁路主要有京包线，轨道交通为昌平线。

通过各种交通统计和换算得出，该交通运输走廊客运量为单向58.6万人次/天。

（7）东北方向交通运输走廊

东北方向交通运输走廊是联系北京城区与顺义新城、密云新城和平谷新城的重要交通廊道。

①城镇简介

顺义定位为港城融合的国际航空中心核心区、创新引领的趋于经济提升发展先行区，中国最大的航空港——北京首都国际机场坐落于境内。

怀柔是北京东部发展带上的重要节点，定位是国际交往中心的重要组成部分。

平谷新城是北京东部发展带的重要节点，是京津发展走廊上的重要通道之一。

②交通方式结构

走廊内部涵盖干线公路、铁路、城市轨道交通三种交通方式，其中干线公路包括京承高速、G101，铁路主要有京承线、京通线，轨道交通为15号线。

通过各种交通运输统计和换算得出，该交通运输走廊客运量为单向47.1万人次/天。

（二）北京市郊通勤客流分析

北京城市核心区域与郊区之间的土地价值差异导致土地利用性质不同，

使得各区域职住人口分布数量悬殊。位于城市五环外的郊区车站周边区域以居住用地为主，分布着天通苑、回龙观、通州等大型生活居住区，早高峰时段进站客流量大；而北京市三环内，即核心城区的轨道交通车站周边区域以办公类用地为主，分布着集聚大量工作岗位的中央商务区（CBD）、中关村、金融街等办公场所，早高峰时段该区域以出站客流为主（见图1）。职住分离的都市圈居民在早高峰时段离开市郊居住区，前往就业岗位密集的中心区域，并在晚高峰时段返程。可以认为，都市圈内因各圈层经济梯度差距导致的职住分离现象，是产生通勤需求的根本原因。

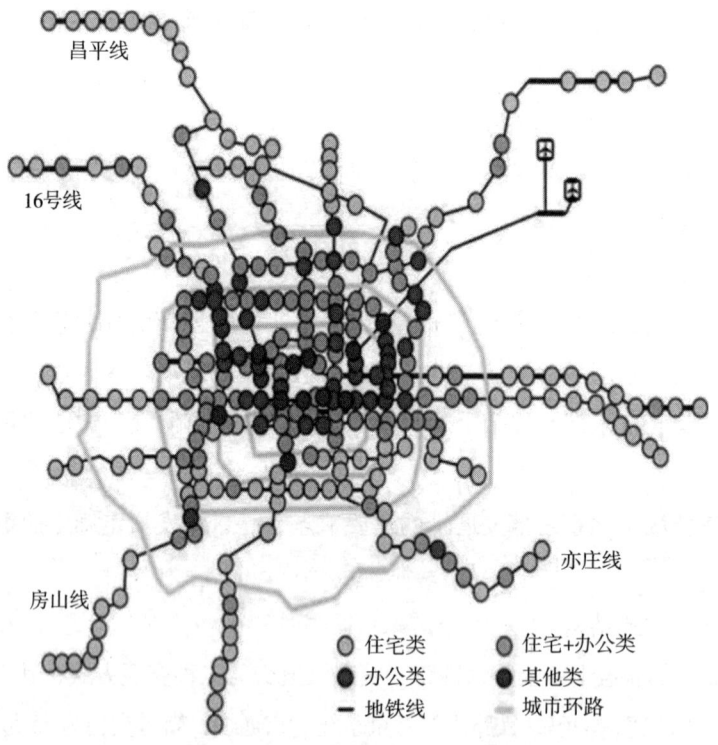

图1 北京轨道交通车站周边区域土地利用类型及分布

资料来源：杨雍彬《面向都市圈通勤的市郊铁路列车开行方案优化研究》，硕士学位论文，北京交通大学，2020。

基于此，本报告将从时间特征和空间特征两方面对北京市郊铁路客流进行分析，并总结其主要特点。

1. 通勤出行时间特征

（1）通勤时间较长

根据市郊铁路通勤者的职住位置，计算出其通勤的直线距离约为13.6公里，考虑到北京的方格网格局，轨道实际的通勤路径距离大概为直线距离的1.3~1.4倍，则利用市郊铁路通勤的乘客实际通勤距离约为18公里，通勤距离较长，导致通勤时间也较长。为进一步压缩通勤时间，市郊铁路系统应对线路进行改造，提升设计速度，还应该合理优化列车的开行方案，提高旅行速度，进而提高市郊铁路的服务水平。

（2）通勤时段固定且集中

由于通勤乘客的职住位置与工作时间相对固定，因此通勤乘客的出行时间段与乘降车站在一段时间内能够保持稳定，形成明显的潮汐客流特征。由于通勤乘客在早晚高峰时段集中出行，客流强度大、出行时间成本更高，以高峰时段列车的开行方案作为研究对象具有更大的研究价值。

（3）通勤高峰的向心传递

都市圈的通勤高峰具有沿放射性轨道线路各站点向市中心依次传递的特征。北京市的通勤客流沿市郊线路向各中心依次传递，例如昌平线、房山线、大兴线的早高峰从6：30~7：30点开始；城区线路的高峰时段则通常在7：30~8：30。

2. 通勤出行空间特征

北京都市圈通勤出行在空间上具有距离较长、向中心化、强度不均等特点，具体分析如下。

（1）通勤距离长

2021年北京市居民平均通勤距离为10.4公里，其中传统城区如朝阳区、海淀区、西城区、东城区等，由于区内企业分布密集，可满足区域内部分居民就地择业居住的需求，居民平均通勤距离较短；昌平、门头沟等近郊区有大量的跨区就业需求，居民平均通勤距离较长；密云、怀柔等区由于距离中心城区较远，通勤成本较高，尚未形成大规模的跨区域通勤客流（见表1）。

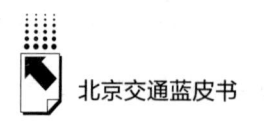

表1 北京市各区平均通勤距离

单位：公里

地区	平均通勤距离	地区	平均通勤距离	地区	平均通勤距离
昌平区	13.28	丰台区	11.28	延庆区	8.66
门头沟区	12.85	顺义区	10.49	平谷区	8.20
石景山区	11.90	朝阳区	10.93	密云区	7.55
通州区	11.81	海淀区	10.57	怀柔区	7.47
大兴区	11.64	西城区	9.40		
房山区	11.41	东城区	9.31		

资料来源：百度地图开放平台2016年第一季度《北京市民出行大数据报告》。

（2）向心化出行

目前轨道服务的通勤者就业地依然集中在城六区范围。西城、东城两区的通勤者职住地比例接近2，是明显的轨道通勤者聚集区域。海淀、朝阳也在1.0以上，是轨道通勤集聚区域。城区的丰台、石景山及平原新城则均在1.0以下，是轨道通勤者输出区域。新城中，房山、大兴、门头沟三区轨道通勤者输出特征最为明显，尤其是昌平区的轨道通勤者职住差值达到17万，为全市轨道通勤者进出差异最大的区域。上述情况造成了通勤出行的向心性，即早高峰进城、晚高峰出城。

二 利用国铁资源服务城市通勤需求的必要性和可行性研究

（一）利用国铁资源进行都市圈通勤服务的必要性分析

1. 促进区域一体化

北京都市圈50公里半径及以外的通勤基本以高速公路为主，通勤高峰时期道路拥挤和环境污染的负外部性日益显现，而放射性快速轨道交通供给严重不足。北京市地铁的平均旅速为35公里，市郊铁路平均旅速为55公里，这些轨道交通不足以支撑北京都市圈1小时通勤的需求。其次，北京市主导建设的市域快线建设成本高、周期长。最后，因既有国铁、普铁、市郊铁路技术水平差、运能不足、发车频次少、服务水平低、与城市交通接驳不便等，导致客流严重不足。北京2019年的市郊铁路客运量不足全市轨道交通客运量的0.1%，而国际主要大都市，东京、巴黎、伦敦等都市圈的市郊铁路客运量占整个城市轨道交通客运量的比重分别达到75%、44%、35%。

京津冀区域一体化进程的加快，使得周边地区与首都的交通联系进一步加强，交通需求已经突破北京市域范围，向环京河北、天津部分县市拓展，因此需要建设市郊铁路以满足跨行政区的长距离通勤出行客流需求，促进区域一体化发展。

2. 节约国家资源

从表2可以看出，自2006年开始，北京的财政收入虽然整体呈增加态势，但一般公共预算支出与交通运输支出的增速更大。2019年一般公共预算支出为7408.2亿元，交通运输支出为401.6亿元，占一般公共预算支出的5.42%。近几年北京市交通运输支出都在400亿元以上，其中主要支出是城市地面公交和地铁的投资与运营补贴，这些已给北京市政府带来了较大的财政压力，除此之外还有600多公里的地铁建设规划。在此基础上，若以东京都市圈为标杆，则需再"自建"一个上千公里的区域快线（含市郊铁路）系统，耗资将达到万亿元的水平，显然超出了北京市的财政负担能力。而利用国铁资源满足城市通勤需求，能够减少政府对铁路的相关补贴，减轻政府的财政负担，实现资源的有效利用。

表2 2006~2020年北京市财政状况及交通运输支出

单位：亿元，%

年份	一般公共预算收入	政府性基金预算收入	财政收入	一般公共预算支出	交通运输支出	交通运输支出占一般公共预算支出比例
2006	1117.2	118.6	1235.8	1296.8	7.1	0.55
2007	1492.6	389.4	1882.0	1649.5	33.1	2.01
2008	1837.3	444.7	2282.0	1959.3	80.4	4.10

续表

年份	一般公共预算收入	政府性基金预算收入	财政收入	一般公共预算支出	交通运输支出	交通运输支出占一般公共预算支出比例
2009	2026.8	652.0	2678.8	2319.4	147.1	6.34
2010	2353.9	1457.0	3810.9	2717.3	155.0	5.70
2011	3006.3	1352.8	4359.1	3245.2	199.1	6.14
2012	3314.9	1197.9	4512.8	3685.3	243.8	6.62
2013	3661.1	1841.8	5502.9	4173.7	231.8	5.55
2014	4027.2	3122.9	7150.1	4524.7	214.6	4.74
2015	4723.9	2028.4	6752.3	5737.7	295.6	5.15
2016	5081.3	1316.5	6397.8	6406.8	353.5	5.52
2017	5430.8	3132.8	8563.6	6824.5	446.5	6.54
2018	5785.9	2009.3	7795.2	7471.4	463.0	6.20
2019	5817.1	2216.3	8033.4	7408.2	401.6	5.42
2020	5932.3			7205.1		

资料来源：2007~2021年《北京统计年鉴》。

3. 提高资产使用效率

铁路项目特别是高铁项目，因其具有项目建设时间较长、建设成本较高等特点，给铁路企业及政府带来较大的压力。图2为2005~2019年我国铁

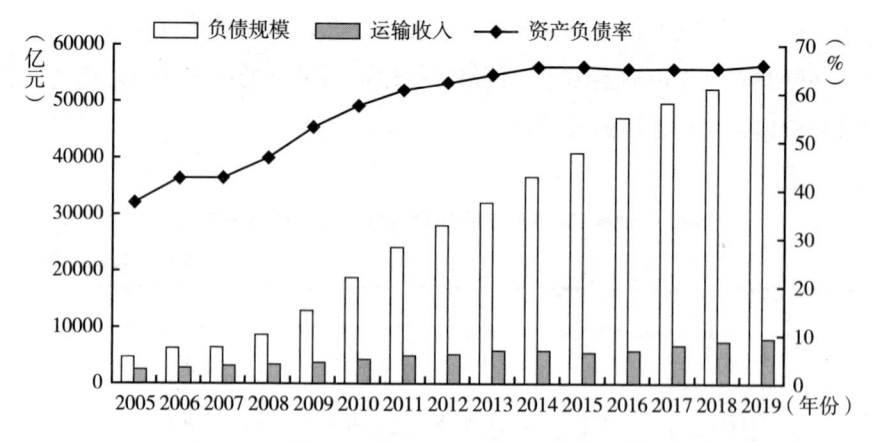

图2 2005~2019年我国铁路的负债规模、运输收入和资产负债率

资料来源：根据原铁道部、中国铁路总公司和现国铁集团的发债资料整理而成。

路的负债规模、运输收入及资产负债率的变化情况,从图中可以看出我国铁路的资产负债率从 2005 年的 38% 增长到 2019 年的 66%,负债规模从 2005 年的 5000 亿元左右增加到 2019 年的近 5 万亿元。与此同时,运输收入的增长率较低,难以覆盖负债额及其利息。在这种背景下,国铁需要改变传统观念,转型服务城市通勤需求,在解决城市通勤问题的同时,通过提供通勤服务改善自身财务状况,提高资产的使用效率。

(二)利用国铁资源进行都市圈通勤服务的可行性分析

1. 利用普速铁路富余能力开行市郊列车的可行性分析

(1) 主要线路能力利用情况

根据有关资料,通过对相关线路的研究,发现京沪线(黄村—廊坊)、京哈线(双桥—三河)、京广线(长阳—涿州)、丰沙线、京原线、京通线(怀柔北—古北口)现状通过能力已趋于饱和,其他线路枢纽内的区间通过能力尚有一定富余(见表3)。

表 3 北京铁路枢纽内各线路现状通过能力分析

单位:对,%

线路	区段	通过能力	图定客车	合计	通过能力利用率
地下直径线	北京—北京西	185.7	5	5	5
京哈线	北京—北京东	166.9	63	63	59
	北京东—双桥	166.9	68	68	70
	双桥—三河	166.9	57	96	84
京沪线	北京—丰台	185.7	88	88	70
	丰台—黄村	185.7	51	51	61
	黄村—廊坊	210	42	117	84
京九线	黄村—固安	185.7	26	40	54
京广线	北京西—长阳	185.7	51	51	45
	长阳—良乡	185.7	63	99	92
	良乡—涿州	185.7	63	99	92
京原线	石景山南—野三坡	35.5	3	30	94

续表

线路	区段	通过能力	图定客车	合计	通过能力利用率
丰沙线	石景山南—三家店	136	21	102	88
	三家店—落坡岭	136	21	102	88
京包线	沙河—昌平	43	11	12	50
	昌平—南口	43	5	6	24
京通线	昌平—雁栖湖	46	10	12	42
	雁栖湖—怀柔北	95	13	39	54
	怀柔北—古北口	45	8	28	83
	怀柔北—雁栖湖	47	2	26	68
京承线	双桥—怀柔	162.5	9	60	53
	怀柔—密云北	28	6	12	62

资料来源：北京铁路局。

（2）铁路富余能力分析

①京沪线

京沪线北京至廊坊段线路能力富余较大，有利于既有线路开行市郊列车。另外，京沪线在北京枢纽内设有多个车站，基本可以满足市郊客流的需求。

②京哈线

京哈线北京至双桥段线路能力富余较大，双桥至三河段线路能力尚有一定富余，可以为市郊列车的开行提供运力保障。北京至通州段为北京市郊列车S1线的组成部分，已于2017年底开通运营。

③京广线

京广线初近期线路能力富余相对较小，可开行市郊列车20对左右，远期货运外环线建成后，枢纽内线路能力得到释放，富余量较大，能为开行市郊列车提供一定的运力保障。

④京九线

京九线黄村至固安段线路能力尚有一定富余，可根据北京至黄村段线路利用情况并结合京沪线市郊列车开行情况，适当开行北京至固安的市郊列车，以加快京津冀实施"一线两厢"的战略，促进京津冀一体化发展。

⑤京包线

京包线北京北至昌平段与京张高铁共线，经能力适应性分析，北京北至沙河段能力尚有较大富余，沙河至昌平段初近期线路能力尚有一定富余，远期线路能力紧张；昌平至延庆段考虑市郊列车S2线后，能力已经饱和。

⑥京原线

京原线尚为单线，线路能力较低，初近期能力富余较小，远期货运外环线建成后，线路能力得到释放，富余量有一定提升，可为市郊列车的开行提供一定的运力条件。

⑦京承线

京承线双桥至怀柔段为双线铁路，经能力适应性分析可知，该段线路能力富余较大，有利于市郊列车的开行；怀柔至承德段为单线铁路，线路能力已经饱和。

⑧京通线

京通线尚为单线，其中昌平至怀柔北段线路能力尚有一定富余；怀柔北至古北口段线路能力已接近饱和，若要开行市郊列车，需采取必要的扩能措施。

目前，北京枢纽内的丰沙大、西黄线（远期）线路能力已经饱和。但东北环线（星火—沙河，单线）和其他各线的能力均有一定程度的富余，经过一定的通勤化改造后，可为市郊列车的开行提供一定的运力服务。

2. 高速和城际铁路的富余能力为服务城市通勤需求提供了可能

（1）主要高铁线路能力利用情况

通道和车站能力决定列车开行密度。由表4可以看出，现有以及可预计时期内进出京各方向的高铁通道都有较为明显的富余能力。按照我国高铁列车技术标准，高铁列车最短发车间隔为4~5分钟，复线在1小时内的通过能力为12~15对列车，扣除夜间维修时间的16个小时，平图通过能力为190~240对列车。车站到发能力方面，丰台站改造及副中心站建成之后，北京市内

8座主要高铁车站每天的到发能力都在240对以上。而目前京张高铁仅开行60对列车,京沈高铁开行40对左右。虽然高速铁路更多服务于大长干线运输,但是随着未来京唐高铁的开通,京津城际和京沪高铁将出现一定的能力富余,京广高铁也因丰台枢纽站的改造升级,通过能力获得极大提升。

表4　北京都市圈可利用高速铁路通勤的线路、里程、利用率

现有及预期高铁线路		可利用通勤车站数量(座)	北京境内里程(公里)	40分钟通勤圈内里程	60分钟通勤圈内里程	通道利用率(按180对为满图计算)(%)
现有	京张高铁	10	79	134	134	50(含市郊)
	京广高铁	7	60	131	244	94
	京沪高铁	5	55	131	219	62.2
	京津城际	6	51	120	166	
	京沈高铁	9	98.4	115	214	30
预期	京唐城际(2022年)	9	25+9	172	172	
	京滨城际(2022年)	4	25+9	77	77	
合计	9条	61	457.5	1089	1572	

注:通勤圈内里程,指在通勤圈范围内,并设有客运站点的高铁线路里程。
资料来源:使用盛名列车时刻表查询相关资料整理得出。

(2)高铁线路富余能力分析

从服务频率分析,市郊列车的主要服务对象为中心城区与新城、卫星城镇间通勤、通学、商务、休闲、探亲、娱乐和购物等的出行客流,该部分客流的出行要求为较高的发车频率和较长的营业时间,尤其是高峰时间的发车频率不能太低。通过客流出行调查可知,市郊列车的高峰时段与高速铁路、城际铁路可能会有一定重合,因此,若要在不影响高速铁路和城际铁路开行的前提下开行市郊列车,其全天可开行的对数尤其是高峰时段可开行的对数将十分有限,可以提供的服务频率及线路能力无法完全满足市郊旅客的运输需求。

综合以上分析,高速铁路、城际铁路虽然不宜作为北京市郊列车开行的主通道,但部分车站分布着合适的线路,如京沈高铁、京张铁路、京唐城际

等，可以在初期采用"以客带流"的方式，起到市郊列车开行的辅助通道的作用。

三 发展现状与经验启示

（一）既有市郊铁路发展状况

为了促进北京周边市郊城镇的发展，推进北京非首都功能的转移，用来连接中心城区与市郊城镇的市郊铁路近年来发展迅速。目前北京境内规划了14条市郊铁路，已建成通车4条，分别为S2线、城市副中心线、怀密线、通密线（见表5）。这4条市郊铁路都是利用既有的铁路通道，开行市郊列车。

表5 2015~2020年北京市郊铁路运营情况

单位：万人次

指标	线路	2015年	2016年	2017年	2018年	2019年	2020年
旅客发运量	S2线	309.9	280.5	185.9	165.4	246.9	95.9
	怀密线	—	—	0.03	1.9	8.5	22.5
	城市副中心线	—	—	0.07	16.7	39.8	46.0
	通密线	—	—	—	—	—	5.4
日均发送量	S2线	0.8	0.8	0.5	0.4	0.5	0.06
	怀密线	—	—	0.03	0.005	0.02	0.07
	城市副中心线	—	—	0.07	0.04	0.1	0.1
	通密线	—	—	—	—	—	0.03

资料来源：北京交通发展研究院《2021北京市交通发展年度报告》。

1. 北京市郊铁路S2线

（1）S2线概况

北京市郊铁路S2线，是为保证八达岭旅游，兼顾延庆往来北京的需

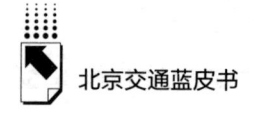

要,于2008年8月6日开通运营的第一个市郊快速通勤铁路运输系统。线路全长108.3公里(含沙城支线),最高运行速度为120公里/时。S2线利用国铁的京包铁路和康延支线运行,是北京市郊铁路网络的组成部分(见图3)。

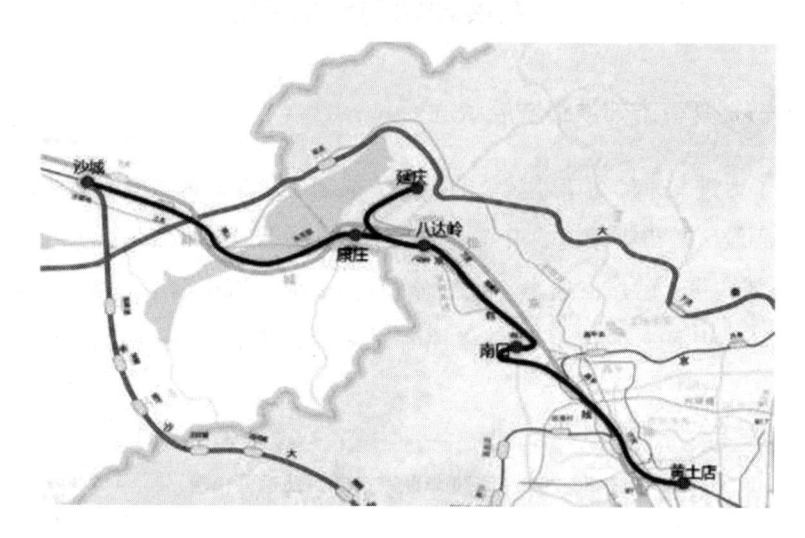

图3 S2线线路

(2)运营情况

①票价模式

2011年之前,S2线按照铁路模式运营,执行铁路票价,票价较高,客流吸引力有限,年旅客发送量在50万人次以下,上座率约为25%。2011年7月1日起,S2线实施新运营模式,票价调整为乘坐1站5元/人次,乘坐2站及以上6元/人次,并实行一卡通刷卡和纸质定额客票2种购票方式。实施新运营模式后,S2线当年旅客年发送量增长225%(北京交通大学北京综合交通发展研究院,2021)。

②列车开行情况

2011年7月1日,S2线实施全新运营模式,全天图定列车对数16对(32列)。截至2019年底,该线路由于京张高铁的开通,减少2对发车对数,未来该线路的利用和运营情况并不乐观。

(3) 客流分析

市郊铁路 S2 线主要服务的是从北京市区去往八达岭、延庆等旅游景点的旅游客流。该线路的辐射范围在沙河站以北逐渐过渡为工厂、工业园区、生态涵养区等，常住人口较少，因此该线路服务的通勤客流较少。从数据上看，车次上座率大多不足 45%，运力浪费比较严重。

另外，虽然 S2 线列车最高运行速度可达 120 公里/时，但平均旅行速度仅为 40 公里/时。从延庆站到黄土店站需要约 1.5 小时，只设置有黄土店站、南口站、八达岭站和延庆站四个车站，车站设置数量较少，并且黄土店站所在的回龙观地区没有大的产业集群，到城区尚有较长的通勤距离，因此该线路通勤客流较少（见图 4）。

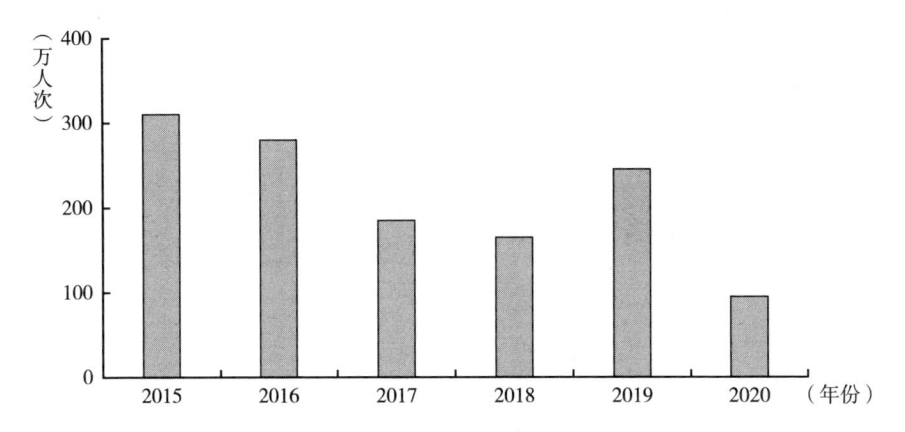

图 4　2015～2020 年市郊铁路 S2 线旅客发送量

资料来源：北京交通发展研究院《2021 北京交通发展年度报告》。

（4）S2 线的主要问题

S2 线是北京开通运营最早的市郊铁路，线路运行在未经改造的既有京包线上，功能定位单一，没有兼备通勤功能；线路等级较低，运行速度不符合通勤要求；需求旺季列车运力不够，乘客出行舒适度低；始发站离城区较远，不利于吸引乘客；八达岭站附近道路交通设施不够完善，乘客安全存在隐患。

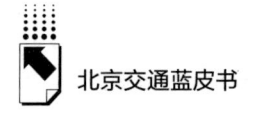

2. 北京市郊铁路城市副中心线

（1）城市副中心线概况

2017年12月31日，北京市郊铁路城市副中心线（北京西站至通州站区间）正式开通运营。2020年6月30日，线路西延至房山区良乡站。目前线路全长32.7公里，停靠良乡、北京西、北京、北京东、通州、乔庄东6座车站（见图5）。城市副中心线是连接中心城区与城市副中心的快捷通道，其开通目的是满足市政府搬迁至通州后政府工作人员往来的需要。

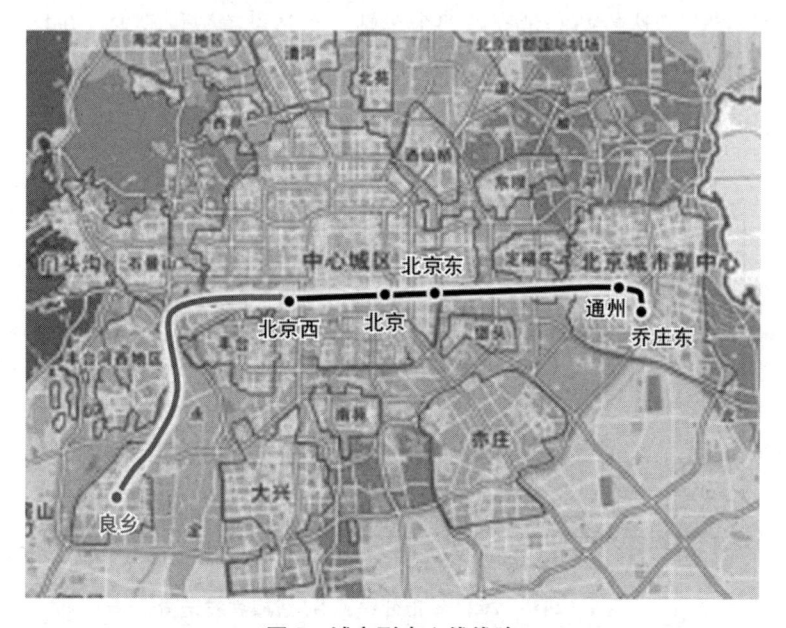

图5 城市副中心线线路

资料来源：郑小康《北京市郊铁路城市副中心线客流特征分析与思考》，《现代城市轨道交通》2021年第8期。

（2）运营情况

2019年6月20日，线路东延至乔庄东站，调整运行计划，增开列车，并增加停站等措施，此后工作日早高峰进城与晚高峰出城方向客流增加明显，进出城客流量之比由1.2∶1增加至1.5∶1，线路月均客流量超过4万人次。

担当城市副中心线开行任务的车底为"京通号"CRH6A 型城际动车组，其兼具动车组大运量和地铁列车快速启停的技术优势。8 节编组的"京通号"最大载客量为 1471 人，约为现行相同编组的高速动车组载客量的 2 倍，速度是公交车的 2~4 倍，人均百公里能耗则比现行同速度等级动车组减少约 44%。

（3）客流分析

2019 年 1 月起，北京市行政中心正式迁入北京城市副中心，工作日早高峰出城方向客流增加明显。

从城市副中心线 OD 日均客流来看，该线路客流呈现"一多两少"的特点，即围绕北京站与北京西站产生的客流多，北京站、北京西站间换乘客流与长距离乘坐客流少。由两端始发站前往北京站与北京西站的客流分别达到两端始发客流的 90%，由北京站与北京西站出发向乔庄东站与良乡站方向的客流占比分别为 60% 与 40%，而乘坐整条线路由始发站到终点站的客流仅占全部客流的 8.7%（见表 6）。

表 6 北京城市副中心线 OD 日均客流

单位：人次

交通出行量	良乡站	北京西站	北京站	北京东站	通州站	乔庄东站	小计
良乡站	0	192	139	0	17	15	363
北京西站	129	0	13	1	132	164	439
北京站	107	13	0	2	64	64	250
北京东站	6	1	1	0	0	1	9
通州站	0	116	70	4	0	0	190
乔庄东站	30	194	81	4	0	0	309
总计	272	516	304	11	213	244	1560

资料来源：郑小康《北京市郊铁路城市副中心线客流特征分析与思考》，《现代城市轨道交通》2021 年第 8 期。

客流出行时间主要集中在早晚高峰。副中心线早晚高峰共发 5 对车，平峰发 1 对车。早高峰由西向东发车间隔约为 20 分钟，晚高峰由东向西发车

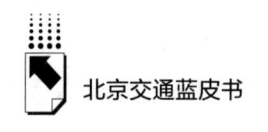

间隔约为30分钟，高峰时段的客流占比达到92%。可以发现，客流呈现较明显的通勤特征，其中早高峰出行需求强于晚高峰（郑小康，2021）。

（4）城市副中心线的主要问题

城市副中心线是北京运营里程最短的市郊铁路，连接主城区和城市副中心。目前存在功能定位不合理的问题，其沿用铁路传统运输组织模式，运营站间距大，服务范围较小，列车逆大客流方向开行，与日常通勤规律和需求特点不匹配，从而导致利用率总体偏低，服务城市交通的作用和功能尚未得到发挥。

3. 北京市郊铁路怀密线

（1）怀密线概况

北京市郊铁路怀柔—密云线，是北京市郊铁路网络的组成部分。线路共经过三次延伸，全线由北京北站至古北口站，全长144.6公里，最高运行速度160公里/时。怀密线利用国铁的京张高速线与京通线运行，共设北京北站、清河站、昌平北站、雁栖湖站、怀柔北站、黑山寺站、古北口站等7座车站，服务范围覆盖西城区、海淀区、昌平区、怀柔区、密云区等五个区（见图6）。该条线路直接连通中关村科学城和怀柔科学城，能够加强两地与中心城区的联系。

（2）客流分析

2018年怀密线开通初期，线路的城区起点位于黄土店，位置偏僻，外加线路的接驳配套没有做好，导致线路上座率不足2%，客流受节假日影响十分明显，节假日客流量是周末的2倍，是工作日客流量的5倍，旅游客流在线路客流构成中居主导地位。

2019年12月30日，怀密线市内始发终到站由黄土店站迁移至清河站，同时，线路增开早晚高峰进出城列车，早晚高峰均有1对列车服务怀柔科学城的通勤客流，1对列车服务昌平城区进城的通勤客流。线路月均客流量增至2.3万人次，工作日客流量是始发站改移前的10倍以上，通勤客流增加明显。

2020年9月30日，随着京通铁路北京段的电气化完成，线路更换了

图 6　怀密线线路

资料来源:"北京市郊铁路"微信公众号。

CRH6F-A 型四编组电力动车组并引入北京北站,进一步缩短了密云区、怀柔区到中心城区的距离,从昌平北站至中心城区的通勤时间大幅缩短,到清河站最快仅需 22 分钟,到北京北站最快仅需 38 分钟,高效准时。此外,市民在清河站可换乘地铁 13 号线,在北京北站可换乘地铁 2 号线、4 号线和 13 号线,而且与多条公交线路接驳,去往中心城区各个方向的通勤更加便捷、快速。

(3) 怀密线的主要问题

目前怀密线是北京最长的市郊铁路,其在运营中暴露出的主要问题包括:第一,列车停靠站少,全程 144.6 公里,只设站 7 座,平均站距达到 24.1 公里;第二,车次少且与主要客流方向不符,早高峰时段出城车次多,晚高峰时段进城车次多。

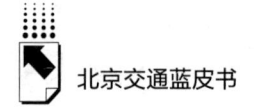

4. 北京市郊铁路通密线

(1) 通密线概况

北京市郊铁路通密线，原称北京市郊铁路京承线，于2020年6月30日开通运营，是北京市郊铁路网中东北方向的骨干线路，北京市郊铁路网络的组成部分。通密线利用国铁的京承线、怀北联络线和京通线，线路分为主线与支线，其中主线设通州西站、顺义站、牛栏山站、怀柔站、密云北站5站；支线设通州西站、顺义站、牛栏山站、怀柔站、雁栖湖、怀柔北站6站（见图7）。线路连接通州、顺义、怀柔、密云四区，全长83.4公里，最高运行速度100公里/时。

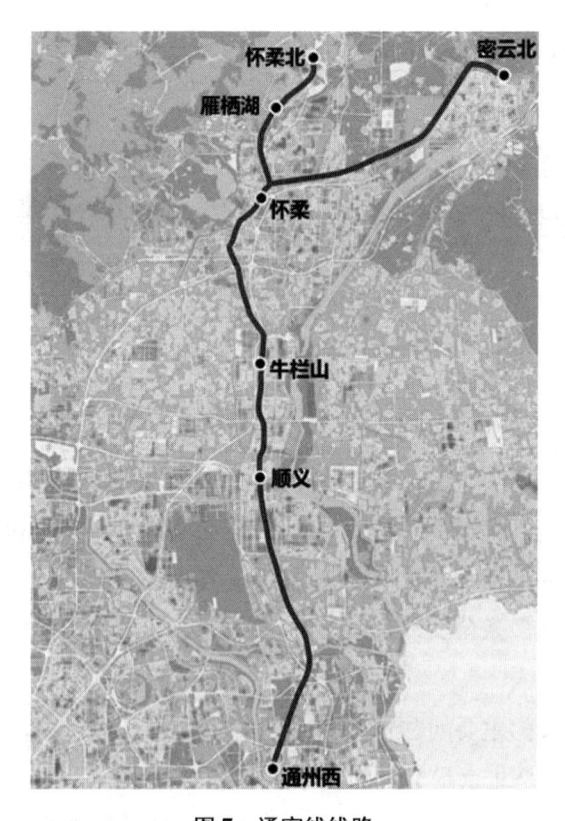

图7 通密线线路

资料来源："北京市郊铁路"微信公众号。

(2)运营情况

通密线目前处于简易开行阶段,每日开行通州西站—密云北站列车2对,通州西站—怀柔北站列车1对,均使用国铁的普速空调车开行。通州西站至密云北站、怀柔北站的全程运行时间分别为76分钟、73分钟。通密线目前采用与北京地铁一致的票制票价,支持市郊铁路一卡通、实名制二维码、铁路磁质车票(含电子票)等多种方式乘车。未来通密线有望进一步延展,向西延长至北京东站,列车升级、站房改造、站城一体化等改进措施也将会进一步落实。

(二)市郊铁路开展通勤服务过程中存在的问题

1. 国铁市郊线路装备条件、客运产品和站车服务等不满足通勤旅客需求

从技术装备条件上看,部分国铁线路不具备5分钟追踪开行条件,限制了列车开行密度和旅行速度。例如市域内东北环、怀密线等均为单线半自动(自动站间)闭塞,通过能力低,一般高峰小时只能始发3~4列。国铁现有动车组和列控设备无法像地铁一样实现自动驾驶和自动折返,人工作业烦琐,车站到发线占用时间过长,限制了高峰小时列车开行对数和追踪间隔。

从客运产品上看,目前开行的通勤列车班次少、间隔大、发车时间不合理,旅客既无法实现随到随走,也没有高品质的通勤服务,而且一旦赶不上购票车次就只能选择其他交通方式,这让不少通勤旅客望而却步。

从站车服务上看,目前国铁车站的功能设计、安检、进站、候车、出站等作业模式及配套规章制度都以服务中长途旅客为主,烦琐的进出站流程增加了乘客无效旅行时间,降低了服务质量和乘客体验。

从站点布局上看,国铁车站站间距大,既有中间站站点位置与市民工作地和居住地之间存在"最后N公里"问题,与其他公共交通方式接驳不方便,增加了通勤旅客包括旅行时间在内的整体出行成本,降低了客流吸引力。

2. 北京枢纽列车运行图亟须进行整体优化,释放部分运能

受北京枢纽大型铁路客运站运能持续紧张和各地进京列车需求旺盛的

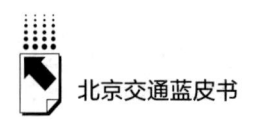

影响，北京枢纽内大部分线路处于运能紧张状态，开行通勤列车到既有成熟的枢纽车站比较困难，特别是高峰时段。通过调研，目前北京枢纽列车运行图编制过程中很少考虑通勤客流的需求，部分不合理的运行线路通过调整，可以释放一定比例的运能，但是国铁集团北京枢纽列车运行图的调整一直采用"修修补补"的方式，没有下决心对运行图进行重新编制或者进行大的调整。

3. 北京尚未形成覆盖广泛、功能完善的市郊轨道交通网络体系

北京市已建成的轨道交通线网制式比较单一，以地铁为主，层次不够分明，中远距离、大运量的市郊铁路系统尚未建设成网。随着城市化进程的不断推进，北京市居民出行需求发生较大改变，中心城区与市郊新城之间的客流需求显著增强，而城市交通的供给严重小于需求，具体体现为：高峰小时一些轨道交通线路的最大断面满载率超过120%，周边各个新城进京方向的道路全部为拥堵状态，相关地铁线路长期超设计值运行。且既有的地铁线网目前只能覆盖北京市域 30 公里范围内的 6 座近郊新城，地铁线网的覆盖密度还有待提高，较低的地铁覆盖密度大大影响了乘客的出行体验，此外尚未有轨道交通覆盖怀柔区、密云区、平谷区等远郊新城。通达远郊新城延庆区的市郊铁路 S2 线虽运营多年，但服务水平较低，功能不够完善，难以发挥预期作用。

4. 北京市郊铁路运营管理、制度保障不完善，可持续能力较弱

以 S2 线为例，S2 线是北京市运营的第一条市郊铁路线路，自 2008 年运营至今已有 9 年时间，先后经历"按旅游票价水平定价，城铁公司自负盈亏"和"按公交票价水平定价，市政府购买运输服务"两个运营管理阶段。

S2 线采用"市政府购买运输服务"的运营模式后，与之前因票价太高所导致的客流严重不足相比，市郊客流增长较快，在满足昌平、延庆地区的通勤客流、旅游客流出行需求，缓解路面交通堵塞方面取得了一定的成效，但尚存在一些问题，主要表现在以下几个方面：第一，S2 线利用国铁线路，线路通过能力有限、维护难度大；第二，与公交换乘不便，服务频率偏低；

第三，清算机制不透明；第四，运营盈利困难，资金缺口大；第五，综合开发缺失，市郊铁路的造血功能不足。

（三）国内外市郊铁路发展经验借鉴

1. 日本东京

（1）东京都市圈

日本东京都市圈以东京为中心，由东京都与相邻的埼玉县、千叶县、神奈川县组成，占地总面积达13494平方公里，辐射范围内总人口约占日本总人口的30%。东京都市圈内每天的出行需求高达6000万~7000万人次，有64.9%的人利用轨道交通出行，其中市郊铁路占比达到44.2%。

（2）东京都市圈市郊铁路

东京都市圈轨道交通线网非常发达，各类型轨道交通里程总计5539.3公里，其中国铁3127.4公里，私铁1939.7公里，地铁354.5公里，其他类型轨道交通包括单轨、有轨电车等共117.7公里。以上轨道交通线路中的国铁（除新干线）、全部私铁线路均服务于东京都市圈市郊通勤，采用市郊铁路方式运营的轨道交通线路总计4475.9公里，占东京都市圈内总线网规模的80.8%。其中，东京都市圈承担客运的轨道交通里程约2500公里。

东京是东京都市圈的就业中心和经济中心，乘客利用市郊铁路出行的占比达50.54%，整体路网呈"放射+环线+穿越中心城"的网状结构。东京共有13条铁路干线、支线从城市外围通过内外两条铁路环线引入，并与城市内12条呈放射状的地铁线路共同组成城市轨道交通网络。

（3）东京"五方面作战计划"：利用国铁既有线资源进行大规模通勤化改造的典范

第二次世界大战后，日本经济高速发展，东京的城市交通系统无法满足不断增加的通勤和上学交通需求，上下班高峰时期地铁等轨道交通的乘客"混杂率"经常超过250%（接近于我国满载率的130%），为此，日本开启了以"五方面作战计划"为核心的利用国铁资源提升东京交通运输能力的大规模更新改造工程。

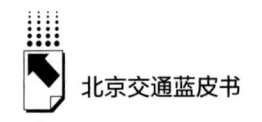

"五方面作战计划"是指在日本原国铁的中央线（中野—三鹰）、东北线（赤羽—大宫）、常磐线（绫濑—取手）、总武线（东京—千叶）、东海道（东京—小田原）等"东西南北中"的五个大方向进行的提升线路及车站运输能力和效率的投资规模大、持续时间长、影响范围广的浩大工程（荣朝和、罗江，2020）。主要是在既有国铁进出东京都各条复线和东京枢纽联络线的基础上，通过增建双复线、三复线、高架复线以及货转客改造、提升车站到发能力、扩大列车编组和不同线网互联互通等措施来成倍提升运输能力和列车的运行速度。陆续将13条国铁干支线从东京城市四周引入，通过内外两条铁路环线——山手线和武藏野线将引入的铁路与城市内的几十条放射性铁路线和地铁线有机联系起来，最终形成了一个超大规模、一体化的都市圈铁路通勤网络。以该网络为依托，在距离东京核心区40~50公里范围内形成了多个大规模、功能各异的新城，从而实现了由东京市向东京都市圈的转变。同时，"五方面作战计划"和车站推进的大规模TOD土地一体化开发，为工程建设和后期运营维护筹集了大量的资金。

经过十多年持续而艰苦的努力，"五方面作战计划"得以完成。轨道交通的运输能力、运营速度、效率和效益都得到了巨大的提升。"五方面作战计划"极大地疏解了东京市中心的人口、产业，稳定了东京市中心的房价，也为东京市中心的"留白"和"增绿"腾出了土地和空间。该计划实施后的项目平均财务内部收益率超过了8.2%（见表7）。以山手线和武藏野线为代表的东京市郊铁路的成本收入比分别为57.7%和69.3%，成为日本营利最高的铁路线路。

表7 原日本国铁东京"五方面作战计划"成效

线路	高峰输送量变化（人/时）		财务内部收益率（改造后）（%）	改造前后高峰时"满载率"（按"混杂率"折算）			改造前后区间平均旅行时间（分钟）	
	1965年	1982年		1960年（%）	1998年（%）	2018年（%）	1965年	1995年
中央线方向	7.8	14.3	8.5	140	86	70	63	58
东北线方向	9.5	15.5	—	154	108	93	35	29
常磐方向	6	12.9	10.3	124	119	80	57	42

续表

线路	高峰输送量变化（人/时）		财务内部收益率（改造后）（%）	改造前后高峰时"满载率"（按"混杂率"折算）			改造前后区间平均旅行时间(分钟)	
	1965年	1982年		1960年（%）	1998年（%）	2018年（%）	1965年	1995年
总武线方向	9.7	12.8	8.1	155	118	95	61	40
东海道方向	12.9	18.4	5.9	—	125	96	64	54
总计（或平均）	45.4	74.0	8.2	143	111	87	56	45

资料来源：根据有关日文材料整理而成。

2. 德国柏林

（1）柏林都市圈

柏林都市圈东西宽45公里，南北长38公里，占地892平方公里，覆盖人口为370万人。在都会区中，轨道交通的日均客流量可达239万人次，市郊铁路日均客流量占比超过54.4%。

（2）柏林都市圈市郊铁路

柏林的市郊铁路输送客流量在城市轨道交通中的占比达到一半以上。其路网呈"放射+环线+穿越中心城"格局，共有15条市郊铁路，总长度达331.5公里，车站达166座，平均站间距为1.99公里，同时有10条总长度146公里的地铁线路与市郊铁路互为补充。这种复合的轨道交通结构使得市郊铁路成为柏林城市轨道交通的主力。近十年来，德国铁路公司运营的长途列车客流占总量的5%~8%，而区域性列车客流占总量的比重超过90%。

表8 2012~2021年德国铁路长途客流与区域客流情况

单位：百万人次，%

指标	2012年	2013年	2014年	2015年	2016年	2017年	2018年	2019年	2020年	2021年
长途客流	131	131	129	132	139	142	148	151	81	82
区域客流	2021	2104	2125	2119	2226	2422	2433	2452	1418	1331
客流总量	2152	2235	2254	2251	2365	2564	2581	2603	1499	1413
区域客流占客流总量比例	94.0	94.1	94.	94.1	94.1	94.5	94.3	94.2	94.6	94.2

资料来源：https://www.bahn.com/。

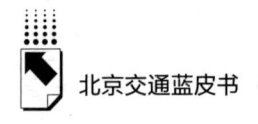

3. 法国巴黎

（1）巴黎都市圈

巴黎都市圈，即大巴黎地区，包含巴黎大区的行政区划。核心区为巴黎大环城公路以内的地区，覆盖半径约为5公里，人口约为224万，面积约为105平方公里。中心城区包括巴黎及其周边的三个省，覆盖半径约为15公里，人口约为650万，面积约为760平方公里。巴黎都市圈包含巴黎周边的各个城镇，覆盖半径约为50公里，涵盖首都圈80%以上的人口。首都圈区域的面积约为12000平方公里，人口约为1230万，覆盖半径约为90公里。

（2）巴黎都市圈市郊铁路

20世纪60年代，巴黎已经有了完善的地铁网络，在此基础上，巴黎又修建了放射状结构的市郊铁路以及穿过整个城市中心的市域快速线（RER）。在巴黎郊区，市郊铁路和RER相互补充，发挥各自的优势，逐渐形成了规模巨大的巴黎市郊运输系统。经过100年尤其是近30年的持续发展，巴黎形成了由220公里地铁、587公里市域快速线、1048公里市郊铁路以及64.5公里有轨电车构成的都市圈轨道交通线网。其中，市郊铁路线路总长度为1672公里（含RER），共计503个车站，平均站间距为3.3公里，线网密度为0.14公里/公里^2，形成"星状+树枝状"的布局形态（李得伟等，2017）。市域快线通至核心区后，可以连接核心区内各个主要枢纽点，与远郊铁路一起通过射线状的地铁线网将客流运输至核心区内的各个区域。

4. 上海

（1）上海都市圈

"上海2035"规划的上海大都市圈包括上海、苏州、无锡、常州、南通、嘉兴、宁波、舟山、湖州。基于多中心、网络化的上海市域及近沪地区空间形态，布局一小时出行可达的上海都市圈，形成4个空间层次，分别为上海中心城区、近郊区域、远郊区域、都市圈区域。

（2）上海都市圈市郊铁路

上海目前运营的地铁线路共20条（含磁浮线），共设置508座车站，运营里程共831公里。在15公里核心功能区内以地铁、轻轨为主体；在

15~30公里主城片区内建设"快线+普线"复合轨道交通走廊;在30~60公里范围内构建以市域铁路、轨道交通快线为主导方式的轴向交通走廊;在60~150公里范围内以城际铁路为主体(见表9)。

表9 上海都市圈轨道交通系统表

类别	服务目标	空间范围	主要制式	出行速度（公里/时）	站间距/（公里）	服务半径（公里）
城市之间	一日可达	上海至国内主要城市	高速铁路	200~350	35~100	>100
	一小时到站	都市圈半径150公里	城际铁路	120~200	10~30	50~200
城市内部	一小时点到点	市域半径60公里	市域铁路	100~160	5~10	30~60
		主城区半径30公里	轨道交通快线	60~80	3~7	15~30
	一小时门到门	中心城半径15公里	地铁、轻轨	30~45	外围2~3 中心1~2	5~20
		主城片区及城镇圈半径5~10公里	有轨电车、BRT	20~30	0.5~0.8	3~15

资料来源：依据调研数据绘制。

在上海的市域范围内，城际铁路、城市轨道、市郊铁路，以及部分高速铁路共同承担着交通运输功能。其中16号线及17号线采用地铁的车辆制式及运营模式，金山线为利用既有新闵支线开行的设计时速160公里/时的市郊列车，线路全长56.4公里，平均站间距为8.06公里，早晚客流高峰时段开行列车13.5对，占全天开行列车数量的36%，平均发车间隔在17~34分钟。非高峰时段，金山线共开行列车23.5对，平均发车间隔约45分钟，金山线开行的列车虽然采用自由席位，但其进出站流程以及车站与城市的衔接关系仍沿用国铁模式。其他如沪宁城际、沪昆高铁同样在区域范围内提供市域、市郊运输服务（吉婉欣等，2018）。

5. 经验启示

（1）国外市郊铁路可借鉴经验

国外大都市圈如东京、巴黎、伦敦等都已形成完善的市郊铁路网，有较为领先的运营理念与技术装备，能够为我国市郊铁路的发展提供经验和借鉴。总结国外市郊铁路发展建设的经验，可以得到以下几点。

①功能定位清晰

都市区化是国外典型大城市发展的共同模式，大都市区铁路的功能定位基本上都是围绕着为卫星城或外围郊区进入中心市区提供通勤服务，以及带动卫星城、新城及周围城镇的发展展开，从而形成中心城区与周边城区的良性互动。

②服务范围合理

对于通勤的乘客来说，1小时通达时间是比较有吸引力和竞争力的，这也是两个地区之间经济社会密切联系的界值，按照国内市郊铁路最高运营速度160公里/时、旅行速度70公里/时计算，1小时交通圈最大服务范围不宜超过70公里。该范围基本覆盖我国大城市外围新城至市中心的直线距离。

③运营组织灵活、线路换乘方便

国外大都市区市郊轨道交通采用多交路、多停站方式，运营组织灵活、多样，满足不同客流出行需求。例如围绕巴黎市区的5座终点站内，RER与其他铁路线（含机场线）都可相互换乘，中心城区内也设置了多座大型综合交通枢纽，方便RER与地铁及公交的换乘；东京区从城市外围通过内外两条铁路环线引入了13条铁路干线、支线，并与城市内12条呈放射状的地铁线路共同组成城市轨道交通网络。这些环线有效避免了长距离旅客的多次换乘，减少了通勤链条的接驳时间。

德国与日本的多条市郊铁路采用站内重联解编的方式运营，在兼顾线路运输能力的同时提高了旅客的通达范围，提升了服务质量。

④经营投资多元化

世界发达国家的铁路运输企业充分利用多元化经营投资对城市内部及周边的铁路资源进行一体化开发，不仅完成了巨大的运量，还通过地产开发等带来了可观的财务收益。通过拓宽民间资本进入铁路建设领域的渠道和途径，引入积极有效的竞争机制，减轻政府财政负担，同时提供更加高质量的轨道交通服务。

⑤大力发展市郊铁路

推动市郊铁路发展是世界主要发达国家铁路部门巩固其在大城市发展中基本地位的重要手段。从经济的角度考虑，市郊铁路的速度比地铁更快，运输能力与地铁相当，但由于其可以利用的既有铁路运营造价远低于地铁，更适应中短距离通勤旅客的出行需求（武剑红、沈砾子，2017）。

（2）国内市郊铁路可借鉴经验

第一，采用公交化运行管理。金山铁路采用了公交化的运营模式，不固定车次与席别，车内不对号，做到了真正意义上的随到随走；金山铁路在上海南站与公交、地铁的换乘也十分方便，配有专用的进出站通道，与乘坐国铁的乘客完全分隔开，避免了站内流线的冲突，最大限度地节约了旅客乘车的时间成本。第二，应大力改造既有铁路的运营模式，充分利用既有铁路资源。金山铁路是将既有铁路改造为市郊铁路的成功案例，其前身是上海地区的一条支线铁路，由原铁道部（现国铁集团）、上海市政府共同出资改建。

四 利用国铁资源服务城市通勤需求的体制和机制设计

（一）建立规范的"路市"合作与协调机制

鉴于北京市郊铁路的规划、建设和运营涉及中央和地方的多个政府部门、国铁及其他利益相关者，为保证相关工作有效推进，需建立北京市与国铁集团高层直接、定期、高级别的协调机制，以及北京市与中国铁路北京局集团公司固定的工作执行办法。

制订"双管齐下"的解决方案。首先，要建立能够有效化解双方冲突

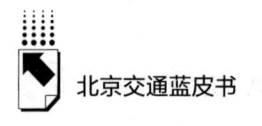

的外部机制，其次，要充分考虑双方的实际情况，建立有利于双方合作的内部机制，根据市场化的原则来确定具体的合作方式，实现自律性合作。明确各级政府、国铁和其他利益相关者在发展市郊铁路方面的责权利，进一步规范合作机制和融合机制。

（二）统筹城市规划与市郊铁路规划的关系

站在发展首都都市圈和京津冀协同发展的高度，借鉴国际通行的都市规划组织（MPO）经验，打破行政区划的概念，统筹考虑规划北京周边卫星城发展、通勤圈半径和构建市郊铁路网的关系，处理好市郊铁路与城市发展的互动关系。明确中央、北京市、天津市、河北省和中国铁路总公司等在首都都市圈市郊铁路建设和运营中的责权利，为探索建立符合中国特点的市郊铁路建设、投融资和管理体制奠定基础。

（三）创新投融资模式

根据我国现有的条件和需求，可以从以下几个方面促进市郊铁路投融资模式的创新：对于市郊铁路投融资模式，要按照分类建设、分类投融资、一线一议的方式进行创新；针对"商业性项目""商业开发营利项目""政策优惠营利项目""政府补贴营利项目""公益性项目"五类项目，根据项目的不同性质来设计相应的投融资方案和支持政策。

（四）构建市郊铁路可持续发展的商业模式

北京市郊铁路的建设和运营将明显改善市中心至郊区沿线区域和郊区本身的交通区位，较大地提高沿线土地和不动产的价值，并增加地方税收。然而，由于缺乏回馈机制，市郊铁路的外部贡献往往无法被自身获得。以轨道交通为导向的物业联合开发机制（TOD、E-TOD）是实现外部效益内部化、提升市郊铁路投融资能力的重要举措之一。

结合北京市郊铁路项目的具体特点，设计一套合理的合作与利益共享机制。可以由铁路企业与地方政府合作，带动房地产开发商出资设站、购置动车组等，尝试以国有铁路、政府和社会资本合作（PPP）的方式实现"多赢"（武剑红等，2016）。

（五）推行既有铁路资源公交化运营

从列车发车频率以及运行速度上来看，应增加区域间的发车频率，同时适当提升轨道列车的运行速度，制定合理的运行时刻表，实现市郊铁路公交化运营。从规划快捷畅通的乘车流程来看，对现有的票务系统进行创新，增加一卡通等票制，设置自由的乘车席位，简化现有的检票程序。从站点的选址来看，新建市郊铁路车站选址需尽可能地辐射高密度集聚区，最大化发挥车站的服务作用，提升车站的可达性。从客站空间的功能组织上看，应在站点空间融合商业服务、休闲体验等其他功能，满足通勤乘客的其他需求，实现站城的多维融合及车站与人们日常生活的高度复合。从混合车站的交通功能来看，在我国都市圈、城市群一体化发展背景下，铁路车站的作用更加日常化，将铁路车站的内外运输功能进行混合，能够提升车站的公交化程度，使其更好地服务城市居民。

（六）设计更为合理的市郊铁路业务政府采购合同

采购合同中应明确规定双方的权利义务，包括但不局限于通勤铁路补贴机制、票价机制、亏损核算和监管机制、绩效评价方法、财务清算模型、成本认定、TOD具体实现方式、税收制度减免、市郊铁路专项税征收的可行性等项目，这些都是通勤铁路发展体系的构建中不可或缺的重要组成部分。

（七）加强多网融合体制机制设计

加强顶层政策、法规的设计和管理机构组织层次的研究，以及各主体间跨行政区合作、社会参与、运行监督等协同机制的设计。多网融合目标能够实现轨道交通各网空间形态、时间格局的匹配，从而最大限度地解决

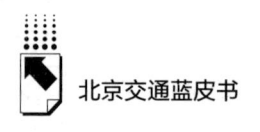

供需矛盾。建立相应的评价指标，包括北京通勤都市圈范围内各制式轨道资源的网络规模、综合枢纽、跨轨道交通出行占比等指标。

（八）优化与其他列车及交通方式的换乘和接驳

加强通勤铁路网与其他交通方式的末端衔接。只有充分考虑不同交通方式之间的衔接以及城市内部各个区域、不同功能区之间的交通衔接，才能建成一体化交通系统。建成一体化交通系统要注意以下几个方面：第一，为了避免出现结构性不足的问题，应该充分考虑各个衔接设施的规模与客流换乘量的适应；第二，建设交通衔接相关设施时要考虑未来交通发展的可能性，要具有一定前瞻性；第三，要适度体现目标主导的原则，交通衔接相关设施应与城市内不同交通方式的发展政策相适应。

五 研究总结和研究展望

（一）研究总结

本报告通过分析北京都市圈主要运输走廊、北京市郊铁路服务通勤客流需求及北京都市圈既有国铁资源现状，探讨利用既有铁路资源提供通勤服务的必要性及可行性。分析了既有市郊铁路发展概况，指出了利用市郊铁路、高铁通勤存在的问题，并介绍了国内外先进的发展经验。基于以上研究，提出了相应的创新路径及保障措施。

利用国铁资源服务城市通勤需求离不开一系列完善的体制机制设计和配套政策，应从构建顶层设计、制定相关法规、统筹国铁资源与城市总体规划的衔接、降低投融资成本、拓宽铁路收益获得途径、创新运营管理模式、减亏机制等方面着手，只有提供有力的保障和环境，才能使国铁资源更好地服务于城市的发展。

（二）研究展望

充分利用国铁资源满足北京城市不断变化的通勤需求是一项复杂的研

究。本报告依旧存在一些不足之处，需要继续探索，具体内容如下。

1. 乘客需求与基础设施、列车服务间等的动态关系

本报告根据非弹性的客流需求提出利用国铁资源满足北京通勤需求的建议。然而，对于市郊铁路而言，通勤需求的分布取决于停站模式、列车时刻表、提供运输服务的基础设施条件等。后续过程中应进一步注重研究分析线路沿途车站的数量、位置以及未来发展规模规划等要素以及停站模式等运营决策对乘客需求的动态影响。

2. 市郊铁路交通转换环境的影响

市郊铁路交通转换环境是影响旅客在车站与城市交通之间的出行效率、客流量预测的重要因素，因此，进一步考虑市郊铁路交通转换环境尤为重要。例如，城市副中心线经过的北京站，其周围的城市快速路对道路交通造成阻隔，东二环路道路环境对道路两侧交通产生影响，周边道路通达性较差，且道路不易扩宽建设，进一步影响了流线组织、交通接驳等方面，降低了市郊铁路运力和旅客出行效率。因此，还需要更加细致地考虑北京市四条市郊铁路沿途车站交通转换环境问题。

3. 基于四网融合的列车运行图统一编制中心的建立

列车运行图的编制是一个非常复杂的过程，需要多学科的知识储备，而多种轨道交通（国铁、地铁、市郊铁路等）的协同编制更加复杂，但是在协同后取得的成果也是显而易见的，能够减少不同轨道交通之间的无效竞争，充分利用运能，提高乘客的出行舒适度，极大地提高各运营方的效益，因此，建立统一的列车运行图编制中心十分必要，但是目前各个运营方的列车运行图相互独立，编制方法也有所不同，因此需要各方共同努力，同时需要相关的政策与经费支持。

参考文献

北京交通大学北京综合交通发展研究院：《北京交通发展报告（2021）：构建高质量

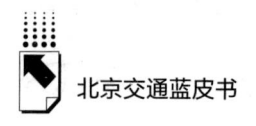

发展的综合交通运输体系》，社会科学文献出版社，2021。

吉婉欣、王祥、杨晨：《创新驱动与智慧发展——2018年中国城市交通规划年会论文集》。

李得伟、李若怡、兰贞：《巴黎RER线现状分析及对我国市域轨道交通发展的启示》，《都市快轨交通》2017年第5期。

刘雪杰、安志强、白同舟、王舒予：《"十三五"时期北京交通发展的特征与对策分析》，《2016年中国城市交通规划年会论文集》。

荣朝和、罗江：《日本铁路"东京都市圈通勤五方面作战"转型服务启示研究》，《铁道运输与经济》2020年第3期。

王超、王文杉、武剑红、张冰松：《北京市利用国铁资源发展都市圈市郊铁路构想研究》，《铁道运输与经济》2020年第5期。

武剑红、沈砾子：《东京都市圈市郊铁路特点及对我国的启示》，《中国铁路》2017年第9期。

武剑红、王璞玉、王超、周子莫：《国铁参与市域（郊）铁路发展的机遇与路地合作机制创新》，《铁道运输与经济》2016年第10期。

郑小康：《北京市郊铁路城市副中心线客流特征分析与思考》，《现代城市轨道交通》2021年第8期。

B.4
2021年大兴国际机场临空经济区高质量发展报告

摘　要： 《北京市大兴区国民经济和社会发展第十四个五年规划和二〇三五年远景目标纲要》明确了扩大开放，高水平建设大兴国际机场临空经济区的任务，其发展不仅能打造北京发展新引擎，也将形成京津冀协同发展的新高地，因此对标国际一流水平，推动大兴国际机场高质量发展的研究具有重要意义。本报告重点分析大兴国际机场临空经济区发展建设策略，以经济和交通水平作为出发点，对标国际一流水平的机场进行分析，深度挖掘在产业发展、交通发展、协调发展、空间布局、开发模式、发展政策等方面的建设运营策略，最后提出完善临空经济区产业发展规划、加强交通运输体系建设、提高服务质量管理精细化、充分发挥政府引导作用、建设"绿色"临空经济区五点建议，辅以规划、组织、平台三大保障。

关键词： 大兴国际机场　临空经济区　高质量发展

中国临空经济区的发展已进入深度开发阶段，即航空都市的规划建设。随着我国机场从数量和规模上不断升级，依托机场规划和发展临空经济区成为各个机场城市推动区域经济发展的新抓手。据《2021年全国民用运输机场生产统计公报》，在我国境内现有的248个机场中，已经规划临空经济区的有89个。以机场为中心的临空经济区，将会是全球经济要素资源再整合的"战略节点"，并在其周边形成产业集群，大力促进城市区域发展。我国临空经济区发展起步于20世纪90年代，2004年机场属地化改革，临空经济区进入快速发展期。2015年6月，我国发布《关于临空经济示范区建设发展的指导意见》推动临空经济区进入发展高峰。我国先后批复郑州、大兴、青岛、重庆、上海、广州、成都、长沙等17个临空经济示范区，以航空枢纽和综合交通运输体系为依托，引导高端制造业、现代服务业集聚发展，构建以航空运输为基础、以航空关联产业为支撑的产业体系，建设现代产业基地、区域物流中心、科技创新引擎和开放合作平台，推动区域经济升级、加速区域一体化。

截至2020年初，我国机场发展及已布局临空经济区的情况如表1所示。

表1 截至2020年初中国机场发展及已布局临空经济区的情况

单位：个，%

机场能级	机场数量	含临空经济区的机场数量	已布局临空经济区的机场占比
1000万级	39	38	97.4
200~1000万级	35	20	57.1
200万级以下	165	29	17.6
合 计	239	87	36.4

资料来源：中国民航局。

本报告以北京大兴国际机场为立足点，基于大兴国际机场的经济发展和交通发展现状，充分了解国际一流机场的发展状态，从临空经济区在产业发展、交通发展、协调发展以及空间布局等角度，借鉴国际机场临空经济区的发展经验。同时，围绕大兴国际机场的现状和发展目标，有针对性地提出有利于大兴国际机场临空经济区发展的合理化政策建议。

一 临空经济区概念界定以及国内外研究现状

（一）临空经济区及相关概念

1. 临空经济区

临空经济是以机场为核心，整合客货流、资金流、信息流、技术流，以发达的航空运输网络及地面综合交通运输体系为基础，在机场周边形成临空产业集群，促进航空指向性产业集聚，形成以临空指向性产业为主的多种产业有机协同的新经济业态。

2. 国际一流机场

国际一流机场与世界级城市群相伴而生，软件服务与硬件设施兼备，以便捷高效、功能完备、开放融合、绿色智慧、保障有力为发展目标，拥有便捷的综合交通网络，形成国际国内分工格局，注重多系统跨界协作，承担着经济社会发展的责任。

（二）临空经济区的国内外研究现状

国内外有关临空经济区的研究主要集中在临空经济理论、临空经济和临空产业等方面。

有关临空经济理论，美国学者 John D. Kasarda（1991）提出"第五波理论"，认为与现代经济快速发展相适应的大型机场，可以通过集聚多种产业形成"临空经济区"。Glen E. Weisbrod 等（1993）建立临空经济影响模型，分析旅客量对区域就业岗位的影响，对部分地区的临空经济现象做出解释，并展开临空经济预测和土地规划。王旭（2005）将国外机场发展临空经济区的先进经验引入国内。通过建立系统动力学模型，Bruno Miller 和 John-Paul Clarke（2007）分析机场设施的潜在价值，包括加速市场反应、开发新市场和刺激潜在市场等。Stephen J. Appold 等（2006）实证分析了美国机场与城市就业、经济增长模式之间的关系，结果表明机场已成为区域经济的新

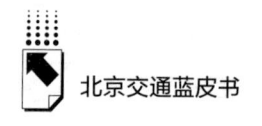

增长极。刘雪妮（2009）以首都机场临空经济为例，分析临空经济对区域经济的直接、间接和引致影响，结果表明2006年首都机场临空经济贡献了北京市GDP的8.6%和增加80万个就业岗位。Baker等（2015）以澳大利亚88个机场为研究对象，实证得出机场与区域经济增长之间的双向正作用关系。Diez-Pisonero（2019）以西班牙阿道夫·苏亚雷斯国际机场为例，定性分析机场和城市之间的融合。高友才和何弢（2020）基于2013~2017年中国37个千万级航空港及其所在区域数据，构建空间计量模型，得出中国临空经济对地区经济的促进作用以及相关影响因素。

有关临空经济，John D. Kasarda（1999）提出的"空港都市区"为普遍接受的概念，认为其由临空经济区及周边30千米内的区域共同组成。与此同时，我国临空经济开始萌芽。曹允春和踪家峰（1999）指出临空经济区是在航空运输效益的推动下，聚集生产、技术、资本、贸易、人口等要素而形成的多功能经济区；彭澎（2005）指出临空经济是以区域经济形态存在的机场经济，强调人流和物流的促进作用，与之相似的，孙波等（2006）将临空经济定义为，以航空指向性产业为主导，多种产业有机关联，突出以航空货流和商务人流为支撑的经济；张蕾和陈雯（2012）提出，临空经济狭义上是指在机场内布局并与航空运输有直接联系的产业经济，广义上是依托机场设施资源、区域经济与机场航空相关运输相互融合形成的新型经济形态。

有关临空产业，李明夫（1997）首次提出目前国内机场面临的主要问题是单一的民航运输机制，国产机场应该走集团化道路，成为以空运为本，进行各种经营活动的综合企业。李健（2005）认为临空产业泛指以利用机场资源为主要目的，布局于机场周边的多种产业类型。吴涛和王运泉（2005）对新白云机场对花都经济发展状况的影响进行分析，提出实施产业结构调整、升级和优化战略。David Lyon和Graham Francis（2006）对新西兰机场管理的商业问题和管理者举措进行了分析，指出作为商业实体运营的机场增加其他的经营活动，可以产生非航空收益，并为其地区提供经济和社会效益。王志清等（2006）研究民航产业集群的构成和区域经济特征，分析机场与产业集群的经济关系，对京津冀地区发展民航产业集群进行可行性分析，提出相应的设想与政策建议。高传华（2013）指出我国临空经济发展相对滞后，要从国际视野出发，进行整体和科学的规划布局，建立系统的服务体系，创新发展模式，促进临空经济区产业聚集。赵冰和曹允春（2018）通过研究上海、东京、纽约、新加坡等国内外区域多机场模式下不同临空经济区之间的差异化发展案例，证明多个临空经济区可以形成良性的协同发展，为北京"一市两场"的临空经济区发展规划提供参考。孔旭等（2021）以天津、沈阳、西安、郑州4座城市及其航空港为例分析国内航空城发展现状，结合国内外发展经验，提出相关政策和措施建议。

二 大兴国际机场与国际一流机场临空经济区发展现状

（一）大兴国际机场发展概况

北京大兴国际机场是首都的重大标志性工程，新机场临空经济区将成为京津冀协同发展的典型示范区，新机场的建设将大力推动京津冀地区城市群间经济协同发展。

2019年9月25日，北京大兴国际机场正式通航。2020年北京大兴国际机场共完成旅客吞吐量1609.1449万人次，全国排名第17；货邮吞吐量77252.9吨，全国排名第35（见图1）。截至2021年2月，北京大兴国际机场航站楼面积为78万平方米，可满足2025年旅客吞吐量7200万人次、货邮吞吐量200万吨、飞机起降量62万架次的使用需求。在全面统筹新冠肺炎疫情防控的情况下，2021年北京市大兴区国民经济和社会发展计划草案的报告数据显示，北京市大兴区主要经济指标持续回暖，并且经济结构不断优化升级，比如服务业增加值占地区生产总值的比重达到67.7%左右。北京大兴国际机场的交通运输体系也在不断完善，主要包括城际铁路、城市轨道、机场大巴和自驾车规划线路。

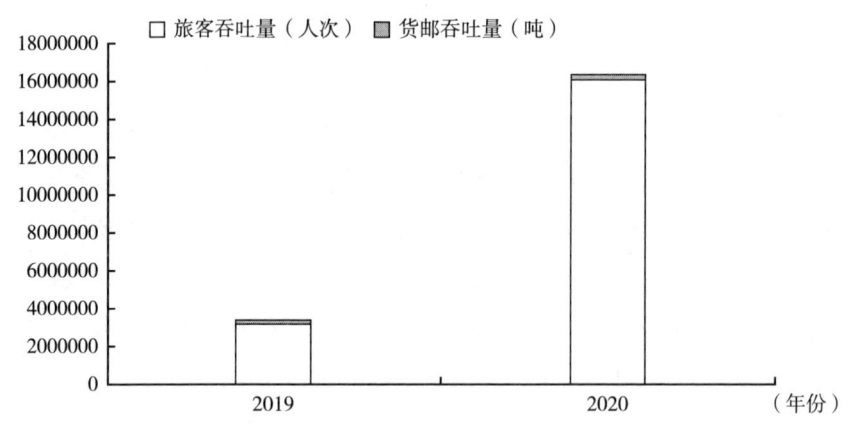

图1 2019~2020年大兴机场客货吞吐量

资料来源：中国民航局。

大兴国际机场的空间结构受到自然地形地貌、城市建设、交通通道等因素的影响，空间呈星状模式，临空经济区依托高速公路、轨道交通等交通廊道进行轴向发展，形成星形外缘。

在民航跨界合作方面，大兴国际机场协同京津冀区域的航空运输单位、航空保障单位、口岸联检单位以及其他关联单位，围绕"国际一流的航空枢纽"总体目标，打破工作边界，实行跨界协作。

大兴国际机场临空经济区在大兴层面的协同规划主要体现为临空经济的自生产业、典型临空产业与大兴区"一区五园"的协同互补发展，考虑现有产业基础，避免竞争或重复布局。

大兴国际机场临空经济区在京津冀层面的协同规划建设之初，就确定了"五纵两横"的综合交通规划，未来将成为京九高铁大通道上的重要枢纽节点。整合京津冀区域内航空资源，进行更加合理的差异化定位，与首都国际机场构成双枢纽，实现优势互补、协调发展。以机场功能定位为基础，完善以机场为核心的综合交通规划，成为集产、研、居于一体的多种公共服务配套设施完善的航空市镇群，努力建设成为京津冀协同发展的区域典范，成为京津冀协同创新的战略高地，最终实现成为创新驱动与科学发展的先行模范区的目标。

（二）推进大兴国际机场临空经济区发展面临的问题

1. 世界竞争环境

京津冀协同发展国家战略明确提出打造国际一流的航空枢纽，要求大兴国际机场成为全球航线网络中的重要节点，为中国的经济全球化发展提供有力的支撑。基于全球民航竞争态势，欧美等发达国家和地区的航空枢纽已趋于成熟稳定，亚太地区和中东地区对国际航空枢纽的争夺日益加剧（杨学兵，2019），这对于大兴国际机场打造面向全球网络的国际一流机场是一种挑战。例如在大兴国际机场临空经济区建设过程中的难点是产业，目前世界范围内荷兰临空经济发展最好，这主要是源于其具有标志性的产业，如微软、三星等世界500强企业在欧洲设置总部，因此荷兰临空经济区建设天然具有吸引世界级企业的竞争力。

2. 京津冀地区竞争环境

在大兴国际机场临空经济区建设之前，以首都国际机场为核心的顺义临空经济区已在2014年投入使用。首都国际机场定位为大型国际航空枢纽、亚太地区重要复合航空枢纽，已吸引20多个国家和地区的2600余家中外企业入驻。目前，顺义临空经济区产业类型不断丰富，服务业种类逐步多样化，产业链和价值链日趋完善，形成了以航空服务业为主导，以临空指向性的现代物流、新兴金融、商务会展和高技术产业等为补充的"大临空"产业发展格局。首都国际机场临空经济区与大兴国际机场临空经济区竞争激烈。在京津冀范围内，除首都国际机场临空经济区外，天津空港经济区发展同样迅猛。

大兴国际机场及其临空经济区正式运营，将带来航空公司业务分化、部分主场单位迁移、临空产业转场运营等问题。地区临空经济区的建设可能会产生同质化，从而形成恶性竞争。各临空经济区航空物流提供不同的利好政策，竞争激烈。因此，政府、机场和企业三方面需要平衡各临空经济区的利益共同点，针对北京首都国际机场、大兴国际机场进行差异化定位及对其两个临空经济区所在区域的产业基础、资源禀赋、发展环境进行精心的设计和

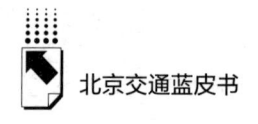

筹划，否则会影响北京临空经济的整体发展。

3. 周边配套设施不足

目前，我国的临空经济区发展进程受到基础设施和配套设施不够健全、区域内部和外部交通不够发达等影响。大兴国际机场坐落于北京大兴区南部，距离市中心30千米~50千米，与周边地区的联系效率偏低。大兴国际机场临空经济区建成后，聚集十几万名高素质工作人员，但该机场位于中国北京市大兴区和河北省廊坊市交界处，缺乏配套的居住、餐饮、体育、医疗、教育等高端公共服务设施。机场周边地区的社会公共配套不完善，降低了区域吸纳能力，加剧了临空经济区的孤岛效应（赵冰、曹允春，2018）。

（三）国际一流机场临空经济区建设案例分析

1. 深圳宝安国际机场

深圳宝安国际机场，是具有海、陆、空联运的现代化航空港，是世界百强机场之一。2020年其旅客吞吐量和货邮吞吐量分别达到3790万人次和139.9万吨（见图2），旅客吞吐量排名升至全国第3。航空物流和小货代的驱动，是深圳宝安国际机场很大的特色。

图 2 2010~2020 年深圳宝安国际机场吞吐量

资料来源：中国民航局。

深圳宝安国际机场货运优势主要有以下三点（戴兵，2019）。区位优势：经济特区、港口城市以及特殊的人口结构使得深圳拥有最佳的资源组合，而深圳的创新环境是其最大的竞争优势。集团化优势：深圳机场集团已发展为集机场、航空运输及代理服务、港口、地产开发、贸易、服务业等业务于一体的多元化经营格局。库区规模优势：深圳宝安国际机场拥有较大的货站、货物处理区、货物储存区，服务范围涵盖国内外进出港，国内国际中转、仓储服务等。

深圳宝安国际机场发展航空货运的策略有：强化物流配套设施建设，完善国际港务区建设功能，建立机场航空物流信息平台和综合体系；充分发挥海陆空铁多式联运的优势，提高货物集散与分拨的能力；加强航空物流整体规划；提高货运服务质量，加强与客户的战略合作，加大货运业务培训，规范货运管理，推动业务改革与创新；加强人才引进与培养，优化人才引进目标，加大政策扶持力度。

通过对宝安临空经济区发展的优势和不足进行综合分析，政府提出"一枢纽，三片区，多节点"的临空经济区空间布局以及由航空物流驱动的一个复合发展模式。宝安临空经济区的发展轨迹具有代表性，对国内其他城市发展临空经济有一定的借鉴意义（马风华，2013）。

2. 广州白云国际机场

广州白云国际机场，距广州市中心约28千米，为4F级民用国际机场，是中国三大门户复合枢纽机场之一，已入驻70多家航空公司，开通136条国际航线，覆盖全球216个航点。

2004年新白云国际机场启用后，旅客吞吐量超过2000万人次，此后迅速上升，仅经过十余年发展，2017年的旅客吞吐量达6583.69万人次（见图3），位居全球第13。2021年其旅客吞吐量位居全国第1，货邮吞吐量创历史新高。白云国际机场发展历程长、业务规模大、临空经济发展相对成熟，必有其自身的发展模式和轨迹可借鉴（马风华，2013）。

近年来，广州空港经济区实行招商引资"7+1"鼓励政策，优化营商环境，大力引进和培育四大产业，2014~2019年企业进驻平均增长率约14.21%。

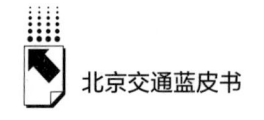

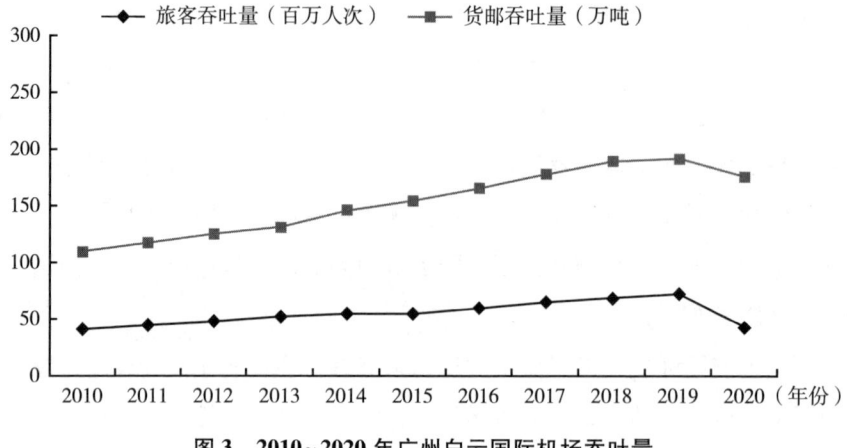

图 3　2010~2020 年广州白云国际机场吞吐量

资料来源：中国民航局。

广州空港经济区发展的主要推动力有强大成熟的枢纽机场、雄厚的区域经济基础、珠三角作为世界上最大的工业制造基地有众多的临空偏好企业、政策支持以及机场周边重大交通设施的建设。

3.上海浦东国际机场

上海浦东国际机场，距市中心约 30 千米，为 4F 级民用机场，是中国三大门户复合枢纽机场之一。浦东国际机场通航运行以来，客运量、货邮运量逐年递增。2019 年，浦东机场旅客吞吐量 7615.34 万人次、货邮吞吐量 363.56 万吨、起降航班 511846 架次。

机场周边地区人流、物流、资金流和信息流规模庞大，与迪士尼乐园、张江高科技园区、金桥副中心、临港新片区等上海重点开发地区产生辐射集群效应。依托浦东国际机场，浦东临空经济区已成为长三角一体化的重要国际门户，拥有快速安全的交通方式、遍布全球的航空网络，以及南侧区域被纳入自贸试验区。现阶段浦东临空经济区已基本形成上下游配套的航空制造产业链和服务产业链（罗翔，2020）。

在浦东国际机场发展日趋成熟、航空制造产业已成规模的背景下，政府规划进一步发挥浦东国际机场发达的航空运输能力，在保持高科技和重点工业企业优势的同时，侧重发展与航空客流相关的临空现代服务业，打造兼具两种特色的临空经济区（蒋荷新、任敏媛，2018）。

4. 北京首都国际机场

首都国际机场，是我国目前航线覆盖率最高、航班最密集、旅客吞吐量最大、规模最大的国际机场，是联系亚、欧、美三大航空市场最为便捷的航空枢纽。

首都国际机场临空经济区的发展经历萌芽、发展、深化阶段，从探索以机场为核心的区域经济思路，到"空港国际化、全区空港化、发展融合化"的发展理念，再到"建设绿色国际港，打造航空中心核心区"的目标，产业导向由最开始的出口加工产业和服务业变为航空服务业和加工制造业，目前确立以现代服务业和高新技术产业等航空指向性强的产业为主导。

目前，首都国际机场临空经济区将打造以首都国际机场为中心，涵盖首都国际机场、天竺综保区、北京中德国际合作产业园、新国际展览中心等功能区域，涉及天竺、后沙峪等镇街部分区域，紧密连接温榆河生态带的"一港、一带、三组团"空间布局以及"一生态圈、七功能区"的产业功能布局。

现阶段，首都国际机场临空经济区的大型国际航空枢纽地位稳固，航空全产业生态链条较为完整，临空产业体系基础扎实，城市功能逐渐完善，综合竞争力强劲。

5. 香港国际机场

香港国际机场距香港市区34千米，为4F级民用国际机场，通航城市超过220个，入驻全球100多家航空公司，客运量位居全球第5，货运量连续18年位居全球第1。

香港航空城依托香港独特的地理区位和腹地城市发达的国际金融贸易业，香港航空城形成"1+3"的临空产业体系，以高端服务业为主，即航空物流业、会展业（亚洲国际博览馆和香港机场世界贸易中心）、精品商业（翔天廊购物休闲中心、香港天际万豪酒店）、休闲娱乐业（高尔夫球场），具有显著的国际航空枢纽带动型特征。

香港国际机场拥有多家基地货运航空公司，建设多个一流的航空物流设施。其主要货运中心规模及服务内容如表2所示。

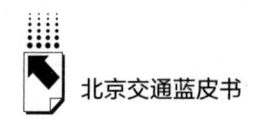

表2　香港国际机场主要货运中心的规模及服务内容

货运中心名称	规模	服务内容
中亚区枢纽中心	占地约3.5公顷;每小时可处理超过3.5万个包裹及4万份文件	亚太地区首个大规模自动化速递枢纽;香港国际机场首座速递货运站
亚洲空运中心	占地约8公顷,总建筑面积约17万平方米,容量为每年150万吨(一号及二号货运站)	具备特货处理设施、冷藏及冷冻库、危险品储存库、放射物品室等;提供中港快线一站式往来珠三角的直通货运服务
香港空运货站	占地约17公顷,总建筑面积约33万平方米;设计处理货容量为每年260万吨	具备最先进的自动化货物处理系统,以及特殊货物处理设施,如鲜活货物、牲畜、马匹及贵重货物处理中心,冷藏及危险物品货运中心,以及速递中心等;提供超级中国干线一站式往来珠三角直通货运服务
空邮中心	占地约2公顷;每天可处理70万件邮件	具备最先进的邮件分拣系统
国泰航空货站	占地约11公顷;设计处理货容量每年达260万吨	具备最先进的货物处理系统
海运码头	位于香港国际机场东北部,占地约1.4万平方米;24小时运作,每年货运量可达15万吨	提供一站式的多式联运服务,连接珠江三角洲18个港口
机场空运中心	占地约6公顷,包括货物起卸平台及货车停车处的用地,总建筑面积13.9万平方米	提供仓储及物流服务;让空运公司在机场收发货物
商贸物流中心	占地约14公顷,总建筑面积约3.1万平方米	提供全面的物流服务,如仓储管理、订单处理机延迟装配等,以迎合个别客户的需求

资料来源:东滩智库。

香港国际机场的国际旅客占比高,国际枢纽地位显著,航空货运量多年来高居全球第1。随着航空需求的增长,香港航空业发展将迎来机场新跑道即将启用、向机场城市转变、与周边机场深度合作的三个关键时期。

6.韩国仁川国际机场

仁川国际机场距仁川市中心8千米,距首尔市中心30千米,被誉为"绿色机场"。仁川国际机场基础设施十分完善,服务效率高,旅客办理出入境手续的时间远低于国际平均水平,行李处理系统运行高效,多次获得

"全球服务最佳机场";货运能力突出,货运综合区规模巨大,每年的货物容量能达到490万吨;娱乐设施完善,预计仁川国际机场的旅客吞吐量将达到每年6600万人次,发展潜力巨大。凭借国际空港和区位优势,仁川国际机场逐渐发展成了集生活、娱乐、工作于一体的国际临空经济区。

仁川自由经济区指仁川市被指定为国际商务中心的区域,分为松岛国际商务区、永宗产业区和青罗观光休闲区三个部分,各部分的概况和产业定位如表3所示。

表3 仁川自由经济区概况

区域	概况	产业定位
松岛国际商务区	位置:仁川西南侧延寿区松岛洞 面积:53.4平方千米 人口:25万人	国际商务:跨国企业及国际机构地区本部、会议中心;贸易中心;办公楼及各种附加设施;等 IT、BT、R&D;域外金融中心;综合金融咨询公司;银行、办公楼;各种附加设施;等 国际学校及医院:国际学校(幼儿园、小学、中学、大学);国际医院药房(综合医院、医院、齿科医院、疗养医院、药房)
永宗产业区	位置:仁川西北部中区永宗·龙游岛 面积:98.3平方千米 人口:29万人	产业、物流团地:半导体及相关部件,汽车及相关部件,电气、电子器械,网络及通信器械;电脑软件,医药、医疗产品;等 关税自由区:航空货物仓库、国际快递中心、长期转运货物、国际流通团地;飞机部件、半导体等国际快递实体、复合运送及保税运输业; 旅游、休闲、主题公园:永宗岛—高尔夫球场、休闲设施、宾馆、国际业务团地;龙游岛—旅游休闲设施、游艇、宾馆;以舞衣岛—自然体验为主的设施(自然休养林、主题植物园等)
青罗观光休闲区	位置:仁川西北部西区景西洞 面积:17.8平方千米 人口:9万人	主题公园:高尔夫球场等休闲及体育相关设施

资料来源:胶州市发展改革局。

仁川国际机场空港城采取的是统一规划、统一开发的模式,由政府直接管理,仁川国际机场公社隶属于韩国中央政府建设交通部,财经部在土地与交通设施方面给予税收等方面的支持,相关项目采用BOT模式交由其他机构建设运营。

税收减免力度随企业入驻时间的变化而变化(见表4)。租金减免情况根据不同的企业类型减免程度为50%~100%不等(见表5)。

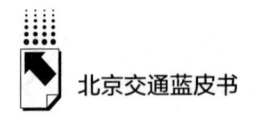

表4　韩国仁川国际机场的税收优惠政策

税种	减免年限和比例	企业类型与投资额度
所得税	3年内:100% 之后2年:50%	制造业(1000万美元以上);旅游业(1000万美元以上);物流业(500万美元以上) R&D(100万美元以上,并正式雇用10人以上的硕士及以上研究人员)
公司税	5年内:100% 之后2年:50%	制造业(3000万美元以上);旅游业(2000万美元以上);物流业(1000万美元以上) R&D(200万美元以上,并正式雇用10人以上的硕士及以上研究人员)
使用税	15年:100%	制造业(1000万美元以上);旅游业(1000万美元以上)
财产税	7年内:100% 之后3年:50%	物流业(500万美元以上);医疗机构(500万美元以上) R&D(100万美元以上,并正式雇用10人以上的硕士及以上研究人员)
关税	5年内:100%	进口固定资产

资料来源：胶州市发展改革局。

表5　韩国仁川国际机场的租金优惠政策

租金减免程度	企业类型
50%	外资金额500万美元以上;日平均雇用人员100名以上;出口占总产量的50%以上,国内零件及原辅材料采购率为50%~75%
70%	外资金额1000万美元以上;日平均雇用人员200名以上;出口占总产量的50%以上,国内零件及原辅材料采购率为75%~100%
100%	100万美元以上高新技术产业;外资金额2000万美元以上;日平均雇用人员300名以上;出口占总产量的50%以上,国内零件及原辅材料采购率为100%

资料来源：胶州市发展改革局。

韩国仁川国际机场空港城作为国家战略进行建设、强调差别化系统、以产业集群模式导入、发展多元功能融合的城市模式的做法，值得借鉴。

7. 伦敦希思罗国际机场

希思罗国际机场位于伦敦希灵登区，距伦敦市中心24千米，为4F级国际机场、门户型国际航空枢纽。机场西部是英国经济发展最繁荣的地区，M40、M4和M3三条高速公路形成三条临空经济区走廊，构成扇形区域，并将区域连线上的城镇串联在一起，形成便捷的交通体系。希思罗国际机场作为全球最重要的航空客运枢纽机场之一，为机场周边区域与世界衔接做出较大贡献。

作为发达城市，伦敦现代服务业十分发达，且机场西部交通便利，为希思罗国际机场提供了大量的商务客流，衍生出一系列商务办公/租赁、电子信息服务业、制造业、零售业、体育休闲业、会展业等现代服务业。相关产业类型及其布局如表6所示。

表6 伦敦主要产业园区

园区产业	代表性企业和产业园区
商业园区	斯劳地产交易中心、欧克斯桥商业园、坎伯兰商业园
会展业	启发展示中心、奥里尔学院
物流业	世界四大快递、海空物流有限公司、NIC国际有限公司
商务办公/租赁	Abbey商业中心、Kingshott商业中心
电子信息服务业	苹果英国总部、IBM（UK）
体育休闲业	希思罗体操俱乐部、维珍活力俱乐部、Bedfont足球交流俱乐部
特色工作室	纹身工作室、松木工作室、牙齿保健工作室
培训业	武术学院、训狗学院、驾校

资料来源：中国临空经济网。

从空间范围来看，希思罗国际机场通过便捷的交通体系和周边城镇进行衔接，依托当地的小镇特色产业商务园，逐渐发展了一系列产业园区，具体区域的产业类型与代表性企业如表7所示。

表7 希思罗国际机场区域产业类型以及代表性企业机构

地区	产业类型	企业/机构类型	代表性企业机构
斯劳（Slough）	商务办公、高端制造、文化创意	信息通信、汽车、影视传媒	通信巨头，国家教育基金研究部，多个欧洲信息企业总部，雪铁龙、本田英国总部
斯托克利（Stockle）	商务办公、总部经济	电子信息、生物医药、商务服务	苹果英国总部、葛兰素史克、三星、IBM、惠普
埃格姆（Egham）	商务办公、文化娱乐	研发、娱乐休闲	黑莓和保洁公司的研发中心、Enterprise汽车租赁公司总部、Runnymede温泉酒店
斯泰恩斯（Staines）	商务办公、商业化服务	电子信息、能源、零售	三星研发部门、IT电讯、英国天然气总部、Best Buy零售
里士满（Richmond）	休闲旅游、商业服务	公园、生态保护区、商业街	皇家公园、国家自然保护区、泰晤士河景观带

资料来源：中国临空经济网。

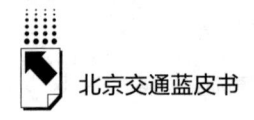

希思罗国际机场临空经济区的发展经验有以下三点。完善的交通运输系统：机场的国际衔接性、三条临空经济区走廊带动各种资源要素的相互流动，以及发达的铁路网络系统。高质量的劳动力资源：机场附近高科技和知识密集型产业聚集，以及周边分布众多顶尖大学为高科技产业输送高技能的劳动力。丰厚廉价的土地资源和舒适绿色的环境支撑。

8. 美国孟菲斯国际机场

孟菲斯国际机场是世界上最大的货运机场，是联邦快递全球枢纽所在地。航空业和航空货物运输已经成为孟菲斯的两大支柱产业和推动经济增长的重要引擎。

孟菲斯国际机场在国际货运上的崛起，与联邦快递（FedEx）公司有着密切的联系。2019年，联邦快递的货运周转量达到了161.27亿吨公里，远超排名第2的105.84亿吨公里（见表8）。联邦快递是世界上最大的包裹运送和快递承运商公司，有效的将航空物流和地面物流结合起来，形成了一个覆盖范围广、操作体系完善、服务体系成熟的物流网络。

表8　2019年十大货运公司的货运周转量

单位：亿吨公里

排名	公司	货物周转量
1	联邦快递	161.27
2	美国联合包裹服务公司	105.84
3	阿联酋航空货运	104.59
4	国泰航空货运	82.41
5	大韩航空货运	76.66
6	汉莎航空货运	72.18
7	新加坡航空货运	62.4
8	卢森堡货运航空	52.25
9	卡塔尔航空货运	49.72
10	中华航空货运	48.13

资料来源：国际航空运输协会（IATA）。

联邦快递促进孟菲斯国际货运枢纽功能的提升，强大的航空物流业使得孟菲斯成为众多知名企业的"吸铁石"（倪海云，2009）。对时间极度敏感的生物医药制造业和高附加值、高科技含量的信息产品制造业率先逐渐形成专门化的产业集群,随后以物流、生物医药、信息制造、汽车和配件制造以及网络零售商为主导产业的航空产业集群逐步形成(张凡、宁越敏,2019)。孟菲斯国际机场临空经济区拥有九个产业类型(见表9),大多需要快捷的航空运输。

表9 孟菲斯国际机场临空经济区产业类型

产业类型	主要产业	主要业务内容
药品制造	辉瑞制药(Pfizer Pharmaceuticals)	药品制造
	葛兰素威康(Glaxo Wellcome)	药品制造
	葛兰素史克(Galaxo Smithkline)	药品制造
	强生制药(Johnson&Johnson)	药品制造
医疗器械	史密斯内菲尔(Smith and Nephew)	医疗器械制造
	波斯顿科学(Boston Scientific)	医疗器械制造
	通用电子医疗设备(GE Medical)	医疗器械制造
零售业	TBC集团	汽车备胎
	弗莱明零售(Fleming Corp)	汽车零售
	克罗格超市集团(Kroger)	综合零售
IT企业	通贝(Thomas and Betts)	屏蔽五类系统
	惠普(Hewlett-Packard)	综合IT服务
	西门子(Siemens)	综合IT服务
汽车及零配件产业	康明斯引擎(Cummins Engines)	汽车零配件
	马自达(Mazda)	汽车制造
服装体育用品制造	锐步(Reebok)	服装制造
	耐克(Nike)	服装制造
金融业	曼雷兄弟国际有限公司(Brother International)	金融、银行业服务
物流服务	西尔斯物流(Srars Logistics Service)	物流服务
	英迈国际(Ingram Micro)	供应链服务
信息咨询	鹰域信息咨询公司(Eagle Vison)	咨询和信息服务

资料来源:耿明斋、张大卫等《航空经济概论》,人民出版社,2015。

从产业结构的空间布局来看,孟菲斯国际机场计划按照"圈层"结构的发展模式逐步发展成为综合性的空港区。第一层是机场内部结构,主要服务于机场日常运转、飞机的起降和货物运输等。第二层是空港城,以与航空业相关的工商业为主的地区。第三层是空港都市区,跨越了3个州,由铁路、公路及水路交通系统衔接各种不同的产业(闫永涛、李文龙,2013)。

9. 荷兰史基浦机场

史基浦机场位于荷兰首都阿姆斯特丹,是荷兰经济的两大支撑之一。荷兰自古就是世界商业和贸易往来的必经之地,首都阿姆斯特丹市是荷兰最大的工业城市和经济中心。

史基浦航空城是全球临空经济区的发展典范。在规划建设之前,机场周边产业布局以农业为主。荷兰政府从国家战略高度制定的规划和定位,以机场业务为核心,建立由SADC、SRE等多主体开发商参与并共同盈利的土地开发模式。随着扩建,旅客吞吐量和货邮吞吐量持续上升,产业类型逐步由第一产业向临空指向性强的航空核心产业、航空引致产业转变,出现了多个高端产业园区。目前,该地区聚集了2000多家国际公司,500多家跨国公司的总部,形成了航空物流、航空航天、时装产业、鲜花等八大产业集群,从单一交通枢纽变成一个人流、物流、展览、观光、娱乐、商贸一体化发展的临空经济区。

史基浦机场周边的产业随着机场和区域的发展而不断演化(见表10)。

表10 史基浦机场发展阶段

发展阶段	客户定位	主要发展的产业
机场起步阶段 (1988~1995年)	地勤公司、机务维修、货运代理、航空公司	航站楼、地勤维修、飞机维修、物流运输、货运
临空经济发展阶段 (1996~2005年)	高科技公司、跨国公司、物流服务商	高新技术产业等
临空经济成熟阶段 (2006年至今)	生物医药企业、高端商务旅游、信息通信企业	生物医药、信息通信、金融业等

资料来源:马同光《中国临空经济发展及影响因素研究》,博士学位论文,中央财经大学,2018。

10. 德国法兰克福国际机场

法兰克福国际机场，距市中心12千米，是4F级大型国际枢纽机场，也是星空联盟的总部所在地，位于德国重要的金融、商业贸易和交通中心法兰克福。2019年，法兰克福机场旅客吞吐量7056万人次、货邮吞吐量3187万吨，在国际大型枢纽机场中排名第2。

助力法兰克福国际机场临空经济区发展的条件包括关键资源要素和优质高效的运营模式。关键资源要素包括完善的基础设施、优先发展的"空铁联运"模式以及创新的"欧洲空铁联运货物项目"。法兰克福国际机场的自动化行李检测系统堪称世界一流，成为欧洲转机率最高的机场。优质高效的运营模式包括机场内部高效的中转服务、专业化的地面服务，以及机场配备高度信息化的管理系统。

法兰克福国际机场形成以航空物流业为主导产业、以高端制造业为配套产业、以现代服务业为关联产业的产业结构：提高航空物流服务能力和水平，为旅客提供一个更加全面、一体化的物流服务；通过提供强大的航空运输枢纽支撑，聚集具有高附加值、高盈利、全球化等特点的高端制造业；以发达的航线网络、高标准的会展设施建设，打造机场特有的会展服务中心。

三 大兴国际机场临空经济区与国际一流水平的机场对标分析

（一）国内外机场临空经济区建设规律

1. 政府站在国家战略层面，规划先行，提供政策指导与支持

在各国发展临空经济的过程中，政府及相关机构通过制定战略发展规划，在国家层面对不同地区和部门的政策进行整合，通过经济、行政、法律等多种手段，出台相关优惠政策和措施，协调利益关系，形成有效协同，为临空经济快速、可持续健康发展创造有利的外部环境。例如美国为临空经济的发展建立了相应的法律法规，以市场为主体但强调政府宏观引导。韩国仁川国际机场快速成为国际枢纽机场的重要原因也是国家战略的推动。同时，

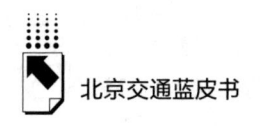

在区域整体发展规划中结合自身地理位置、资源优势和产业特征，明确机场的定位，发展特色临空经济。荷兰史基浦机场明确自身优势，致力于实现空港和海港的协同发展。此外，绿色机场是现代机场发展的趋势，以日本为例，在机场的设计、建设和运营上秉持环保节能的理念，注重节能减排和资源循环利用，走绿色环保道路。

2. 打造便捷的综合交通网络，发挥集散化核心竞争优势

航空枢纽是区位、设施规模、航线网络、空域运行、航空保障、综合交通、口岸通关和政策环境的综合体（杨学兵，2019）。客货对空港的需求，既有对航空运输的需求，也有对综合交通的需求。上海虹桥枢纽运营成功的经验，体现了在临空经济发展过程中以机场为核心的综合交通规划建设与运营管理的必要性。

由案例可见，韩国仁川国际机场通过各种交通方式将机场与各个市中心相连接。香港国际机场集空运、陆运和水运于一体，提供门到门服务，使香港国际机场成为多式联运的枢纽。荷兰史基浦机场通过多种交通方式将欧洲铁路、公路及水运网连接起来，重视交通设施的完善和多种交通方式的融合发展，以及其与临空经济区、城市衔接，扩大枢纽机场的区域影响范围。

3. 科学、长远地进行产业定位与布局，动态优化产业结构

从国内外先进临空经济的发展经验可以看出，各区域在发展初期都会注重制定整体开发规划，根据现有资源确定未来发展方向，进行充分调研和可行性分析，确定相关产业的重点培养对象以及不同产业类型在总体经济区空间中所占的比重，确保产业定位与布局的科学性和长远性。

在临空经济区发展过程中，相关部门根据自身区位环境和经济发展水平，建立企业准入机制、设立企业遴选指标，科学合理地引进并发展与该地发展水平、重点产业相匹配的企业，不断优化区域的产业结构，充分发挥机场竞争优势，提升机场运营效益和能力以及临空经济区的国际竞争力。例如图卢兹机场临空经济区规划多家服务于航空制造的研发培训等生产性服务机构。

在产业布局的动态调整中，各区域结合临空经济发展的实际情况，有侧重地培育与机场及其周边密切相关的特色产业或其他附属产业,如现代服务业、会展业等,以适应机场周边区域生产要素的密集化和高端化,腹地经济对设计研发、金融服务、战略咨询、营销管理等生产性服务业的市场需求变化,以及全球经济的发展趋势,利用生产性服务业较强的专业化能力为临空经济的发展占领市场空间,实现临空经济与腹地经济的协同发展。孟菲斯、史基浦等国际机场都已规划部署了金融服务发展区域。

4.重视人才培养与引进,重视高科技研发能力

由国际上发展较为成熟的临空经济区的经验可知,临空经济区产业创新的根本动力在于专业化人才培养与供给,并以此发展壮大相关临空产业,打破产业链低端发展的路径依赖,促进临空经济产业本土化(李彦普,2018)。

通过总结分析国内外机场临空经济发展历程,可以看出政府都在大力建立科技园区、试验中心,形成政府、研发机构、企业合作的创新系统,使科技成果转化为生产力的成本降低、效率提高,进而带动企业的可持续发展,形成协同创新的发展局面。

5.注重多系统服务及效率,找准定位,打造国际一流的航空枢纽

打造国际一流的航空枢纽,首先要重视机场及其核心的基础设施建设,整合国家航空资源,实现优势互补、协调发展。其次要注重多系统服务以及效率,持续提高运营能力、效率以及服务质量,才能吸引客流与投资,夯实临空经济区的发展根基。

国际一流的航空枢纽在实现内部协同的过程中,也在全球航线网络中成为重要节点。全球已经形成五大世界级城市群,而世界级航空枢纽总是与世界级城市群相伴而生。国际临空产业发展的经验表明,空港所在区域的经济社会发展水平直接影响航空大都市的繁荣度和临空经济产业的高效度(曹允春,2013)。而国际一流的航空枢纽,通过吸引更多的人流、物流、资金流、信息流,带动高端制造业、现代服务业的集聚发展(杨学兵,2019),反过来促进城市群的开放型经济发展。

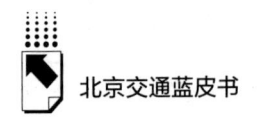

（二）推进大兴国际机场临空经济区发展的国际经验借鉴

大兴国际机场如何做到后发制人，发挥自身优势，在建设临空经济区上做到弯道超车，这就需要将大兴国际机场与国际一流水平的机场进行对标分析，吸收先进的经验，结合自身优势，发展适合大兴国际机场的临空经济区。

1. 推进大兴国际机场临空经济区产业发展的国际经验借鉴

在各个临空经济区建设发展的过程中，产业发展遇到的两个关键问题就是如何发展临空产业和如何进行产业的空间布局。曹允春等（2006）认为，临空经济正在逐渐成为区域发展的重要驱动力，与航空运输业相关的产业，高附加值制造业、服务业等正在向机场周边聚集，但从目前情况来看，大兴国际机场临空经济区还处于起步阶段，产业结构和产业布局还不合理。

产业集群化发展模式，即以机场为核心，在机场周边现有产业中挑选具有良好发展前景的主导性产业，与其他产业进行衔接，形成强产业前后关联性的产业集群。在这种模式下，临空经济区包括多元化、产业集群化和空间城市概念。目前，国际上一些大型临空经济区的产业发展可以分为物流型、交通枢纽型、商业贸易型等主要类型（尚嫣然、吕元磊，2019）。无论哪一种类型，立足于本地优势才是发展的成功经验。

以美国孟菲斯国际机场为代表的物流型临空经济区。临空物流是临空经济区发展的主要动力之一，该类型是目前我国应用最广泛的一种（葛春景、郝珍珍，2013）。依靠联邦快递所带来的货运市场、航空物流技术、交通条件和物流企业，孟菲斯国际机场形成了以航空物流业为核心的临空经济区。目前，孟菲斯国际机场临空经济区已经越发成熟，航空物流业的发展带动了机场周边其他产业的兴起，发展成为集轻工业、商务区、文娱业、餐饮酒店业于一体的多功能临空经济区。

以法兰克福国际机场为代表的交通枢纽型临空经济区。法兰克福国际机场特殊的地理位置使其具有交通优势来建设综合交通枢纽，以及在金融、会展行业，包括在金融证券、会议中心、会展业、分销中心等方面具有更多的发展机会。法兰克福国际机场还较好的实现了空铁联运，密集的公路网、铁路网和机场有效衔接，最大限度保证了物流运输的高效率。

以荷兰史基浦机场为代表的以"总部基地+商贸中心"为主的商业贸易型临空经济区。史基浦机场临空经济区的产业结构较为完善，横跨了三次产业（沈露莹，2008）。通过"总部基地+商贸中心"的模式，史基浦机场长期以来遵循"都市有什么，机场就有什么"的规划理念。其有商务运营、产品研发以及高新技术产品等横向关联的产业，同时产业向垂直方向延伸，形成上下游产品衔接的纵向产业关联。

分阶段进行产业布局。初级阶段：以航空服务业、传统制造业为主，以机场为核心，形成增长极发展模式。快速成长阶段：机场综合实力增强，覆盖面扩大，高新技术产业和航空枢纽指向性产业增加，并进一步与区域融合，发展为以航空城、机场、中心城市为核心的圈形产业布局模式。成熟阶段：以高新技术产业和服务业为主导，在集聚和扩散效应共同作用下，发展成为一个综合性区域。

一个成熟的临空经济区在产生产业集聚效应的同时，需要设立一定的门槛。产业发展的动力首先来自本地优势产业，其次包括符合临空经济区发展趋势的产业，例如物流、高新技术制造、商务会展、旅游等，要确保产业发展符合地区政策导向。

2. 推进大兴国际机场临空经济区交通发展的国际经验借鉴

区域的发展离不开便捷的交通体系，从国际一流机场的临空经济区成功经验来看，便捷的地面交通体系是枢纽建设的重要支撑。在形成了"核心+走廊"的圈形临空经济区后，如何使在机场周边的产业得到快速发展，交通通达性成了关键因素。发达的交通体系能够有效缩短货物运输和人员抵达的时间，为各类产业的发展提供有利条件。

例如，借助联邦快递的运营，孟菲斯国际机场货运吞吐量保持领先（魏领红，2017）。在交通发展方面，孟菲斯国际机场的对外衔接方式主要包括州际公路、铁路、水运等，几乎所有的交通方式可以实现无缝换乘。德国法兰克福国际机场临空经济区的交通网络主要依靠城际铁路、高速公路、轻轨、ICE 高铁，

通过多式联运的方式大大提高了物流运输的效率，同时打造空铁联运的发展模式，实现铁路和航空的无缝衔接，大大缩短旅客中转的时间。

中国作为目前高铁发展最快、高铁体系最完善的国家，以及北京大兴国际机场的先天区位条件，有利于其发展"国际航空+高铁"的空铁联运，可以利用航空运输满足长距离跨国界的客运、货运需求，高铁则作为支线，满足机场和全国各地的双向客运、货运需求。但从目前情况来看，空铁联运较难实现，原因之一在于我国各城市现有高铁站离机场较远，建设新的高铁站成本较大，所以实现高铁入驻机场的想法还有待考虑，但是可以通过建立空铁联运的"软连接"——空铁联运管理系统，最大限度地实现航空运输与铁路运输的有效衔接，同时在机场周边建立密集发达的轨道交通网络。

3. 推进大兴国际机场临空经济区协调发展的国际经验借鉴

临空经济区的特殊性在于航空运输的安全性、航空运输的管制和区域经济发展的协调（张军扩等，2007）。机场周边的开发必须与机场功能相符合，机场投入大、回报周期长，具有一定的公共性。临空经济区需要中央和地方政府、相关部门的公共政策和详细规划的支持和协调。

例如在机场临空经济区的开发上，荷兰史基浦机场就是由政府机构、政府房地产开发机构、私人房地产开发机构、机场和航空公司共同开发的项目。这个区域的主导机构为政府的下属机构，如此一来，临空经济区的开发与发展的决定权将掌握在政府手中，其所有的产业、规划、发展将沿着国家和地区与机场的发展战略推进。

从我国目前情况来看，临空经济区的开发机制一般是"以政府为主导，多方企业和机构参与，由市场进行调节，各方风险利益共担"的模式（曹允春，2013）。在临空经济区的开发中往往涉及多个主体，各方诉求的不同将要求政府能够在其中起到很好的调节作用，要努力调动多层面、多主体的积极性，实现各主体互利共赢的局面。

4. 推进大兴国际机场临空经济区空间布局的国际经验借鉴

典型机场临空经济区层次空间结构布局如表11所示。

表11 典型机场临空经济区层次空间结构布局

空间结构布局	临空经济区/机场	产业类型
集群式圈形布局	迪拜世界中心国际机场	国际物流、高科技产业、休闲旅游业（购物中心、高尔夫球场、旅游度假区）、现代服务业
集群式偏圈形布局	韩国仁川国际机场	航空制造业、现代服务业（贸易与金融、商务办公、电信中心、展览中心）、高科技产业、信息产业、物流、旅游度假区
点轴线形布局	荷兰史基浦机场	航空航天业、现代物流业、汽车制造、花卉种植业、高科技产业、现代服务业、金融业、物流业、商贸业
点轴线形布局	爱尔兰香农自由贸易区	航空产业、现代服务业、出口贸易加工业、金融业、物流业、商贸业、信息服务业、高科技产业、休闲旅游业
混合布局	达拉斯—沃斯堡国际机场	金融业、现代物流业、高科技产业、信息通信产业等

资料来源：胡赵征、李守旭《临空经济区空间发展模式及趋势展望》，《规划师》2014年第11期。

（1）集群式圈形布局

从国内外经验来看，临空经济区的辐射范围集中在6~20千米，或者沿交通走廊15分钟的车程。临空经济区的整体空间布局主要呈现圈形结构，形成"圈层+走廊"的多层次空间结构布局。曹允春将机场周边的区域划分为五个层次，分别是机场区、空港区、紧邻空港区、空港相邻区和外围辐射区（见图4）。随着圈层向外延伸，产业类型也由航空货运到商务贸易、商务办公再到高新产品的制造与开发，再到休闲娱乐产业。例如孟菲斯国际机场综合性的空港区就呈现明显的圈层结构。

（2）集群式偏圈形布局

标准的"圈层+走廊"临空经济区空间结构布局在现实中较为少见，因为大多数临空经济区受地理条件和其他城市的磁力作用的限制，在发展中并不能均匀的进行产业空间布局，进而形成一种偏圈形空间布局。韩国仁川国际机场临空经济区就属于该种布局，由于机场建设一侧靠海，且受东部仁川市中心和首都的影响，其临空产业呈现偏东方向发展。

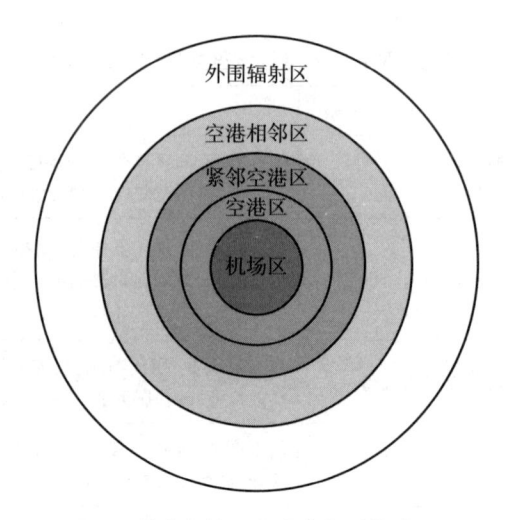

图 4　临空经济区层次空间结构布局

资料来源：曹允春《临空经济发展的关键要素、模式及演进机制分析》，《城市观察》2013年第2期。

（3）点轴线形布局

点轴线形布局依靠当地十分发达便利的交通条件得以形成，沿临空经济区走廊方向开发聚集各种产业。荷兰史基浦机场临空经济区就是该布局的典型代表之一。史基浦机场内部的交通网络十分发达，已有飞机跑道、客货运中心、各种转乘交通方式，以及机场外部十分便利的高铁交通运输网络，打通了各沿线城市的发展，形成了包括城市物流、高科技园区、货运中心、商业中心、餐饮娱乐等产业沿着航空走廊方向集聚。

5. 推进大兴国际机场临空经济区开发模式的国际经验借鉴

临空经济区的开发主要有三种典型模式（见表12）。

表12　临空经济区的典型开发模式

开发模式	规划	土地开发	商业开发	招商引资
统一规划、统一开发（仁川国际机场）	政府或者主导机构统一规划	政府指定一家主导机构进行统一开发	客户以BOT模式进行开发	主导机构统一招商

续表

开发模式	规划	土地开发	商业开发	招商引资
统一规划、协调开发（史基浦机场）	政府或者主导机构统一规划	两家机构协调开发	多家专业机构协调开发	政府协助招商
各自规划、单独开发（戴高乐机场）	本地政府或者机构负责各自板块的规划	多家机构单独负责开发	土地开发商自行开发或者授权其他机构开发	各自招商，相互竞争

资料来源：应飞龙《国内外临空经济区开发模式及管理体制论述》，《经贸实践》2018年第15期。

仁川国际机场采用的是统一规划、统一开发的模式。该机场的建设开发者直接受韩国中央政府建设交通部管辖，建设交通部负责仁川国际机场的商业运作。此外，仁川国际机场临空经济区的发展还得到包括建设交通部以及财经部给予的税收支持。此种模式的优点在于政府的充分支持能给予临空经济区建设所需的资源，从而保证机场开发能够高效有序的进行，缺点在于一旦政府方面出错，或者没有足够的能力，机场的开发建设将很难进行。

史基浦机场采用的则是统一规划、协调开发的模式。政府与机场合作制定开发战略、建设规划、运营模式等，在很大程度上避免了因各方利益不同而产生的冲突，在获得商业利益的同时兼顾居民社会利益，一举多得。在荷兰政府和机场当局的共同努力下，史基浦机场已经成为欧洲最成功的机场之一（高娟，2009）。

戴乐高机场的开发模式为各自规划、单独开发。当地机构和政府各自负责自己的用地规划，分别独立进行土地开发和商业开发。然而各利益相关者各自为营的方式，导致了临空经济区内部的竞争和牵制，各个区域的发展都不是很理想。为了解决各方利益冲突的问题，戴乐高机场已经建立了相应的开发部门专门负责协调各方利益（龚雪，2016）。

以上三种开发模式最适合我国的是统一规划、协调开发模式。以政府为临空经济区的战略中心，负责区域的开发与建设，然后实行统一招

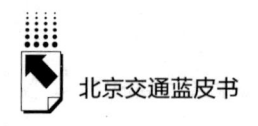

商。如此一来，临空经济区才能朝着适合国家发展战略、地区发展战略的方向发展。

6. 推进大兴国际机场临空经济区发展政策的国际经验借鉴

国外许多发达国家很早就开始发展临空经济，目前已经较为成熟。通过对国内外临空经济区的研究发现，临空经济的形成和发展需要具备两个条件（祝平衡等，2007）：通过市场自身调节实现产业聚集；通过政府调控完善基础设施、合理空间布局，以及制定营造投资环境等优惠政策。

从目前情况来看，临空经济区在我国还处于成长阶段，是一种还不成熟的新型经济形态，机场的建立具有一定的公共性，从规划到投资建设再到投入使用和后续的发展都需要国家政策的指引。此外，临空经济区的协调发展需要处理好城市与区域的协调发展问题，在产业布局上要符合各地区的长期发展战略，这需要国家政策的指导和支持。

（1）欧洲临空经济发展政策

欧洲各国经过多方协商，决定在民用飞机制造领域采用协作式的发展战略。除此之外，对空客公司的帮扶还有直接补贴和间接补贴。直接补贴主要向空客公司提供研发资金和生产资金，间接补贴包括提供较低的贷款利息和贷款担保。另外，欧洲各国政府还通过政府采购的方式鼓励空客公司生产军机。

（2）美国临空经济的发展政策

美国对本国航空公司的扶持政策主要有保护本国航空运输市场并协助开拓国际航空运输市场、给予航空公司财政支持。设立严格的市场准入制度，是美国限制国外航空公司在本土经营的重要手段。除此之外，在国际上美国还依靠其雄厚的国家实力和强大的航空运输话语权，推进各类有利于美国本土航空公司发展的政策。在财政补贴上，美国和欧洲各国相似，直接提供的财政资金补贴数额巨大。

（3）日本临空经济的发展政策

同美国和欧洲各国的政策不同，日本在很早就提出了节能减排和资源循环再利用的理念，坚持让临空经济走可持续发展道路。例如，在机场的设施方面，日本在国际航站楼楼顶安装太阳能发电板以实现节能减排。此外，在财政补贴方面，日本给予那些执行偏远地区航线的航空公司相应的补贴。

（4）中国临空经济政策的导向与安排

在准备阶段，政府应当评估机场建设的可行性，营造良好的投融资环境。在融资方面，充分利用"杠杆原理"降低政府风险，并积极探索当地特色主导产业，强化经济基础。在成长阶段，政府应当完善机场的服务和产业结构，引导企业入驻，发展具有临空指向性的产业。通过税收政策和补贴政策等手段营造良好的投资环境，鼓励高新技术产业进行研发设计，增强区域竞争力。在成熟阶段，政府应当重点突出主导产业，扶持创新型产业和现代服务业等第三产业。政府应适当放松管制，积极利用市场机制完善资源配置。临空经济瓶颈期是政府最需要关注的关键时期，要有选择性的保护主导产业、临空指向性产业，并注重部分产业的外迁，有选择性的进行政策扶持，尤其是与主导产业相互关联的产业，使其继续发挥带动区域经济增长的重要作用。同时，政府应当避免忽视合理规划和利用土地资源出现的问题（姚士谋等，2006）。除此之外，在临空经济的整个发展过程中，政府应当积极协调各部门之间的关系。

四 推进大兴国际机场临空经济区发展建设总体思路

（一）指导思想与原则

1. 指导思想

全面贯彻党的十九大和十九届六中全会精神，深入学习贯彻习近平总书记系列重要讲话精神，准确把握北京作为政治中心、文化中心、国际交往中心、科技创新中心的功能定位，以加快转变发展方式为主线，统筹大兴国际机场临空经济区协调发展，促进机场临空经济区与北京城市功能有机融合，带动京津冀地区的经济发展。

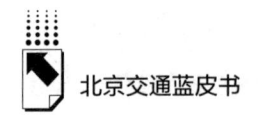

2. 基本原则

以问题为导向，立足大兴国际机场及其临空经济区的发展现状，以临空经济区发展中存在的问题与挑战为导向，以当今世界先进案例及中国国情为依据，着力解决目前最为突出的问题。

设立长远目标，在解决当前问题的同时，需要考虑大兴国际机场未来的发展路径，制定总体目标，提出长期发展策略。

协调各方利益，注重京津冀地区中各临空经济区的利益关系，利用不同区域自身的区位、技术、人才等优势，确定其优先重点发展的临空经济产业。

统筹规划发展，协调临空经济核心区以及结合周边城镇与产业的发展，合理融入空港经济元素，促进区域经济的协调发展。

（二）基本发展内容

根据国内外临空经济区发展经验，本报告提出了圈层融合、交通改善、产业发展、服务提升四个方面的临空经济区基本发展内容。

1. 圈层融合

注重以机场为中心不同圈层之间的融合、连通状况，可以在独立机场区、机场产业化区、空港都市区、航空市镇群的层面，综合考虑其交流融合情况。国内核心机场以及国际机场应该构建服务于多级圈层的交通运输系统，并打破各圈层之间的壁垒，加深机场与不同圈层的融合发展程度，在提高乘客出行效率的同时，加强经济往来交流。

2. 交通改善

注重乘客接驳换乘的便利性，可分为机场与所在城市铁路枢纽，与所在城市公路枢纽，与所在城市客运交通系统，与所在城市群核心城市的铁路、公路、航空枢纽的连通程度。交通运输方式的多样性、网络覆盖密度、腹地区域的可达性等，将极大地影响临空经济的对内协同程度和对腹地经济的影响纵深。

3. 产业发展

重视临空经济区内产业对航空运输的依附度及高技术含量、高附加值。

临空经济区产业一般具有较强的航空运输指向性，集聚在机场周边可以有效利用快捷的航空运输来确保流通速度，也可以用于衡量机场与商业、商务、旅游、居住等城市功能产业融合发展的程度。

4. 服务提升

注重乘客与航空公司对机场的满意程度，可分为机场运营服务、飞机后勤服务、旅客服务、物流服务等。提升机场的服务质量有利于吸引旅客及航空公司，增加客流量，从而提升整体竞争力。

（三）评价指标选取

1. 指标选取原则

（1）相关性原则

大兴国际机场临空经济区的发展取决于区域环境、经济发展、产业发展和政策制定情况。因此，应该从大兴国际机场临空经济区的实际发展情况出发，选择影响因素和具体指标，使之反映出大兴国际机场临空经济区发展的特点。

（2）科学性原则

为了建立大兴国际机场临空经济区发展评价体系，有必要充分利用管理科学和行为科学等原理，采取科学方法，借鉴先进的数据收集、整理和分析工具，确保该评价体系能够反映区域环境、经济发展、产业发展和政策制定的特点。

（3）明确性原则

临空经济区发展评价体系的每个指标必须有清晰的内涵。同时，对于各指标的解释说明应精练、直观和易于理解。所选指标应少而精，该评价体系的设计必须符合科学和标准的要求。

2. 大兴国际机场临空经济区评价指标体系

根据以上内容，北京大兴国际机场临空经济区发展评价体系如表13所示。

表 13　北京大兴国际机场临空经济区发展评价体系

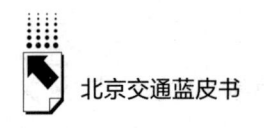

一级指标	二级指标
机场建设水平	机场建筑面积
	航线数量
	航班密度
	跑道数量
	乘客吞吐量
	机场大巴班次
产业发展	产业聚集度
	现代服务企业数量
	产业关联度
	研发机构数量
	产业贡献率
政策支持	财政性基本建设经费投入
	招商引资中临空项目数量
经济支持	地区生产总值
	人均生产总值
	规模以上工业增加值

五　推进大兴国际机场临空经济区发展的建议

（一）完善临空经济区产业发展规划

1. 建设空港型国家物流枢纽

充分发展国际化综合立体交通枢纽的特色，实现国际要素大集聚、大流通、大交易，通过空港物流基础设施、多式联运体系和智慧空港物流体系，建设空港型国家物流枢纽。鼓励国际货运代理公司设立分支机构，培育货运航空公司与国际枢纽机场形成机场货运联盟；在机场周边加快建设便捷的空铁、陆空联运设施，建立一体化多式联运信息共享平台。

2. 强化货运区与综合保税区建设

旅客和货物的周转是机场最具有成长空间的市场，强化货运区与综合保税区建设必然有助于加强机场的核心竞争力，增加机场的活力与收入。

利用海关一体化改革推动货物通关制度改革，提升货物流动便利化程度；以大兴国际机场临空经济区产业特征为中心，加强空港型综合保税区建设，拓展保税物流、保税仓储、保税加工、保税商展等业务类型，发挥"免证、免税、保税"的政策优势，打造特色鲜明、功能齐全、监管创新的综合保税区。

3.壮大跨境电子商务进出口业务

创新对外贸易模式，打造临空经济区开放型多边贸易市场，依托跨境电子商务综合实验区，全面壮大跨境电子商务进出口业务。积极承办跨境电商全球会议，创新多渠道运营形式，围绕跨境电商贸易和跨境电商物流两个体系，建立健全跨境电商产业链；大力引进国际知名企业、电商平台企业、物流集成商，建立跨境双向贸易平台和综合电商经营平台；完善保税模式，积极解决税收、征信等问题；规范电子商务标准体系外延，建立中外跨境电商综合产业园区，构建一体化跨境电商生态圈。

（二）加强交通运输体系建设

对于一个面向未来的大型国际枢纽机场，市场的基础由其所处地区的有限垄断市场和相关机场的共同市场构成。对于共同市场的占有率大小，除了取决于机场本身的条件和能力之外，其附属交通的建设程度起很大的决定性作用。附属交通设施越完善，机场的服务辐射范围（即市场腹地）越大。作为我国首都一南一北的两大国际机场，大兴国际机场和首都国际机场共享北京市以及其周边临近地区所构成的共同市场，大兴国际机场如何在有限的市场基础上提高自身的竞争力、缩短辅助交通运输的时间、加强交通运输体系建设就显得尤为重要。

1.优化机场轨道交通服务

为保障乘客顺畅抵离北京大兴国际机场，北京市打造了"五纵两横"交通接驳网，提供机场大巴、出租汽车、城际铁路、轨道交通等多种交通接驳出行方式。《提升北京大兴国际机场旅客集疏运能力实施方案》由交通运输部、中国民航局、国铁集团联合发布，提出强化大兴机场线运营服务保障，确保发车时间常态化，优化10号线末班车调度来加强与大兴机场线末

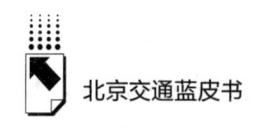

班车的衔接，对延长大兴机场线运行时间的可行性进行研究。

2. 推动机场与铁路一体化

目前，北京西站—大型机场站每天有11趟列车通过，该城际铁路线路设施完善、乘车体验感优良，但由于发车间隔多在1小时左右，而且交通接驳存在时间上的不确定性，日常客座率基本不足一半。北京市应进一步以"五纵两横"综合交通网络为基础，强化京津冀城际铁路网的联通，推动"一日交通圈"理念的实现。机场货运交通应完善机场货运区及主要对外货运通道，衔接道路系统并进行货运专用管理，客货分流，促进形成公铁联运、空铁联运。

3. 增强机场巴士服务能力

目前，大兴国际机场巴士市内发车间隔多为1小时以上，甚至部分线路1天仅发车两趟。本报告建议相关部门充分运用交通大数据，灵活安排机场巴士发车时刻，使发车频率随客流量的变化而变化；加快城市快速公共交通（BRT）体系建设，完善城市轨道交通网络，优化快速公交系统，给予公交优先通行权，在高峰时段合理调整公交、机场巴士班次，缩短乘客等候时间；根据出行需求，推进机场巴士网络布局方案的实施，并加强夜间客运服务意识，改善服务质量。

（三）提高服务质量，推动管理精细化

为了能在众多机场中脱颖而出、提高自身竞争力，大兴国际机场需制定专项方案，结合自身现状和实际，在加快国际航空枢纽建设和推进"客、货、城"战略实施的过程中，坚持以人为本，携手各航空公司、机场代理机构和特许经营者等，注重提升旅客体验感与满意度，积极推进落实航班正常性管理与各项服务的改进举措。

1. 提高旅客对服务质量的满意程度

面对日益激烈的市场竞争，民用航空机场通过加强公共服务管理，以增强核心竞争力。但客流量的增长，要求机场管理者更加关注旅客对服务质量的反馈，通过航班准点率、基础设施使用率、运营相关调查指标等从客观上测度服务质量，通过对机场设施的使用状况、清洁程度、性价比、舒适度等

开展客户问卷调查，从主观上测度服务质量。

2. 为航空公司提供充分保障

除了测度旅客对机场服务质量的满意程度以外，机场管理者还需要从航空公司的角度出发对机场的服务进行评价。机场管理者可以进一步调查更多与航空公司相关的内容，诸如航班延误情况、机场跑道和本地劳动力成本，以及空管的可靠性等，这些从航空公司获取的反馈信息能够更为直接地了解航空公司对机场所提供服务的评价，更有针对性地与航空公司紧密配合。

（四）充分发挥政府引导作用

1. 促进资源要素合理配置

大兴国际机场在运营及未来发展的过程中，应将区域协调发展的理念贯彻始终，以相应的平台和条件吸引区外的物质、资金、人才、技术、信息等资源要素向区内聚集，通过各资源要素的整合促进和带动相关产业的发展，并将形成和扩大的经济能量向周边地区乃至更远的地区辐射。在聚集和辐射的过程中，政府对资源要素配置进行适度的宏观调控，使其高效、有序、规范的流动以实现自身价值，并通过循环不断地扩大经济流量。各资源要素之间的整合与协调发展势必会带动和促进临空经济区的发展，增强机场竞争力。

2. 鼓励临空产业集群发展

临空产业集群具有带动区域经济、优化产业结构以及促进就业等优势，但临空产业集群包括机场、社会、产业等众多方面，因此政府的支持是临空产业集群形成的主要推动力。大兴国际机场作为京津冀综合交通枢纽，需要政府制定各种优惠政策、投入大量资金，才能吸引更多类型的相关临空产业集聚，慢慢形成由集聚向集群的演变趋势。比如发展功能差异化的会展业，通过一系列营商优惠政策吸引酒店、商务写字楼等相关配套企业入驻，为商务旅客提供便捷服务，促进临空经济区会展经济的孵化和成熟，使其成为北京经济发展新的增长极，发挥其应有的国际枢纽作用和临空经济区的带动作用。

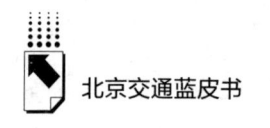

（五）建设"绿色"临空经济区

"十四五"是我国为全面实现碳达峰和碳中和目标打基础的关键时期，临空经济区的绿色可持续发展对提高竞争力和进一步扩大发展空间的意义重大。面对新的要求，大兴国际机场临空经济区需要在绿色发展上做出更多积极的尝试，助力经济社会发展全面绿色转型。

1.落实绿色运营工作思路

绿色运营是长期的、动态的、发展的过程，需要随生态环境和资源承载力的情况不断调整（赵建华等，2021）；要运用科技手段，保证大兴国际机场临空经济区实现绿色低碳循环；要推动全要素参与，从建筑、环境、交通、能源等方面提炼绿色要素，确保绿色运营思路的完备性；要加强协同管控，提高各级主管部门与集团公司之间的全员协同程度；要借助现代信息技术的迅速发展，通过进一步挖掘、分析实际运营数据，实现精细化管控，推进全周期绿色建设，保证与绿色运营目标的统一性。

2.构建绿色发展机制

加强顶层设计，致力于构建系统完整、权责明确的绿色管控指标体系和绿色发展机制。加快生态环境保护宣传教育基地的建设，组织能源环境专业性培训，增强员工节能减排意识；积极进行绿色机场研究，比如高效利用清洁能源、预测噪声分布等，运用科技手段解决难点问题；围绕产学研用一体化的总体思路，与科研院所合作探索具有前瞻性的问题，全方位提供技术服务。

六 推进大兴国际机场临空经济区发展的保障措施

（一）规划保障

要想进一步推进大兴国际机场临空经济区的发展，必须科学制定大兴国际机场临空经济发展规划，基于全球视野进行顶层设计，将其与北京市国民经济发展、产业发展、综合交通发展等统筹考虑。各级政府和行业主管部门应根据临空经济特点制定长远战略规划、专项产业规划等，辅以规划保障。临空经济区的发展覆盖层次较多，应确保以下相关规划的制定与落实。

1. 多机场布局规划

机场总体规划是指导机场发展的纲领性文件，是确定机场发展目标、运输规模的重要文件。规划多机场协同发展，形成北京"一市两场"双枢纽模式，推进首都国际机场、大兴国际机场二者独立运营、适度竞争、优势互补，打造世界航线网络的国际枢纽机场及国家级门户机场；明确天津滨海机场、石家庄正定机场的区域枢纽机场地位，拓展航空物流货源及市场，完善秦皇岛、张家口等支线机场功能，形成京津冀一体化、内部协同的世界级机场群。

2. 产业规划

临空经济区在发展过程中要重视与所在地区的协调发展，充分发挥优势，以机场需求、产业集聚、园区与机场整体规划和共同发展为原则，统一规划空港地区临空产业与所在地域经济的发展，建立切实可行的发展总体目标和产业布局，实现区域的协调发展。

根据大兴国际机场的定位及区域发展现况，规划打造以航空物流和高科技制造产业为主导，同步发展航空运输保障业的格局；长期逐步发展临空现代服务业和总部经济等。区别于首都国际机场的航空货运产业，大兴国际机场侧重发展航空物流产业集群，立足全球航空物流前沿，大力发展航空物流和电子商务产业，统筹资源，重点推动航空快递、冷链物流、供应链管理中心和电子商务等领域的发展。临空高科技产业可以为航空物流产业提供货源，二者相互配合，重点培养大兴国际机场临空经济区的生物医药、精密设备制造等产业，打造具有临空特色的高科技制造产业集群。

3. 交通规划

临空经济区以机场为中心，依托其强大的运输能力，实现人和货物在空间内快速通达，加速经济活动中生产要素流动和优化资源配置。临空经济区最大的竞争优势之一就是机场功能，而机场功能的本质又是交通的便

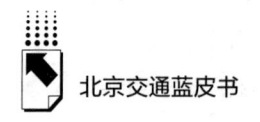

利性，因此加强临空经济区的交通网络规划与建设就是在增强核心竞争力。对此，应加强机场、道路等基础设施建设，构建以航空为主导的铁路、公路、水运、管道立体化多式联运体系，衔接高速公路、城市轨道交通、周边城市用地规划等多个方面，保障交通运输解决方案的系统性和可行性。

大兴国际机场临空经济区的发展将产生更多的就业岗位，人口集聚引发大量交通出行需求。因此，大兴国际机场临空经济区需要加强不同运输方式的有效衔接，以减少耗时为出发点，打造便捷的换乘枢纽，推动实现零距离换乘；建立绿色交通出行模式，发挥好轨道交通的支撑作用；完善内部城市交通系统，进行TOD综合开发，引导空间结构不断优化；利用大数据加强信息化建设，推动民航、城市轨道、出租车等信息系统的衔接，实现各种运输方式互联互通、高效精准，全面提升交通运输能力。同时，加强轨道交通、公路等便捷的综合货运枢纽建设，实现货物运输无缝化衔接。

4. 资金规划

针对临空经济发展的不同阶段和规律，在偏好产业、多功能区建设、区域合作等方面均需要资金维系，充足的资金有助于稳步推进临空经济战略的实施，合理规划资金是临空经济健康发展的有力保障。

(1) 寻求专项资金扶持

国家在临空经济示范区的建设上给予了关注和支持，大兴国际机场可以积极争取财政补贴，将专项资金用于基础设施建设及重点产业项目。政府加强对航空城融资的担保支持，建立航空城产业投资基金，用于航空城的重点产业发展领域。

(2) 建立多元化融资体系

结合不同产业各自的特点，构建投融资策略体系，运用融资创新手段，积极吸引各类资本进入。航空运输服务、现代物流服务可以在机场自筹、银行贷款的基础上，融入以机场集团为主导的融资合作平台模式；航空科技文化体验产业的主要投融资方式以吸引社会资本投资为主；临空高新产业可吸引银行、非银行金融机构，社会资本等投资主体；航空城生活服务产业涉及较多的城市基础设施建设项目，可通过政府补贴或PPP模式吸引社会资本参与建设，政府和企业全程参与的同时让非公共部门所掌握的资源参与并提供公共产品和服务，使信息对称，合作共赢。

（3）积极进行资金开源

重视管理运营能力，提高运营服务、土地出租、投资回报等收入，合理配置政府财政补贴。

（二）组织保障

大兴国际机场临空经济发展过程中涉及相关政府部门、机场集团、临空经济区内企业等多个主体，各主体分工不同、作用各异，共同为推动大兴国际机场临空经济区发展提供坚实的组织保障。

1. 行政保障

虽然临空经济发展以机场为中心，依托机场内核力量，但是对机场的建设、周边土地规划以及产业园区的规划都离不开政府的宏观调控，适度的行政指导可以推动大兴国际机场临空经济发展，避免涉及的主体因"各自为政"而造成资源浪费。

（1）成立临空经济专项指导小组

大兴国际机场在临空经济发展上规划已久，完备的行政保障能够更好地把控临空经济发展脉络，及时掌握其在发展过程中面临的问题，并提出针对性的解决方案，保证临空经济发展有序有效、科学合理。同时，统一的行政指导有助于加强城市之间在临空经济发展层面的对接，方便资源配置调度，加大区域合作力度。

（2）完善内部职能结构

将规划目标落实到具体的责任主体，健全决策层与执行层之间的协商机制，及时将临空经济发展过程中的新情况、新问题上报决策层，由决策层进行统筹指导。

（3）提升服务水平与办事效率

临空经济区要想为企业营造良好的国际化经营环境，就需要强化政府职

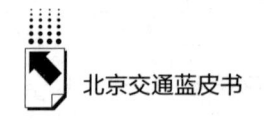

能，提高办事效率，实现多部门之间的有效协同联动，切实推进电子政务建设。设立绿色通道，维护公平竞争，降低交易成本，增强对外来资源要素的吸引力，提高资源配置能力和效率。

（4）加大政府对临空经济发展的扶持力度

良好的产业扶持政策在一定程度上能够缩短产业的培育周期，加速推动产业的发展，引导产业集聚，有利于临空经济区极化效应、溢出效应的快速提升。加大产业政策扶持力度，可以在土地规划使用、招商引资、税收、金融等方面出台扶持性优惠政策。比如，给予用地指标，在土地出让金方面给予价格优惠；在一定年限内减免重点引入产业的所得税，对产业园区实行减免有关行政事业收费、减免高管所得税等税收优惠，并简化产业园区支付结汇手续；积极争取政府融资支持、扶持资金，实行适当放开金融租赁公司的融资渠道等金融扶持政策。贯彻落实《国务院关于促进民航业发展的若干意见》《关于临空经济示范区建设发展的指导意见》等政策性文件，拓展临空经济发展空间。

2. 人才保障

（1）注重高端专业人才的培养

在培养人才方面，临空经济区所在地区的教育资源可以增强临空经济区高新技术产业研发能力，提升企业国际竞争力。北京具有较为充足的高校和研发机构，应该充分发挥高校人才培养和人才引领作用，联合高校和研究所、鼓励企业与境内外企业及科研院所合作，定向培育输送临空经济区发展所需要的专业型、复合型人才，实现高校、研究机构和企业的良性互动、相互促进。

（2）建立人才流动机制

积极探索京津冀以及其他省份的专业化人才异地交流机制，根据临空经济发展的需要，采取学习交流、短期借调、项目租用等方式解决人才紧缺问题，实现借智发展。研究与人才流动相关的激励、保障等方面的合作对接方式，增强与周边地区、对接城市之间的人才智力资源共享。对于临空经济发展过程中遇到的问题，也可通过聘请有关领域的专家学者、专业人才，形成一批急需的尖端人才和专业技术人员。

（3）出台人才引进政策

区域发展需要人才的聚集，有必要完善大兴国际机场临空经济区的基础设施，形成涉及户籍、住房、医疗、家属就业或子女入学等一系列完备性保障政策，为高素质人才提供良好的生活环境和具有吸引力的工作机会。

（三）平台保障

1. 国际国内资源高效配置平台

临空经济区的进一步发展需要形成与世界全方位、多层次的连通格局，除了依托航空枢纽的通达性，还需实现国际国内资源高效配置。

（1）科研合作创新平台

统筹利用国内外资源，实现全球人才、资金、信息等要素的合理配置。实施人才培养引进系统工程，鼓励高校面向市场创新人才培养体系，探索校企合作的外向型临空人才培养模式，依托京津冀高校及科研院所，建立重点领域的创新人才库；依托机场优势完善航空产业链，健全专业培训体系，引进高新技术产业，吸引国际知名企业、院校、科研中心在临空经济区内合作，整合国际资源，建立以创新驱动为中心的资源配置模式。

（2）管理与服务创新平台

作为企业服务平台，管理与服务创新平台需要整合管理部门的各个流程，为企业提供"一站式"服务，涵盖融资、认证、注册等多种业务，简化流程手续，提高办事效率。开展多种服务形式，并保障服务管理水平，尝试适当合理地扩大管理权限，探索园区开发主体的合作模式，提供最新的相关政策、前沿咨询以及形势分析等。该平台可以加快国际高端产业转移对接，给予外商直接投资更高的灵活度，推动国内新兴企业发展壮大。

（3）经贸交流平台

该平台旨在为国内外企业提供交流合作的机会，通过多样化的会议论坛和国际会展等方式，为双方政府、企业、高校搭建起长期稳定、互利合作的桥梁，统筹各方资源，促进协调联动发展，推进国际贸易高质量发展。

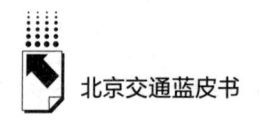

（4）要素储备平台

通过推进投融资、土地储备、公共服务、人力资源等要素平台建设，提升主导产业发展的要素保障能力。

2. 航空指向性新型产业平台

通过开展常态化的产业招商工作，与国外发展势头迅猛的龙头企业建立合资公司，推动航空维修制造、航空医疗等高端产业向国内转移。积极发展互联网贸易和加强跨境电子商务服务，构建起服务于跨境电子商务的生态系统，进一步完善企业和消费者的信用评级机制、监管机制，促进跨境电子贸易健康发展。

3. 新兴企业培育孵化平台

完善股权投资基金的设立和退出机制，打造相关产业的专业人才队伍，注重培育高新技术自主研发和知识产权体系，帮助新兴企业通过风险投资、私募基金、IPO等方式融资，带动科研创新和服务创新。

4. 综合交通信息服务平台

依托北京市"六站两场"运力保障工作机制，加强对大兴国际机场旅客集疏运体系运行情况的常态化监测，加大运力调度，不断提升大兴国际机场旅客集疏运能力。通过建立综合交通信息服务平台，整合民航、铁路、地铁、公路、网约车等旅客出行信息，为旅客提供全面的门到门、点对点在线服务，为旅客带来更丰富、更美好、更便捷的高品质出行体验，为"交通强国"建设提供新动能。

参考文献

耿明斋、张大卫：《航空经济概论》，人民出版社，2015。

彭澎：《关于广州新机场发展临空经济的若干研究》，载李江涛、蒋云年主编《2005年：中国广州经济发展报告》，2005。

〔美〕约翰·卡萨达，格雷格·林赛：《航空大都市：我们未来的生活方式》，曹允春、沈丹阳译，河南科学技术出版社，2013。

曹允春：《临空经济发展的关键要素、模式及演进机制分析》，《城市观察》2013年第2期。

曹允春、谷芸芸、席艳荣：《中国临空经济发展现状与趋势》，《经济问题探索》2006年第12期。

曹允春、何仕奇、赵冰：《临空经济区"港—产—城"一体化发展研究》，《区域经济评论》2016年第4期。

曹允春、沈丹阳：《以空港为核心构建航空大都市的关键要素研究》，《港口经济》2013年第1期。

曹允春、席艳荣：《临空经济发展的国际经验及对我国的借鉴》，《商场现代化》2009年第3期。

戴兵：《民航货运市场的特点和发展状况分析——以广东深圳宝安机场货运市场为例》，《中外企业家》2019年第33期。

樊桦、刘昭然：《我国空铁联运发展面临的问题和建议》，《综合运输》2015年第4期。

封骁：《韩国仁川自由经济区发展特色及可借鉴经验》，《港口经济》2015年第9期。

高传华：《国外临空经济发展的做法与启示》，《经济纵横》2013年第12期。

高传华：《航空港主导产业发展思路与对策》，《经济纵横》2015年第7期。

高娟：《空港都市区空间构成与发展动力机制研究》，硕士学位论文，北京大学，2009。

高友才、何弢：《临空经济对区域经济发展影响研究》，《经济经纬》2020年第4期。

高友才、汤凯：《临空经济与供给侧结构性改革——作用机理和改革指向》，《经济管理》2017年第10期。

葛春景、郝珍珍：《临空经济区产业集聚模式及发展路径研究》，《对外经贸》2013年第10期。

龚雪：《渝北临空经济区产业升级背景下的用地优化规划研究》，硕士学位论文，重庆大学，2016。

何枭吟：《"一带一路"建设中内陆节点城市临空经济发展建议》，《经济纵横》2015年第9期。

胡赵征：《临空产业与空间协同规划研究》，硕士学位论文，清华大学，2014。

蒋荷新、任敏媛：《航空运输对地区产业结构影响的研究——以上海浦东机场为例》，《城市发展研究》2018年第3期。

孔旭、刘佩佩、于得水、苏伟、陆丁天、李博宇：《借鉴全球航空城建设经验 推动我国航空产业高质量发展》，《宏观经济管理》2021年第6期。

李非、王晓勇、江峰：《临空经济区形成机理与区域产业结构升级——以广州新白

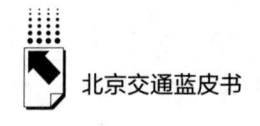

云国际机场为例》,《学术研究》2012年第1期。

李健:《临空经济发展的若干问题探讨与对策建议》,《科技进步与对策》2005年第9期。

李明夫:《关于组建民航机场集团公司的思考》,《民航经济与技术》1997年第8期。

李彦普:《河南地方本科高校对郑州航空港临空经济发展的人才支撑研究》,《中国管理信息化》2018年第19期。

刘盛和、周建民:《西方城市土地利用研究的理论与方法》,《国外城市规划》2001年第1期。

刘雪妮:《临空经济对区域经济的影响研究——以首都机场临空经济为例》,《经济经纬》2009年第3期。

罗翔:《"十四五"时期浦东临空地区发展战略思考》,《科学发展》2020年第3期。

马凤华:《机场发展与城市经济增长的关系研究——以广州白云机场和深圳宝安机场为例》,《特区经济》2013年第2期。

马玲:《临空产业集群形成的影响因素及过程研究》,硕士学位论文,大连理工大学,2008。

孟建国:《我国临空经济发展问题探讨》,《市场观察》2006年第9期。

倪海云:《北美物流中心——孟菲斯》,《空运商务》2009年第4期。

潘昭宇、高胜庆、唐怀海、潘基斌:《国际枢纽:北京新机场与京津冀协同发展战略》,《北京工业大学学报》(社会科学版)2017年第6期。

庞植林:《浅析临空经济对区域发展的影响与发展——以北京首都机场为例》,《时代金融》2014年第24期。

尚嫣然、吕元磊:《国际货运枢纽临空经济区发展规律及规划实践》,2019中国城市规划年会会议论文,重庆,2019年10月。

沈露莹:《世界空港经济发展模式研究》,《世界地理研究》2008年第3期。

孙波、金丽国、曹允春:《临空经济产生的机理研究——以首都国际机场为例》,《理论探讨》2006年第6期。

王程程:《从法兰克福临空经济区学习借鉴临空经济区建设》,《经济视野》2017年第10期。

王旭:《空港都市区:美国城市化的新模式》,《浙江学刊》2005年第5期。

王志清、欧阳杰、宁宣熙、李晓津:《京津冀地区发展民航产业集群研究》,《中国工业经济》2006年第3期。

魏领红:《郑州航空港实验区交通运输业发展战略研究》,《综合运输》2017年第5期。

魏晓芳、赵万民、黄勇、朱猛:《现代空港经济区的产业选择与空间布局模式》,《经济地理》2010年第8期。

吴国飞、陈功玉：《广州临空经济发展模式和具体思路研究》，《国际经贸探索》2014年第12期。

吴涛、王运泉：《广州新白云机场对花都区经济发展影响分析》，《广州大学学报》（自然科学版）2005年第3期。

闫永涛、李文龙：《国内外典型空港周边地区发展分析及启示》，城市时代、协同规划——2013中国城市规划年会会议论文，青岛，2013年11月。

杨学兵：《论京津冀协同发展中国际一流航空枢纽的丰富内涵》，《中国民用航空》2019年第6期。

杨友孝、程程：《临空经济发展阶段划分与政府职能探讨——以国际成功空港为例》，《国际经贸探索》2008年第10期。

姚士谋、陈彩虹、王书国、崔旭、陈振光：《国际空港的大区位及其规划布局问题——以广州新白云机场为例》，《人文地理》2006年第1期。

张凡：《临空经济赋能城市发展的典型模式与案例》，《全球城市研究》2021年第2期。

张凡、宁越敏：《全球生产网络、航空网络与地方复合镶嵌的战略耦合机理》，《南京社会科学》2019年第6期。

张军扩、刘云中、侯永志：《临空经济：依托机场抓机遇》，《中国经济导报》2007年4月24日，第B2版。

张军扩、刘云中、侯永志：《临空经济的内涵及发展中国临空经济的重要性》，《中国经济时报》2007年2月6日，第4版。

张蕾、陈雯：《国内外空港经济研究进展及其启示》，《人文地理》2012年第6期。

赵冰、曹允春：《多机场临空经济区差异化发展经验及对北京临空经济区的启示》，《企业经济》2018年第2期。

赵建华、张晓峰、王路兵、康春华、张彦所、李晓翔：《北京大兴国际机场绿色运营实践与展望》，《环境保护》2021年第11期。

祝平衡、张平石、邹钟星：《发展临空经济的充要条件分析》，《湖北社会科学》2007年第11期。

《机场概览》，北京首都国际机场股份有限公司官网，http://www.bcia.com.cn/gsjj.html。

《粤港澳大湾区 临空经济发展格局》，凤凰网，2019年3月8日，https://ishare.ifeng.com/c/s/7ks2sL4wvmD。

《临空经济区学习借鉴——韩国仁川自由经济区发展动力机制》，胶州市人民政府网，2016年8月22日，http://www.jiaozhou.gov.cn/n1822/n1828/n1830/n1844/161004044216167440.html。

《临空经济区学习借鉴——韩国仁川自由经济区概况》，胶州市人民政府网，2016年8月10日，http://www.jiaozhou.gov.cn/n1822/n1828/n1830/n1844/161004044218188234.html。

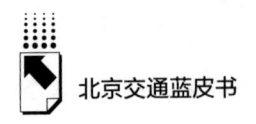

《中国临空经济区发展模式战略研究》,豆丁网,2020年12月14日,https://www.docin.com/p-2553053298.html。

B. Miller, J. P. Clarke, "The Hidden Value of Air Transportation Infrastructure," *Technological Forecasting & Social Change* 74 (2007): 18-35.

D. Baker, R. Merkert, M. Kamruzzaman, "Regional Aviation And Economic Growth: Cointegration and Causality Analysis in Australia," *Journal of Transport Geography* 43 (2015): 140-150.

D. Lyon, G. Francis, "Managing New Zealand's Airports in the Face of Commercial Challenges," *Journal of Air Transport Management* 12 (2006).

G. E. Weisbrod, J. S. Reed, R. M. Neuwirh, Airport Area Economic Development Model, PTRC International Transport Conference, 1993.

J. D. Kasarda, "Time-Based Competition & Industrial Location in the Fast Century," *Real Estate Issues*, 23 (1998).

L. F. Thomas, *The World is Flat* (Douglas & Mclntyre Ltd, 2005).

R. Diez-Pisonero, "Airports and Cities in the Context of Globalisation: a Multidimensional Symbiosis in Adolfo Suárez-Madrid Barajas Airport," *The Geographical Journal* 185 (2019): 485-497.

Stephen J. Appold, John D. Kasarda, *Airports as New Urban Anchors* (Frank Hawkins Kenan Institute of Private Enterprise, 2006).

John D. Kasarda, "The Fifth Wave: The Air Cargo-industrial Complex," *Portfolio* (1991).

John D. Kasarda, "Time-based Competition & Industrial Location in the Fast Century," *Real Estate Issues* 23 (1999): 24-29.

B.5
2021年轨道交通、地面公交、慢行交通多网融合研究报告

摘　要： 城市轨道交通系统需要与多层次、多模式的综合交通系统统筹发展，以便进一步发挥城市轨道交通系统的作用。本报告在研究轨道交通与地面公交、慢行交通系统的一体化衔接，充分调研北京既有轨道交通、地面公交与慢行系统的基础上，分析了北京市公交线网与慢行设施目前存在的主要问题，分别构建了公共交通线网分层优化模型与慢行系统出行意向选择模型。最终针对不同层次线路之间的衔接关系提出了多网融合下的网络优化与慢行系统出行品质提升的相关建议，以使城市轨道交通在多模式交通系统中发挥骨干作用，显著提升城市轨道交通客流分担率，发挥公共交通的环境正效益，改善全社会的交通条件与出行换乘环境。

关键词： 轨道交通　地面公交　慢行系统　多网融合　网络优化

一　研究概述

（一）研究现状

首都的公共交通主要依靠轨道交通和地面公交网络。其中，地面公交票价较低，开行频率较高，站点服务覆盖率较高，但北京公交企业的运营成本快速提升，运营效率逐年降低。首都公交线路的直达率虽高，在一定程度上

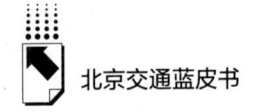

减少了乘客的换乘和等待时间，但也导致线路重复度过高，线路过长，行车速度较慢，可靠性降低。这是导致首都公交系统对乘客吸引力逐年降低的主要原因。面对当前情况，首都公共交通系统应找准定位，转变发展思路，优化公共交通网络。现有关于公共交通网络优化的问题中，一部分以线网整体运行效率最优为目标函数，所提出的解决公交网络设计问题的方法具有网络复杂、涵盖多种公共交通运输方式（快速轨道交通系统、公共汽车和铁路）和体现过境需求的特点（Cipriani et al., 2012）；另一部分则以企业运营成本最小为目标函数，构建0-1线性规划模型，将约束二元化到目标函数中，建立优化算法进行研究（Yang and Di, 2020）。而在城市轨道交通接入城市公共交通网络后，地面公交面临的主要问题从之前的供不应求、线路覆盖率低等转变为在轨道交通的对比优势下，地面公交运力不断增长但客流量增长缓慢的问题（张海涛、单静涛，2019）。除此之外，地面公交无法满足出行者多元出行需求还体现在微循环和定制公交缺乏完善体系、发车间隔较小、线路走向和站点设置不合理等方面（唐清，2021）。在与城市轨道交通的协同方面，地面公交与城市轨道交通在换乘阶段缺乏协同优化，城市轨道交通站点与地面公交站点存在换乘距离较长以及脱节等现象（袁润文，2008）。

在轨道交通与慢行交通系统的接驳方面，目前北京市在站点周边区域道路规划设计中，仍多以机动车行驶需求为核心，对慢行接驳交通系统的设计不够重视，依然存在慢行系统的网络建设和路权管理不到位等问题。随着我国积极部署"双碳"战略，作为低碳出行的重要组成部分，慢行交通与轨道交通间的合理接驳成为解决城市居民出行"最后一公里"问题的关键。现有关于慢行交通与轨道交通间接驳的研究中，使用离散选择模型特别是Logit模型成为主流（黄杉等，2009）。随着计算机技术的更新以及仿真算法的发展，从Logit模型衍生出更多改进模型，如考虑共性的Nested Logit模型（王文红等，2008）、考虑参数随机变化的Mixed Logit模型（Roman et al., 2009）、考虑潜在分类的Latent class Logit模型（Van et al., 2014）、考虑交叉分组的Cross-nested Logit模型等

（杨励雅等，2011）。

总结国内外研究现状可以发现以下几点。

一是现有关于轨道线路规划和地面公交线网的优化研究，以考虑自身系统的已有线路为主。虽然现有研究已综合考虑轨道与地面公交线路在总体公交线网中的作用，但还没有切实可操作的举措。此外，目前公交线网的优化思路主要是通过降低换乘次数来提升站间直达服务水平。从公交公司运营情况来看，站间直达比率的提升不仅没有吸引更多乘客，反而大大增加了公交线网的运营成本，降低了总体运营效率，现有优化方法并没有成功提升总体线网的服务水平。

二是在交通领域关于轨道交通出行行为的影响研究中，学者主要考虑个人/家庭社会经济属性与出行特性的联合影响，而对轨道交通出行方式选择的研究较少。

三是国外对轨道交通接驳问题已有较深入的研究，主要体现在如何合理利用现有交通设施来实现与各种交通方式的高效率配合；国内对轨道交通接驳问题的研究侧重于轨道交通站点、接驳线路的规划和接驳效果的评估，缺乏对轨道交通接驳方式选择行为的研究。

四是虽然对轨道交通接驳客流吸引范围的研究有了成熟的理论方法与模型思路，但国内外学者对慢行交通的研究局限于理论研究及分析层面，针对具体慢行出行环境分析和改善设计尝试的研究较少，缺乏应对多种复杂道路条件下的一般慢行车道改善设计方法研究，对慢行交通接驳客流吸引力提升的研究还有待进一步开展。

（二）研究内容

1. 首都公共交通一体化高效换乘网络优化研究

（1）北京市公共交通网络现状问题分析

分析总结北京市公交线网的发展现状，以及目前存在的主要问题；通过选取典型区域、典型地点，具体分析公共交通网络设计中的问题和瓶颈。

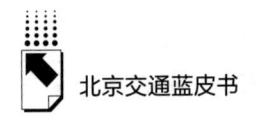

(2) 公共交通一体化换乘网络优化模型研究

基于智能卡数据信息、道路拓扑结构信息，构建公共交通线网分层优化模型，分析不同层次线网的客流分布特点；选取典型区域和地点，建立包括轨道交通、公交快线、普线、直线在内的分层网络模型；根据寻优结果初步提出网络优化的相关建议。

(3) 基于分层网络的线路组合调整模型研究

基于线网模型优化结果，针对不同层次线路之间的衔接关系进行线路协同组合调整。根据调整优化的结果提出网络优化的相关建议。

2. 北京市慢行系统出行品质提升研究

落实北京市慢行系统规划，针对轨道站点周边区域提出"点线面"的慢行交通规划方法，对慢行交通道路进行定义、分类和设计，对慢行交通网络规划、停车设施设计、公共设施设计和相关配套设计进行研究，结合北京市各地铁站及附近片区的具体情况，打造低碳出行交通线路，进行慢行接驳出行环境规划和优化设计。

(三) 研究思路与方法

针对首都公共交通一体化高效换乘网络优化研究，通过对客流规律进行分析，计算各个站点重要度。根据不同重要度分级的站点分层寻找公交线路，建立高效的衔接结构，优化城市公交线网，以实现大城市公交线网的接驳功能。以站点基本信息及客流数据为基础，利用公交线网分层优化方法对研究区域内公交快线、公交普线、公交支线各自独立寻优得到初始解，然后针对线路的形态结构和衔接方式，利用不同线路组合调整策略，再次进行优化调整，以期形成高效的公交换乘网络系统，降低企业运营成本，同时提升公交服务水平。

针对北京市慢行系统出行品质提升研究，通过开展现状调查与资料收集，识别慢行交通系统目前存在的主要问题，对慢行交通与城市轨道交通接驳的过程、慢行接驳环境和影响因素进行研究分析。基于通勤活动从家到单位的单向出行链，构建轨道交通出行方式选择模型以及轨道交通的接驳方式选择模型，考虑时间和广义费用两种决策，建立轨道交通站点客流吸引范围模型并进行求解。针对轨道站点周边区域提出"点线面"的慢行交通规划方法，对站点周边慢行交通道路进行定义、分类和设计，对慢行交通网络规划、停车设施设计和相关配套设计进行研究。

（四）项目调研情况

项目调研的具体情况如表1所示。

表1 项目调研情况

调研时间	调研地点	调研内容
2021年3月10~11日	北京市自行车专用路途经路口、小区和地铁站	针对居住或工作在回龙观地区及上地软件园两地的居民，对回龙观至上地自行车专用路使用情况进行RP调查
2021年3~4月	骑行环境改善下的出行意向调查（线上调查）	针对自行车骑行环境基础设施改善设计后居民出行选择行为进行SP调查。以全北京市为主要研究区域，通过SP调查问卷形式获取特定场景下居民的出行选择结果
2021年6月9日	北京公共交通控股（集团）有限公司	与北京公交集团组织部门、运营部门、线网中心等部门的领导进行了座谈，了解并咨询公交线网运行状况及相关问题
2021年12月17日	北京市地铁运营有限公司技术创新研究院	主要调研北京地铁与公交的竞争与合作关系以及与慢行交通之间的接驳关系。通过了解运营单位的实际运营管理经验和技术研发经验，提升本项目的实践价值，开展理论创新探索
2021年12月	网络调研	北京市公共交通运营现状、从常规公交和城市轨道交通融合角度切入并调查居民换乘难问题、北京市居民选择公共交通出行的影响因素等

资料来源：根据调研安排整理。

二 基于换乘效率提升的公交线网优化研究

大中城市的公交线网发展思路正由直达型线网逐步转化为换乘式线网，

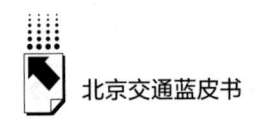

建立高效的衔接结构,通过类似轨道交通的换乘来发挥大城市公交线网的接驳集散作用,通过客流特征分析得到北京市轨道交通和地面公交间的换乘痛点并提出改善建议。本研究以可达性为基础,以减少企业运营成本为首要目标来构建优化公交线网。首先利用公交线网分层优化的方法对公交快线、公交普线、公交支线进行线路寻优得到初始解,其次针对线路的形态结构和衔接方式利用不同线路组合调整策略再次进行优化调整,以期形成高效的公交换乘网络系统、降低企业运营成本,同时提升公交服务水平。

(一)北京市公共交通客流特征分析

1. 总体客流特征

考虑到研究总体客流特征有助于把握多模式公交线网的总体使用情况,且有助于确定具体的多模式公交线网客流特征提取方案,因此在分析其他多模式公交线网客流特征前,本报告将首先研究多模式公交线网的总体客流特征。本报告选取2016年5月9日至5月15日一周的刷卡数据进行分析。

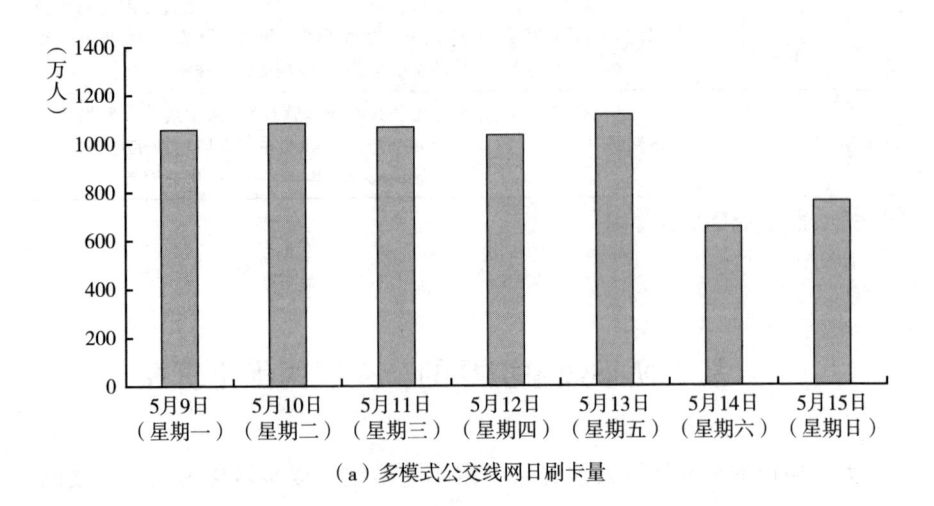

为把握多模式公交线网使用强度,多模式公共交通系统日刷卡量的提取不可或缺,通过对多模式公交线网日刷卡量进行分析,在了解多模式公交线网使用强度的同时,能够把握节假日等特殊情况对乘客公共交通需求的影响,以便更好地调整运力。2016年5月9日至5月15日一周的刷卡数据如图1所示。

(a)多模式公交线网日刷卡量

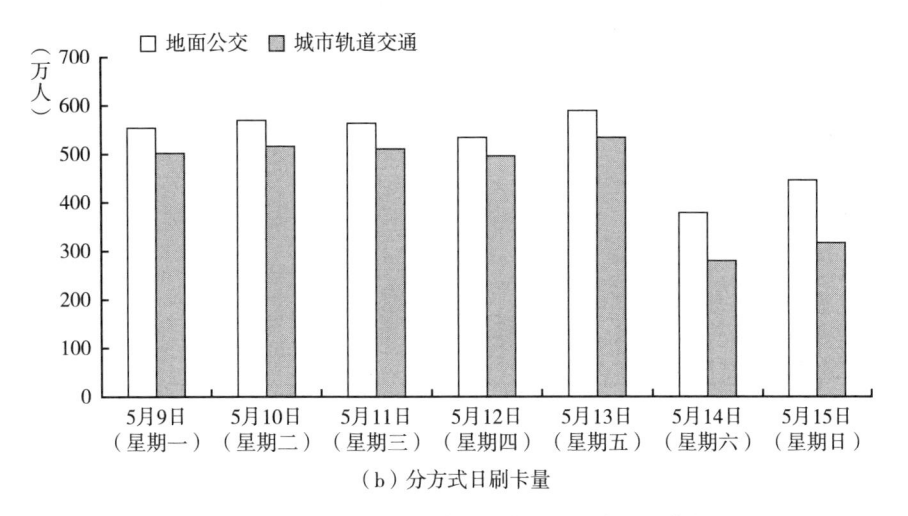

```
   (万人) 700
         600
         500
         400
         300
         200
         100
           0
              5月9日   5月10日  5月11日  5月12日  5月13日  5月14日  5月15日
             （星期一）（星期二）（星期三）（星期四）（星期五）（星期六）（星期日）
                     □ 地面公交    ■ 城市轨道交通
```
（b）分方式日刷卡量

图1　2016年北京市多模式公共交通系统日刷卡量

资料来源：根据相关资料整理。

从图1（a）可以看出，5月9日（星期一）至5月13（星期五）每日客流量较均衡；5月14日（星期六）与5月15日（星期日）客流量相近但远低于星期一至星期五。出现这种现象的原因是星期一至星期五为工作日，不同于星期六、星期日的节假日属性，因此多模式公共交通出行者星期一至星期五的出行模式相似，星期六、星期日的出行模式不同于工作日。通过对图中1（b）展示的数据进行分析可知，地面公交客流量略高于城市轨道交通，这种情况在星期六和星期日更为明显。

考虑到出行者在工作日需要工作或者上学，其工作日的出行模式往往较为规律，因此本报告基于2016年5月11日（星期三）的刷卡数据对多模式公交线网的日客流特征进行分析。与以一个星期为周期的公交一卡通刷卡数据分析类似，掌握一天内多模式公交线网客流的时变规律，有利于优化轨道交通与地面公交的时刻表，使之与出行者需求更加匹配。2016年5月11日分时刷卡数据统计结果如图2所示。

从图2（a）可以看出，5月11日分时刷卡量存在"双峰"模式，在07：00~08：00、17：00~18：00两个时段存在明显的刷卡高峰，这可能与

(a)多模式公交线网分时刷卡量

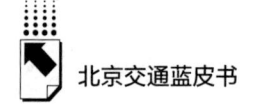

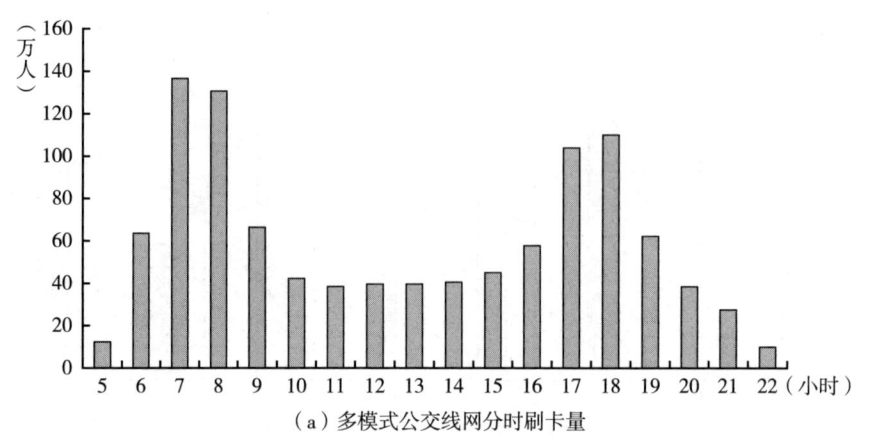

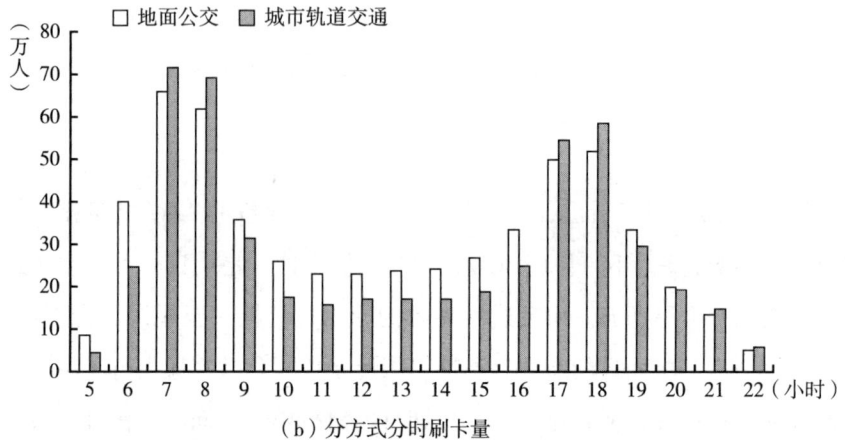

(b)分方式分时刷卡量

图2 2016年5月11日北京市多模式公共交通分时刷卡量

资料来源：根据相关资料整理。

出行者的通勤行为有关。在图2（b）中，除了明显的"双峰"模式外，城市轨道交通在早晚高峰的客流量基本略高于地面公交，而在其他运营时段，地面公交客流量基本略高于城市轨道交通。结合图2与出行者的通勤出行特点进行分析，在通勤出行时，出行者更愿意选择快速、准时的城市轨道交通，因此在高峰时段会出现城市轨道交通客流量高于地面公交的情况。

考虑到早高峰为所选日期客流量最大的时段，本报告选取早高峰时段IC刷卡记录进行分析，这不仅能够帮助研究人员掌握多模式公共交通客流特征，还可以帮助他们寻找多模式公共交通服务能力的瓶颈。本报告考虑从客流量空间分布以及乘客 OD 分布多模式公共交通系统空间特征进行分析。

对早高峰多模式公共交通站点客流量分布情况进行分析可知，早高峰时段客流量较大的轨道交通站点分布在北京市五环附近，总体呈现距离市中心越近客流量越少的现象，但在市中心处，有个别站点客流量较大。与轨道交通相比，地面公交网络由于站点众多，呈现分布广、沿线路聚集的特点；与轨道交通类似，客流量较大的公共交通站点主要分布在北京市五环附近，且在北京市西北部大客流站点较为密集；与轨道交通不同之处在于，地面公交在市中心少有大客流站点。

从客流量分布的角度分析多模式公共交通系统的空间客流特征，可以直观了解多模式公交线网站点承载的客流压力，但由于单个站点可能对应多条线路，因此每条线路承载的客流并未明晰。从多模式公共交通系统使用者出行 OD 挖掘中，可以得知出行者的大致走向，并从系统总体角度判断哪些廊道的运载能力应该提升。

通勤人员多以北京市五环为一端，另一端集中在二环、四环等区域，通过查阅 2021 年北京市交通发展年报，北京市平均通勤距离为 13.3km，平均通勤时间大于 1 小时，说明北京市在改善通勤体验方面还有较大空间。相比于通勤人群，在市中心出行的出行者数量有较大幅度增加。因此，北京市可以在通行走廊处通过新建线路、缩短发车间隔等方式，提高多模式公共交通系统的运载能力，在冲破现有瓶颈的同时提高多模式公共交通出行者的出行体验。

2. 线路客流特征

掌握多模式公交线网线路客流特征，有助于明确出行者对多模式公交线网的需求，从而进一步通过调整发车间隔、线路走向更好地匹配出行者需求，促进乘客出行方式转移、提高出行者出行体验。为掌握多模式公交线网线路客流特征，与多模式公共交通系统总体客流特征分析思路相似，本节将从时间和空间两个维度分析出行者需求。

图 3 为按照 2016 年 5 月 11 日总刷卡量大小排序后得到的各条线路的分时

刷卡量，其中46004线路最为繁忙，对应快速公交4线，呈东西走向，连通北京市六环门头沟区到北京市二环西城区。快速公交线路可为出行者提供长距离、跨区域的出行服务。从图3可以看，分时刷卡量排名前50的繁忙公交线路客流量均呈现"双峰"的分布规律，即在06：00~08：00、17：00~19：00两个时段出现明显的客流高峰，这也符合出行者的出行规律。其中，1号线路呈现全天客流量较高的状态，其起点站与终点站为北京西四环与西五环之间的四惠枢纽站和北京东四环与东五环之间的老山公交场站，呈东西走向，非直线系数较低。与快速公交4线的相同点是其公交线路布设非直线系数较低；

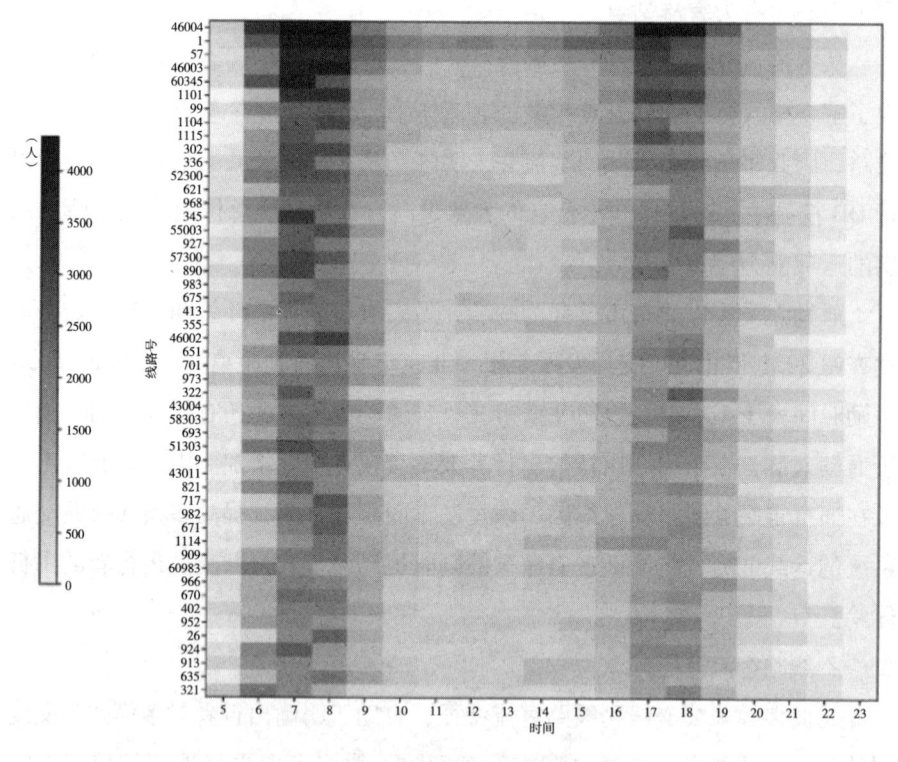

图3 地面公交繁忙线路分时刷卡量

资料来源：根据相关资料整理。

不同点在于，快速公交4线连通北京市郊区与主城区，服务两端通勤人群，因此会出现明显的早晚高峰，且其余时段客流量较低，而1号线路贯通北京市中心，承担客流从市中心向东西两端疏散的作用，并且考虑其处于市中心的地理位置，因此该条线路会出现除早晚高峰外，其余时段客流量也较高的情况。

通过以上分析可知，公交公司应明确各地面公交线路在"快、干、次、微"地面公交层级中的定位，并有针对性地进行调整。快速公交（BRT）线路应配合轨道交通为居民跨区域、长距离的出行提供快速、直达服务，以分担轨道交通运输压力为主；主干公交线路应作为轨道交通的重要补充活跃于城市轨道交通不发达地区，并分担繁忙轨道交通线路的客流；次干公交线路应以加密地面公交网络、延伸公交服务、有序衔接客流为目标展开布设；微循环公交线路应以填补服务空白、强化薄弱环节为目标，联系区域内主要居住区、就业地、景点等客流集散点，服务于短距离公交出行。并从功能定位角度对不同定位的公交线路设置符合出行者需求的时刻表和线路布局。

图4为按照2016年5月11日总刷卡量大小排序后得到的城市轨道交通各线路分时刷卡量，其中10号线最为繁忙。10号线位于北京市三环与四环之间，连通东城区、海淀区、西城区等多个北京市行政区域。与地面公交类似，大多数城市轨道交通线路客流呈现"双峰"的分布规律，这与居民的通勤行为有关。其中，机场线主要发挥对机场的接驳作用，服务对象为往返机场的城际出行旅客，其客流大小受航班时刻表影响。城市轨道交通由于运力大、速度快等特点，其客流量远高于地面公交，这可以从图4看出。在多模式公共交通发展的过程中，应积极发挥城市轨道交通运力大、速度快等特点，围绕城市轨道交通展开网络布设与调整。

从时间维度对多模式公交线网线路客流量数据进行分析，可以得到一日内不同时段出行者对各条线路的需求，但无法得知出行者对线路的空间需求，如需要应用哪几条多模式公交线网线路的哪一区间完成日常出行。因此，对线路的空间客流特征进行分析是把握出行者出行需求、合理分配公交资源的关键。本报告通过对各线路断面客流量、乘客出行站数分布以及各线路使用站数箱型图进行分析，得出出行者对线路的空间需求。本报

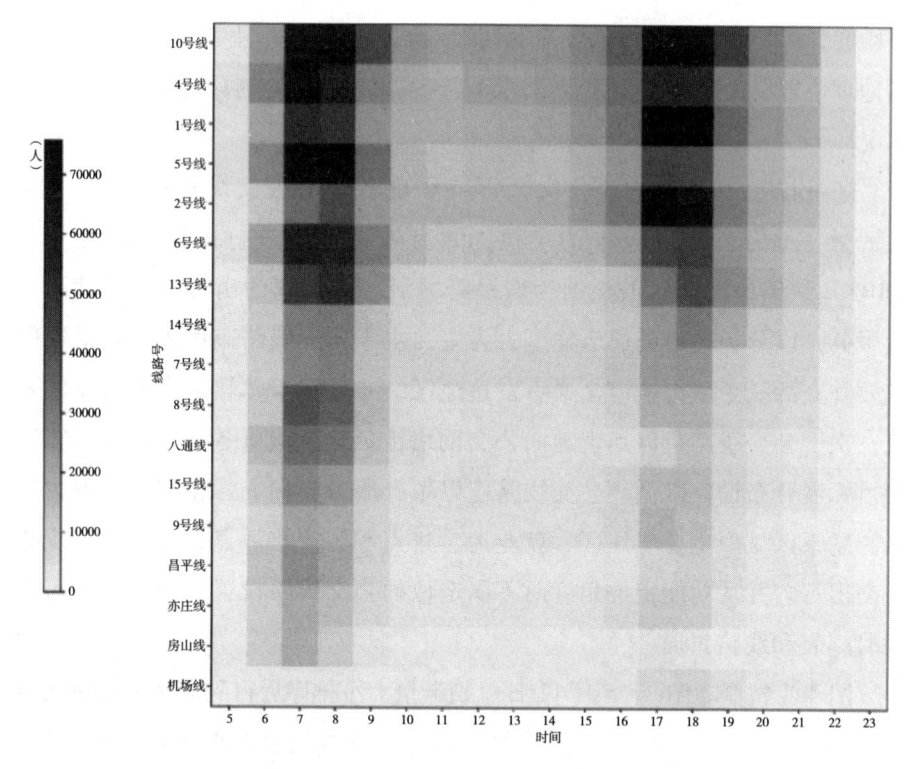

图 4　城市轨道交通各线路分时刷卡量

资料来源：根据相关资料整理。

告使用2016年5月11日的公交刷卡数据，构建地面公交线路一天的断面客流量。

从图5可以看出，大多数地面公交线路的断面客流量值呈现对称分布的特征，即上行方向中客流量较大的区间，在下行方向的同一区间客流量也较大。这说明出行者会在往返途中采用同样的线路。而从地面公交断面客流量情况来看，部分线路（如60345号线路）存在某段线路区间客流量较少的问题，造成地面公交运力资源的浪费，这可能是由于城市轨道交通的并入。在城市轨道交通并入后，应合理安排地面公交运力资源，线路断面客流量能够很好地捕捉运力资源浪费现象，为地面公交线路优化提供参考。

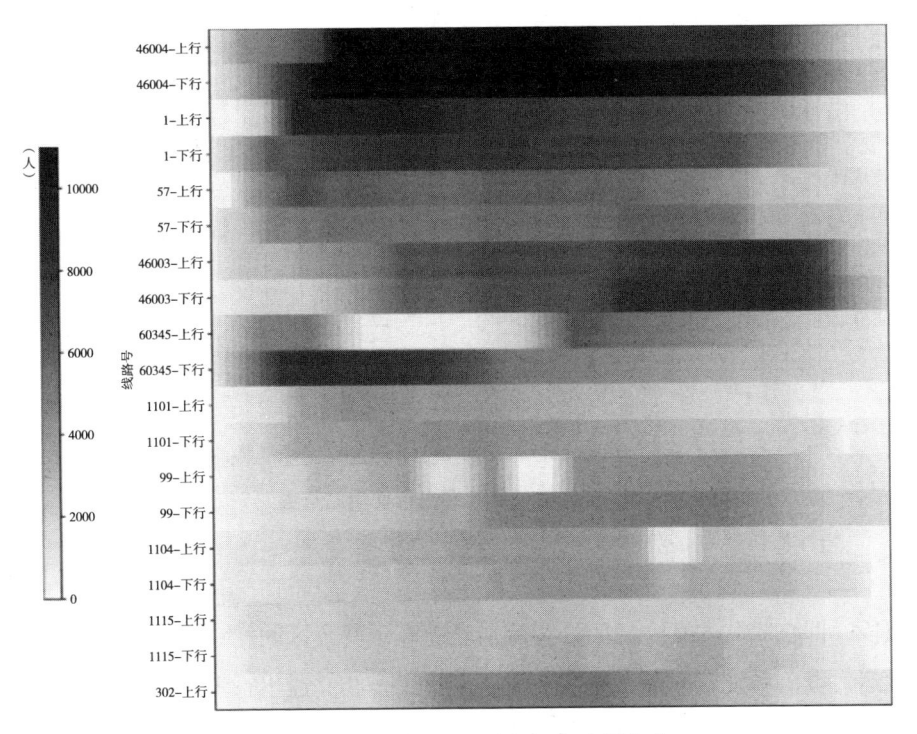

图5　繁忙地面公交线路断面客流量分布

资料来源：根据相关资料整理。

图6（a）表示2016年5月11日出行者使用地面公交时乘坐站点数量的频数分布直方图，从图中可以看出，大多数出行者乘坐地面公交时会乘坐6站以内，在6站后的出行人数显著减少；图6（b）表示乘客使用地面公交各条繁忙线路站点数箱型图，从图中可以看出，乘客在乘坐大多数线路时，乘坐距离中位数多为10站以内，其中多条线路乘坐站点中位数在5站左右，与图（a）所得结论相同。因此，结合图6反映的现象，乘客在使用地面公交时，多会在往返中选择同一条线路，并且乘坐距离多为5站以内，这表明出行者在使用地面公交时，可能以短距离的接驳为主。

从图7可以看出，相较于地面公交，城市轨道交通线路断面客流量的分布更为对称，说明出行者往返过程中更有可能选择同一条轨道交通线路。从断面客流量的分布情况来看，10号线、1号线、5号线等线路存在"瓶颈"

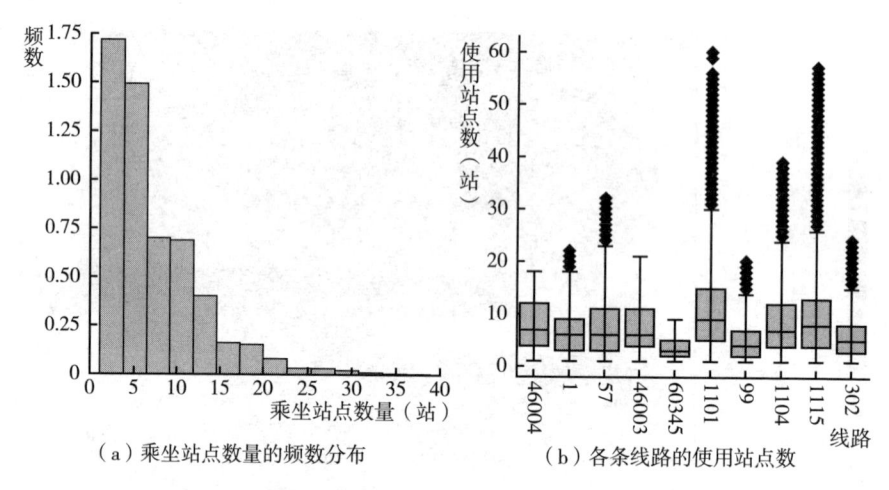

图6 地面公交乘客出行使用站点数

（a）乘坐站点数量的频数分布　　（b）各条线路的使用站点数

资料来源：根据相关资料整理。

路段，即在线路的某一区间处客流量显著高于其余区间，针对这一情况，优化运力资源和发车间隔，有利于提高多模式公共交通出行者的出行体验。

图8（a）是出行者使用轨道交通时乘坐站点数量的频数分布直方图，从图中可以看出，在使用城市轨道交通时，乘坐1站的记录数最多，之后频数下降；图（b）表示出行者乘坐轨道交通各线路时乘坐站点数的箱型图，从图中可以看出，大部分线路在乘客乘坐时使用的站点中位数在5站以上，并且各线路乘客使用站点数分布较为均匀，与图（a）结论一致。综合两图可知，城市轨道交通线路承载的断面客流量远高于地面公交，这与城市轨道交通运力大的特点有关；乘客使用城市轨道交通线路站点数在5站左右，结合轨道交通站间距长的特点，城市轨道交通为乘客提供了长距离快速的出行服务；结合城市轨道交通断面客流量对称分布的情况，可以得出结论：出行者主要使用城市轨道交通进行长距离的往返出行。

通过分别从时间维度、空间维度对多模式公共交通的客流特征进行分析，虽然可以得到一日内多模式公共交通的时间、空间客流分布情况，但难以掌握客流在细粒度时间下的空间分布。本报告将通过对典型线路进行分析，讨论客流的时空分布规律。

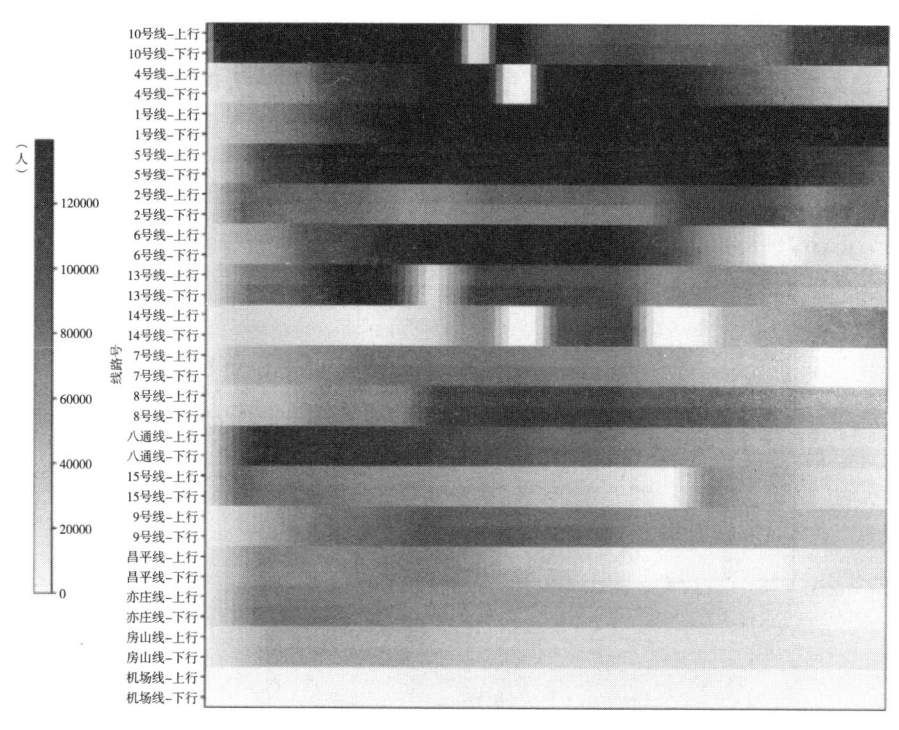

图 7 城市轨道交通线路断面客流量分布

资料来源：根据相关资料整理。

（a）乘坐站点数量的频数分布

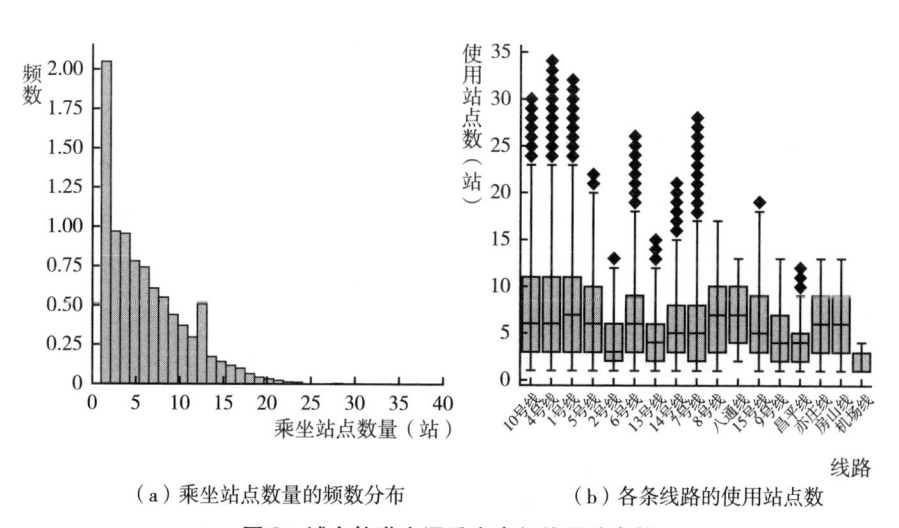

（b）各条线路的使用站点数

图 8 城市轨道交通乘客出行使用站点数

资料来源：根据相关资料整理。

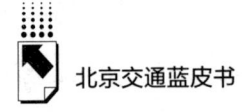

图9为快速公交4线不同时段的进出站刷卡量。从全天各站点进出站刷卡量来看，各站点的进出站刷卡量近似相等，说明在一天的时间范围内，出行者对上下行的需求近似。从图9可以看出早高峰与晚高峰存在明显的潮汐现象，即早高峰出站量较高的站点，其晚高峰进站量也相对较高，进一步验

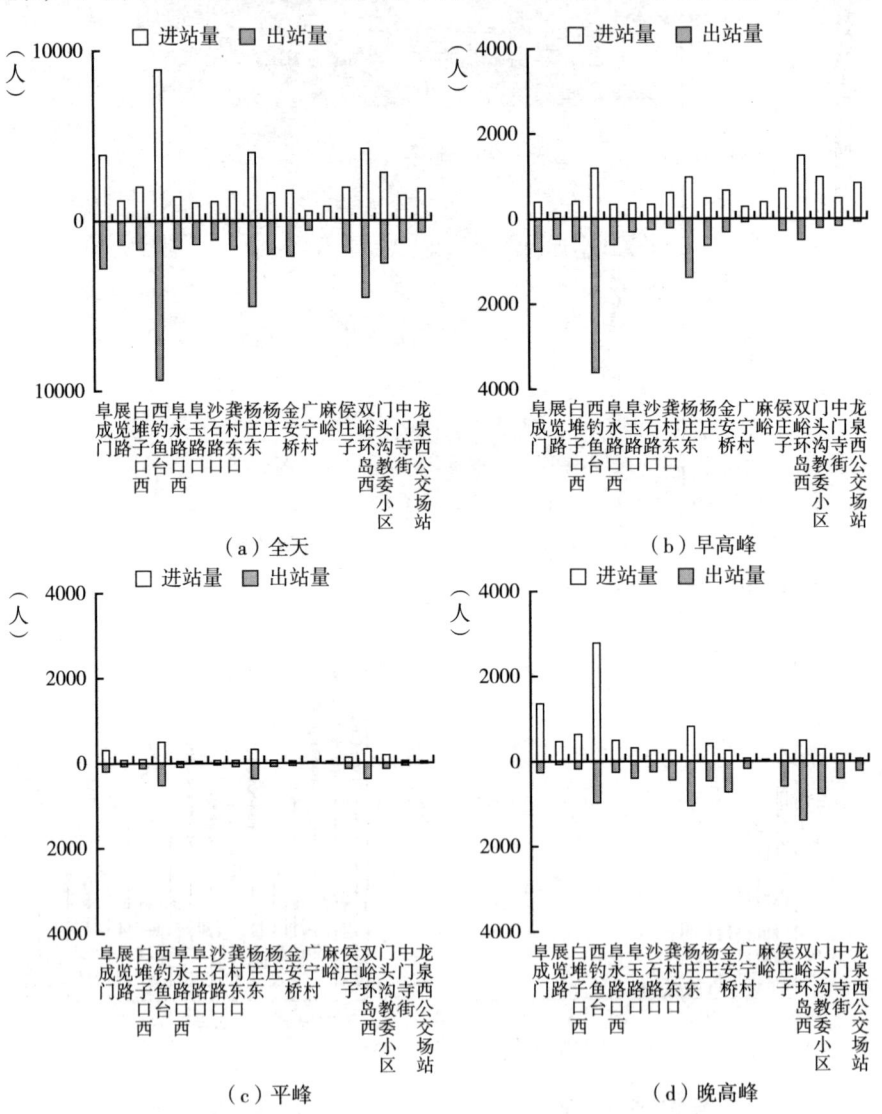

图9 地面公交线路（快速公交4线）不同时段进出站刷卡量

资料来源：根据相关资料整理。

证出行者在通勤出行等往返出行中对同一线路的选择。从图9刷卡量的时空分布可知，不同时段的客流量有不同的分布规律，这要求公交公司应在一天内合理安排发车间隔，使其符合乘客的出行需求。

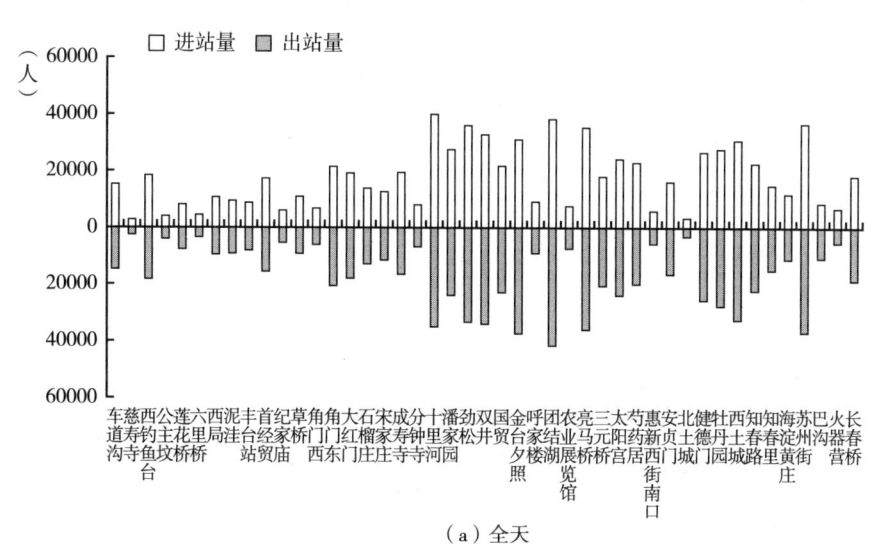

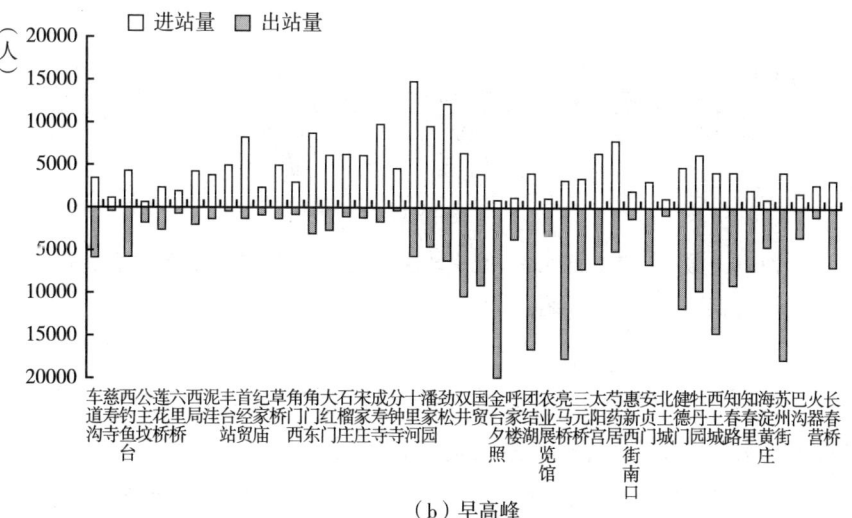

图10为北京地铁10号线不同时段的站点进出站刷卡量。从图10可以看出，10号线存在较为忙碌的站点，其进出站量高于其余站点，并且10号线站点进出站量同样具有潮汐现象。

（a）全天

（b）早高峰

(c）平峰

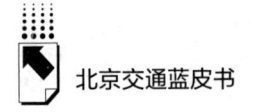

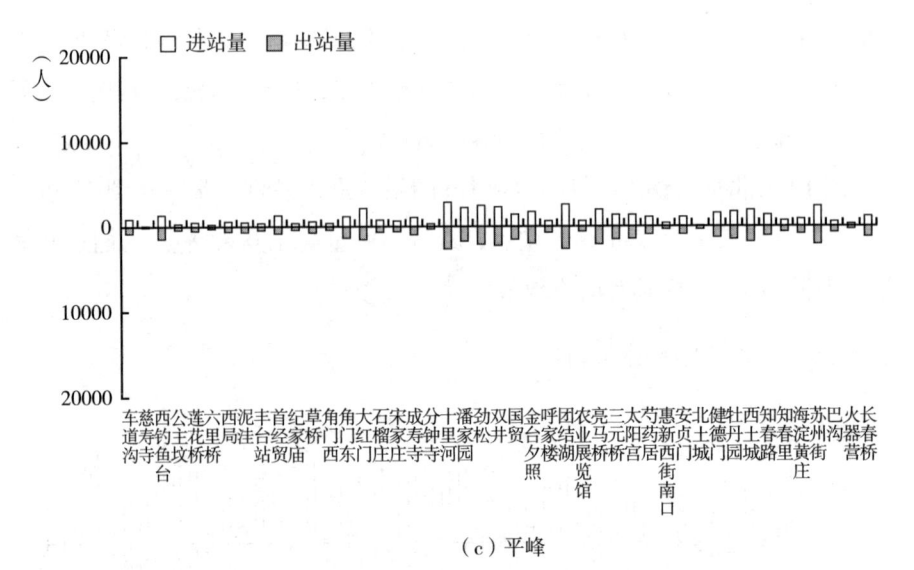

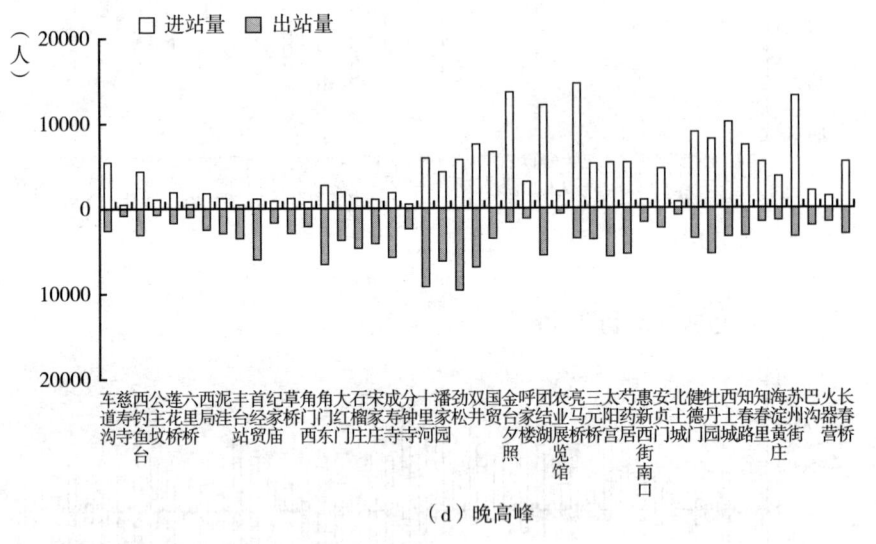

(d）晚高峰

图 10　城市轨道交通线路（北京地铁 10 号线）不同时段进出站刷卡量

资料来源：根据相关资料整理。

综上所述，多模式公共交通线路一日内刷卡量存在"双峰""潮汐"等现象，并在关键节点、线路关键区间存在一定的拥堵问题；多模式公共交通出行者多使用轨道交通进行长距离出行，使用地面公交进行短距离出行。本节对多模式公共交通线路使用情况进行了详细分析,并对线路的功能定位、发车间隔提出建议,但单线路的发车间隔优化容易导致乘客的换乘等待时间过长,应从站点角度考虑出行者的换乘去向,以便进一步优化。

(二)北京市公共交通换乘痛点分析

由于大量乘客的出行过程涉及多模式公共交通模式间的转换,为改善轨道交通并入造成的地面公交线路利用率不高的问题,应进一步加强地面公交对轨道交通的接驳功能。因此,对多模式公共交通换乘痛点进行分析,有利于提高公共交通网络整体换乘效率。从换乘时间角度切入,换乘时间分为步行时间和换乘等待时间,步行时间过长说明两换乘站点空间位置分布不合理,不利于换乘乘客快速到达换乘站点;换乘等待时间过长,说明时刻表协调运营不合理,有必要通过协调多方式时刻表提高乘客换乘体验。

一方面,本报告将平均换乘距离作为多模式公共交通站点间步行时间的评价指标,以北京市多模式公交站点 2016 年 5 月 11 日的换乘记录为基础,计算乘客在每个站点的平均换乘距离。根据分析可知,地面公交换乘距离较长且站点分布无明显规律,从北京市二环到北京市五环均有分布;与地面公交相比,城市轨道交通换乘距离过长且站点主要分布在北京市五环区域。鉴于城市轨道交通站点不可移动,地面公交应在轨道交通并入后,通过调整站点位置、新建站点等方法,缩小站点平均换乘距离,从步行时间角度提升出行者多模式公共交通换乘体验。

另一方面,本报告通过出行者步行速度计算多模式公共交通站点换乘等待时间,步行速度过快说明乘客在换乘过程中可能由于赶时间、车辆即将到达等因素加快步行速度;步行速度过慢说明乘客可能在到达站点后产生了等待时间,导致步行速度较低。根据分析可知,在多模式公共交通站点中,相较于换乘速度差值大于 0 的站点,换乘速度差值小于 0 的站点较多,并在多模式公共交通站点中占据较大比例,这说明乘客等待车辆到达是换乘时的常

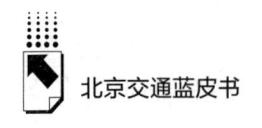

态。相比于城市轨道交通站点，地面公交站点的平均换乘等待时间更长，需要等待的站点数量更多。因此，合理规划多模式公共交通模式时刻表是提升用户换乘体验的关键。

（三）一体化换乘优化模型研究

本研究将在保证一定服务水平的前提下，减少线网总体运营成本，通过提升整体线网的换乘效率，构建高效的换乘网络，有效提升地面公交送达服务的水平。分层优化旨在充分调动城市内各种交通方式，建立良好的城市轨道交通、公交快线、公交普线、公交支线接驳换乘体系，形成高效的公交系统，以满足多种交通需求。在该类型的公交线网中，换乘行为难以避免，因而提高换乘效率将是线路优化中需要重点考虑的问题。在常规公交线路布设和优化中应尽量避免换乘行为，通过提高直达率、降低换乘次数能带来更高的客流量。同时，设计得当的换乘式公交线网不但可以减少企业开支，还可以通过高可达性、高换乘效率等特点吸引客流。规划模型以既有站点为导向，通过合理安排线路走向、提高线网整体运营效率，得到初始解集；根据不同线路组合对初始解集进行合理优化调整。

1. 基本假设

考虑公交需求随机性和网络系统复杂性，针对公交系统提出以下几点假设。

一是城市公交站点位置坐标已知；二是公交系统客流需求一定；三是研究范围为城市常规公交线网；四是公交快线、普线、支线相互独立，彼此之间无相互影响；五是乘客总是选择最短路径出行；六是由于换乘需要等待时间，每换乘一次则在总行程中增加固定换乘距离惩罚值。

2. 可达性模型

公交站点可达性为网络中一个交通节点到另一个交通节点的便利程度，一定范围内的乘客从各站点出发，通过公共交通线网获得的与其他站点相连接的阻抗的大小。阻抗用此点到其余各点的距离进行度量。公交站点的等级划分以站点可达性为基础，增加了各个站点之间的客流影响度，计算方法如下。

$$A_i = \frac{1}{\sum_{j=1}^{n} l_{ij}} \quad (1)$$

$$P_i = \mu \frac{A_i - A_{\min}}{A_{\max} - A_{\min}} + (1-\mu) \frac{O_i - O_{\min}}{O_{\max} - O_{\min}} \quad (2)$$

式中，A_i——第 i 站点节点的可达性

l_{ij}——第 i 站点到第 j 站点的出行阻抗

P_i——第 i 站点的重要度

μ——权重系数

O_i——第 i 站点的客流量

3. 换乘效率模型

乘客在出行中试图利用最短时间实现最大可达性，通过换乘换取更多的空间可达性以及出行效率的提升。评价某一换乘接驳型公交线网，需要利用换乘效率对在该线网下的乘客换乘行为进行定量分析。换乘效率与两站点间的可达性、可靠性系数、开行频率系数成正比，与换乘时间成反比。

可靠性系数是对该线网上某 OD 之间实际行程时间与乘客预期行程时间之间的偏差程度。偏差程度越大，说明该条线路的可靠性越低；反之，则可靠性越高。可由公式（3）进行计算。

$$f_{1ij} = 1 - \frac{|T_{ij} - t_{ij}^{trip}|}{t_{ij}^{trip}} \quad (3)$$

式中，f_{1ij}——可靠性系数

T_{ij}——第 i 站点到第 j 站点的实际行程时间，可由行程时间与等待时间之和近似代替

t_{ij}^{trip}——第 i 站点到第 j 站点的期望行程时间，可由行程时间近似代替

开行频率系数是由于线网结构调整后，公交企业将改变其发车频率，这

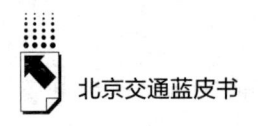

将减少乘客的换乘等待时间，从而提高线网的换乘效率。从企业运营组织来评价线网某 OD 之间由于开行长度的改变带来的换乘效率改变。可由公式（4）进行计算。

$$f_{2ij} = \sum_{k=1}^{n} F_k \times r_k \tag{4}$$

式中，f_{2ij} ——开行频率系数

F_k ——第 k 条线路的发车频率，等于平均运行速度与线路长度的比值

r_k ——第 k 条线路占从第 i 站点到第 j 站点的行程长度的比例

线网整体换乘效率计算方法如公式（5）所示：

$$E = \sum_{i=1}^{n} \sum_{j=1}^{n} \frac{O_{ij}}{l_{ij} \times t_{ij}^{trans}} \times f_{1ij} \times f_{2ij} \tag{5}$$

式中，E ——线网整体换乘效率

l_{ij} ——第 i 站点到第 j 站点的出行阻抗

t_{ij}^{trans} ——第 i 站点到第 j 站点的换乘时间

O_{ij} ——第 i 站点到第 j 站点间的客流量占总体客流量的比例

f_{1ij} ——可靠性系数

f_{2ij} ——开行频率系数

4. 优化目标分析

根据当前站点重要度对线路进行分类，可以分为干线、快线、普线、支线四种类型。干线一般由轨道交通线路构成，可将其视为固定不变。故城市公交线网的优化对象主要集中在快线、普线和支线上。可以将快线、普线、支线按照 1∶1∶2 的比例进行划分（Deng et al.，2012）。

（1）快线优化

快线承担城市大型交通集散点与枢纽点之间的运输服务，其主要特点是运输距离远、速度快、客运量大、停靠站少等。线路应尽量将可达性高的站点串联到一起，以提高线网整体可达性。因此对快线进行优化时，主要以快线层整体可达性最大为目标，将企业运营成本作为一项约束条件。

$$\max Z_1 = \max \sum_{i=1}^{n} \sum_{j=1}^{n} A_i^k \times O_{ij}^k \times x_{ij} \qquad (6)$$

式中，Z_1——快线层整体的可达性

A_i^k——第 k 条路线第 i 站点的可达性

O_{ij}^k——第 k 条路线从 i 站点到 j 站点的客流量

$x_{ij} = \begin{cases} 1 & i,j \text{ 在同一规划路径上为 1，否则为 0} \\ 0 & \end{cases}$

（2）普线优化

公交普线主要对公交快线未能覆盖的地区以及对轨道交通和快线公交进行接驳，其对企业效益以及客流集散、满足公交服务要求有重要作用。普线层将通过换乘行为连接更高可达性的快线层。故普线的优化目标应该主要集中在企业运营成本最小化和换乘效率最大化上，将服务水平作为约束条件。

$$\min Z_2 = \min \sum_{i=1}^{n} \sum_{j=1}^{n} C_{ij}^k \times x_{ij} \qquad (7)$$

$$\max Z_3 = \max E = \max \sum_{i=1}^{n} \sum_{j=1}^{n} \frac{O_{ij}}{l_{ij} \times t_{ij}^{trans}} \qquad (8)$$

式中，C_{ij}^k——第 k 条路线从 i 站点到 j 站点的运营成本

$x_{ij} = \begin{cases} 1 & i,j \text{ 在同一规划路径上为 1，否则为 0} \\ 0 & \end{cases}$

O_{ij}——第 i 站点到第 j 站点间客流量占总体客流量的比例

l_{ij}——第 i 站点到第 j 站点的出行阻抗

t_{ij}^{trans}——第 i 站点到第 j 站点的换乘时间

Z_2——普线企业运营成本

Z_3——普线换乘效率

E——线网整体换乘效率

（3）支线优化

公交支线主要用来满足公交线网密度、提高公交吸引力、提高非重要站点之间的可达性，设置时应充分与已经设置的快线、普线衔接，尽量减少重

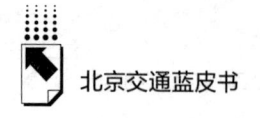

复。在这一层中，公交线网的可达性转化为线网的覆盖率，优化目标应为最高的支线层线网覆盖率以及最高的换乘效率。

$$\max Z_4 = \max \frac{\sum_{k=1}^{K} l_k - \sum_{k=1}^{K}\sum_{t=1}^{K}(l_k \cap l_t)}{\sum_{s=1}^{S} l_s} \tag{9}$$

$$\max Z_5 = \max E = \max \sum_{i=1}^{n}\sum_{j=1}^{n} \frac{O_{ij}}{l_{ij} \times t_{ij}^{trans}} \tag{10}$$

式中，$\sum_{k=1}^{K} l_k$ ——支线线路总长度

$\sum_{k=1}^{K}\sum_{t=1}^{K}(l_k \cap l_t)$ ——支线与快线重合线路总长度

$\sum_{s=1}^{S} l_s$ ——线网总长度

E ——线网整体换乘效率

Z_4 ——支线层线网覆盖率

Z_5 ——支线层换乘效率

O_{ij} ——第 i 站点到第 j 站点间客流量占总体客流量的比例

l_{ij} ——第 i 站点到第 j 站点的出行阻抗

t_{ij}^{trans} ——第 i 站点到第 j 站点换乘时间

5. 约束条件

公共交通线网的约束条件较多，主要分为单条线路的约束和整体线网的约束，本报告主要考虑以下约束条件。

（1）单条线路

①线路长度

$$l_{\min} \leq l \leq l_{\max} \tag{11}$$

该约束主要从居民单程出行可忍受最长时间结合公交车行驶速度来确定。

②非直线系数

非直线系数一般指某条公交线路实际走行路线长度与终点空间距离的比

值,其计算方法如公式(12)所示。

$$q_i = \frac{l_i}{d_i} \leq \left(\frac{l}{d}\right)_{max} \quad (12)$$

式中,q_i——第 i 条线路非直线系数

l_i——第 i 条线路的开行总长度

d_i——第 i 条线路空间距离

此外,非直线系数最大值一般取 1.4。

③起终点条件

进行线路优化时,将起点和终点作为优化的限制条件,起点和终点需要设置在相应可行的备选集中。

$$N_{ik} \in N_k \quad (13)$$

式中,N_{ik}——第 i 条 k 型线路的站点备选集合

N_k——第 k 条路线的可选站点集合

(2) 整体线网

①线路重复系数

公共交通线路重复系数是某区域公共交通线路运营总长度与该区域公交线网长度之比。一般在 1.2~3.1。

$$f = \frac{l_t}{l_s} \quad (14)$$

式中,l_t——某区域公交线路总长度

l_s——该区域公交线网长度

②企业运营成本

企业运营成本主要为车辆固定成本和车辆运营成本,车辆固定成本为车辆数与车辆单价的乘积,运营成本为车辆单位距离运行费用与运行距离的乘积。

$$C = C_v \times n + C_0 \times l_{ij}^k \leq C_{max} \quad (15)$$

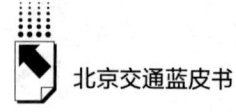

式中，C——总运营成本

C_v——单车固定成本

n——车辆总数

C_0——单位距离运行费用

l_{ij}^k——k 线路上第 i 站点到第 j 站点的距离

根据快线、普线、支线的不同特点，各约束条件取值范围如表 2 所示。

表 2 约束条件取值范围

约束分类	约束条件	快线线路	普线线路	支线线路
单条线路	起终点条件	一级、二级站点	按照客流量场站条件设置	一端为快线站点，另一端为支线站点
	非直线系数	1.3	1.4	1.5
	线路长度（千米）	10~30	10~20	10~30
整体线网	线路重复系数	1.2~2.5		
	企业运营成本	成本要求一般	成本要求严格	成本要求较低

资料来源：根据相关资料整理。

6. 分层优化模型

（1）快线优化模型

$$\max Z_1 = \max \sum_{i=1}^{n} \sum_{j=1}^{n} A_i^k \times O_{ij}^k \times x_{ij} \quad (16)$$

$$\text{s.t.} \begin{cases} l_{\min} \leq l \leq l_{\max} \\ q \leq 1.3 \\ N_{s1} \in N_1 \\ 1.2 \leq f \leq 3.1 \\ C \leq C_{\max} \end{cases}$$

式中，Z_1——快线层整体的可达性

A_i^k——第 k 条路线第 i 站点的可达性

O_{ij}^k——第 k 条路线从 i 站点到 j 站点的客流量

$$x_{ij}=\begin{cases}1 & i,j \text{ 在同一条规划路径上为 1，否则为 0}\\0\end{cases}$$

l ——线路长度

q ——非直线系数

N_{s1} ——第 s 条快线上的站点备选集合

N_1 ——快线可选站点集合

f ——线路重复系数

C ——总运营成本

（2）普线优化模型

$$\min Z_2 = \min \sum_{i=1}^{n}\sum_{j=1}^{n} C_{ij}^{k} \times x_{ij} \quad (17)$$

$$\max Z_3 = \max E = \max \sum_{i=1}^{n}\sum_{j=1}^{n} \frac{O_{ij}}{l_{ij} \times t_{ij}^{trans}} \quad (18)$$

$$\text{s.t.}\begin{cases}l_{\min} \leq l \leq l_{\max}\\q \leq 1.4\\N_{s2} \in N_2\\1.2 \leq f \leq 2.5\end{cases}$$

式中，Z_2 ——普线企业运营成本

C_{ij}^{k} ——第 k 条路线从 i 站点到 j 站点的运营成本

$$x_{ij}=\begin{cases}1 & i,j \text{ 在同一条规划路径上为 1，否则为 0}\\0\end{cases}$$

Z_3 ——普线换乘效率

E — 线网整体换乘效率

O_{ij} ——第 i 站点到第 j 站点间客流量占总体客流量的比例

l_{ij} ——第 i 站点到第 j 站点的出行阻抗

t_{ij}^{trans} ——第 i 站点到第 j 站点的换乘时间

l ——线路长度

q ——非直线系数

N_{s2} ——第 s 条普线上的站点备选集合

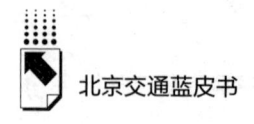

N_2——普线可选站点集合

f——线路重复系数

(3) 支线优化模型

$$\max Z_4 = \max \frac{\sum_{k=1}^{K} l_k - \sum_{k=1}^{K}\sum_{t=1}^{K}(l_k \cap l_t)}{\sum_{s=1}^{S} l_s} \tag{19}$$

$$\max Z_5 = \max E = \max \sum_{i=1}^{n}\sum_{j=1}^{n} \frac{O_{ij}}{l_{ij} \times t_{ij}^{trans}} \tag{20}$$

$$\text{s.t.} \begin{cases} l_{\min} \leqslant l \leqslant l_{\max} \\ q \leqslant 1.5 \\ N_{s3} \in N_3 \\ 1.2 \leqslant f \leqslant 1.8 \end{cases}$$

式中,Z_4——支线层线网覆盖率

Z_5——支线层换乘效率

E——线网整体换乘效率

$\sum_{k=1}^{K} l_k$——支线线路总长度

$\sum_{k=1}^{K}\sum_{t=1}^{K}(l_k \cap l_t)$——支线与快线重合线路总长度

$\sum_{s=1}^{S} l_s$——线网总长度

O_{ij}——第 i 站点到第 j 站点间客流量占总体客流量的比例

l_{ij}——第 i 站点到第 j 站点的出行阻抗

t_{ij}^{trans}——第 i 站点到第 j 站点的换乘时间

l——线路长度

q——非直线系数

N_{s3}——第 s 条支线上的站点备选集合

N_3——支线可选站点集合

f——线路重复系数

（四）求解模型

1. 线路寻优模型

本报告模型为 NP-hard 数学问题，故考虑采用遗传算法这一启发式算法来获取该问题的近似最优解。

公交站点分层优化问题可以理解为，在满足一定约束条件下，将不同分级站点的排序组合安排在不同的线路中，且每个站点只能出现一次。比如在快线层中可能有数条线路，这数条线路在满足一定的约束条件下需要有最大的适应度。该问题类似多旅行商问题，即从不同起点出发寻找多条路径，使总出行路径距离最短。所以，可以考虑以公交站点序号为遗传算法中的基因，按照站点序号的排序进行染色体编码，以贪婪算法进行排序的解码，再计算适应度函数值，最后通过遗传算法进化过程寻找全局最优解。

2. 线路组合优化模型

在线路寻优模型中完成对线网快线、普线、支线走向的初步确定。但是上层规划中快线、普线、支线之间相互独立，并没有考虑线路与线路之间的接驳影响关系，线网的运营效率等还有一定的优化空间。因此，下一步的规划模型将在各层线路之间进行协调优化调整。

任意两条公共交通线路可能存在以下三种关系：并行、相交和无关系。其中并行可分为全线并行和部分并行。针对其不同的关系给出相应的优化调整方法。

（五）案例分析

本报告采用提出的优化调整方法，对市区高流量、高重复系数线路进行优化，计算优化方法的优化空间。

1. 案例简介

以北京市中关村至魏公村沿线的 320 路、332 路、305 路公交线路为例，利用前文提出的优化调整方法进行验证分析，对优化调整方法的理论性进行验证。三条线路的现状如图 11 所示。

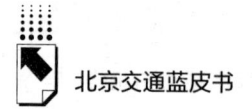

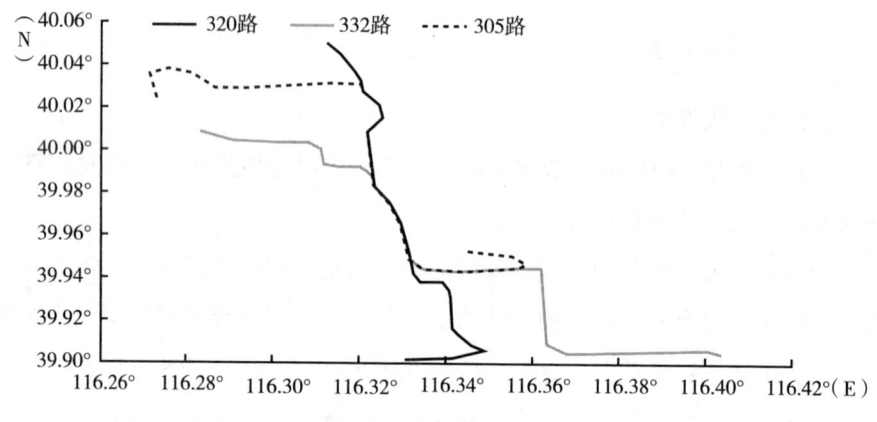

图 11　三条线路的现状

资料来源：根据相关资料整理。

线路基本概况如表3所示。

表3　线路基本概况

单位：千米

线路	覆盖站点编号	总长度
320	1∶33	18.85
332	34∶62	20.57
305	63∶97	20.81

资料来源：根据相关资料整理。

2. 线路寻优

该区域是北京市中心区域，客流量较大，且有早晚高峰现象。通过站点重要度分析确定快线、普线、支线三层站点集合，利用算法寻优得到如下线路，基本情况如表4所示。

3. 分析调整

通过观察线网形态，比选前文提出的几种组合调整方法，对该区域5条线路主要采取延长线路、调整走向、调整站点的策略。其中，支线2上地南口至上地七街路段4站走向与支线2其余站点构成的走向角度过大，线路非直线系数过高，故延长快线可以使线路衔接更加顺畅；由于快线经过的中关

表 4　线路基本情况

单位：千米

线路	覆盖站点编号	总长度
快线	13：29,43：51,74：92	12.01
普线 1	1：13,51：62,92：97,62：52,92：97	10.15
普线 2		7.52
支线 1	29：42,63：74	5.46
支线 2		9.29

资料来源：根据相关资料整理。

村至魏公村客流量较大，可以在此段增设线路，而普线 2 与支线 1 线路长度过短，可以将两条无关系线路中中关村至魏公村线路段进行合并，以缓解此段线路高峰时期的客流压力。调整后的线路情况如表 5 和图 12 所示。

表 5　调整后线路情况

单位：千米

线路	覆盖站点编号	总长度
快线	13：33,43：51,74：92	14.48
普线 1		17.07
普线 2	1：20,34：42,51：62,93：97	10.15
支线 1	63：74	6.78

资料来源：根据相关资料整理。

4. 对比分析

根据寻优调整以及线路组合调整方案，进行相关参数计算，如表 6 所示。
经过线路寻优，整体线网运营里程下降近 26%，可达性、换乘效率、开

表 6　相关参数

	总运营里程（千米）	线网可达性	换乘效率	平均可靠性系数	平均开行频率系数	平均换乘次数
原线路	60.2370	27.2261	0.1934	0.4652	0.9809	0.5360
寻优优化	44.4338	84.3721	1.0320	0.4153	2.1572	0.5704
组合调整	48.4900	84.2943	0.7773	0.5051	1.6175	0.4351

资料来源：根据相关资料整理。

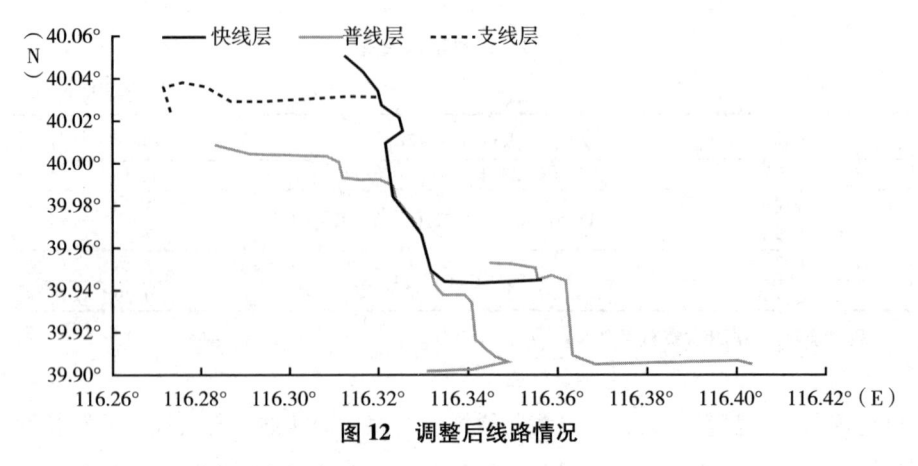

图12 调整后线路情况

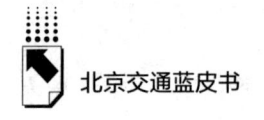

资料来源：根据相关资料整理。

行频率系数均有大幅提升，但线网可靠性降低，换乘次数增加。寻优线路方案能够显著降低公交企业的运营支出，同时通过换乘显著提升线网的运营效率以及乘客的出行效率，缩短线路长度。但由于换乘增加，线网的风险也会增加，最终使线网整体可靠度降低。

线路组合调整后，线路总运营里程下降近20%且线路走向更加顺直。由于对部分线路进行合并重组，线网的可达性、换乘效率以及开行频率系数均略微下降，不过仍高于优化调整前。但线网的可靠性系数有所提升、换乘次数减少，说明在该方案下，线网风险性更小。这表明该方案更加适合对公交服务可靠性需求高且位于客流密集区域的公交线路。

（六）研究结论与建议

1. 网络有机融合，提升应用体验

由于合并了部分重复线路，可能会产生部分换乘，但根据研究显示，对于2次以下的换乘，乘客的出行满意度无明显变化。以换乘效率为主要目标对北京市内多条线路进行优化，结果发现，线网运营总里程下降约5%，可达性提升约3倍，换乘效率提升约5倍。因此可以适当利用换乘，而不是盲目提高直达率和线网密度。

2. 减少运营里程，提高运行效率

研究发现，随着运营里程增加，线网整体的运行效率增加幅度会越来越小。在运营里程提升至满足基本需求时线网密度的1.40倍左右时，伴随运营里程的提升，网络整体运行效率变化明显。盲目增加运营里程和直达线路不利于公交的可持续发展。合理安排线路走向，使线网中每一条线路都能被高效利用，尽量避免空载率较高的情况。

3. 增加线路站点，减少线路条数

根据研究，发现在一条线路上增加站点数可以有效提高网络运输效率。同时增加线路数量也可以提高运输效率，但需要花费更大的成本。在达到相同网络运输性能时，增加站点比增加线路可以节省50%左右的成本。从实际应用出发，在线路上增加站点，用更少的线路覆盖更多的站点的优化方向是提高线网性能的有效且经济的方法。

4. 设置激励措施，提高换乘网络的使用效率

运营者可以通过提供便于换乘的网络来吸引更多乘客。通过设计简单、高效、重复率低的公交线网，运营者可以将换乘作为公交出行的一部分，鼓励引导乘客通过在换乘网络中中转到达目的地。将在运营里程中节约的成本转移到公交运营组织上去，提高公交发车频率、可靠性和运行效率，减少等待时间，从而吸引更多乘客使用公共交通。

三 骑行环境改善下的出行意向调查与分析

在诸多改善骑行环境的措施中，充分利用现有自行车道设施资源，对现有自行车专用道进行改善，往往能以较小的资金成本在最大的限度上改善骑行者的骑行体验。与建设高架桥形式的自行车道相比，改善现有自行车道具有更大的可行性、推广性与灵活性。鉴于此，本节将面向北京市现有交通条件，探究影响出行者骑行的关键环境要素，提出一种双向自行车专用道的设计方法，并基于居民出行意向调查结果，分析骑行环境改善对出行人选择的影响。

（一）调查目的、内容及方法

1. 调查目的

自行车骑行环境可定义为外界自行车道路基础设施因素对出行者心理、生理活动造成影响的所有外界力量的总和，骑行环境各类因素的水平高低决定了出行者对出行环境各项指标的评价，因此本节主要针对自行车骑行环境基础设施改善设计后居民出行选择行为进行研究。

2. 调查内容

本次 SP（Stated Preference Survey）问卷设计主要涉及四个方面的调查内容：一是个体属性因素调查，主要收集被调查者的年龄、职业、月收入等个人信息；二是个体出行特性调查，主要包括被调查者的出行时间、出行距离及出行费用等；三是给定出行场景方案选择调查，问卷设定了多种出行场景及骑行环境，提供了多种出行方案供被调查者选择；四是出行态度调查，主要通过态度量表收集并量化出行个体在使用自行车出行时的各方面心理态度数据，为后续建立结合态度潜变量因素的混合出行选择模型做好准备。

（二）调查实施与结果初步统计分析

1. 调查实施与数据回收

本次研究调查 SP 问卷主要通过问卷星平台进行发放并进行数据回收，调查时间段为 2021 年 3 月 16 日至 2021 年 4 月 3 日，SP 问卷发放区域为全北京市，最终获得有效问卷 525 份、出行选择有效样本数据 4725 条。

2. 个人属性统计分析

（1）年龄

被调查者年龄主要集中在 25~34 岁（占比约 50%），其次是 18~24 岁及 35~50 岁，占比分别为 21.14% 和 24.14%，说明本次被调查人群以青年人和中年人为主，未成年人和老年人较少。

（2）职业

被调查者职业以企事业员工及公务员为主，占比达 47.05%；专业技术人员、商业服务业人员及学生占比均在10%~20%；自由职业者、离退休人员及其他职业人员占比较少。被调查者职业分布范围较广，说明收集的调查数据具备一定的可信度。

（3）月收入

被调查者中，各收入水平人员分布较均匀。被调查者的月收入主要集中在6000（含）~15000元，占比为57.71%；且收入在6000元以下的，占比为33.53%；15000元及以上的高收入被调查者占比较少，仅占8.76%。被调查者的月收入水平整体分布情况与2021年北京市薪资水平基本吻合。

3. 出行特性统计分析

（1）年龄对出行方式选择的影响

50岁以下的年轻人及中年人选择地铁方式出行较多，占比近50%，公交车出行比例较小，仅占16%~17%；在50岁以上的老年人中这一情况恰恰相反，公交车出行比例迅速提升，地铁出行比例大幅减少。从调查结果来看，年龄越大的人越倾向于使用公交车出行，而地铁选择比例随年龄增长逐渐减小。

（2）职业对出行方式选择的影响

各职业群体对公交车、地铁、自行车、步行的选择比例均相差不大，不存在明显差异，选择较多的通勤出行方式是地铁与公交车，选择步行和出租车的比例较小。值得注意的是，学生群体选择私家车出行比例较低，这一现象与学生群体无稳定收入来源有关。

（3）月收入对出行方式选择的影响

各收入水平群体选择最多的出行方式仍然是地铁，占比为40%~50%；随着收入水平的增加，公交车出行选择占比逐渐降低，由23%降低至12%；而地铁出行选择占比逐渐升高，二者变化趋势相反；私家车出行比例随收入的增加而提高，与普遍认知相符；出租车及自行车出行比例变化不大，步行出行占比依旧极小。

（4）自行车骑行环境改变对出行方式选择的影响

随着骑行环境的逐步改善，公交车、地铁、私家车的分担率均显著下

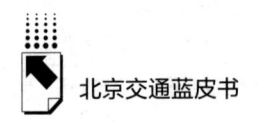

降,而自行车的分担率在骑行环境改善后迅速增加。在设置双向自行车专用道后,自行车的出行选择占比达到41.2%,这说明骑行环境基础设施的改善确实可以提高自行车出行比例,问卷中提出的骑行环境改善初步设计方案是合理可行且能够被出行者接受的。

4. 出行态度统计分析

表7展示了出行态度调查部分设置的15个态度量表问题的平均得分以及每个问题内各分值选项的选择比例。值得注意的是,出行偏好(HA)设置的两个问题是与自行车出行特性相反的描述,因为自行车出行一般不被认为是省力、快速的出行方式,因此对其分值进行了转换,以使其计分度量与其他问题保持一致。

表7 自行车出行态度调查量表数据统计结果

单位:%

潜变量	测量指标	问题描述	均值	占比				
				1	2	3	4	5
生活方式	LS1	我喜欢锻炼身体,追求健康	3.96	1.1	5.9	12.6	56.6	23.8
	LS2	我注重绿色环保	4.22	0.6	2.5	8.2	51.4	37.3
	LS3	我认为骑自行车有利于身心健康	4.22	0.8	2.9	9.1	48.2	39.0
	LS4	我认为骑行出行更绿色环保	4.54	1.0	1.9	4.2	27.8	65.1
出行偏好	HA1	我习惯更省力的出行方式	2.96	8.4	27.6	28.6	30.9	4.6
	HA2	我习惯更快速的出行方式	2.60	13.1	40.0	24.2	19.4	3.2
安全性	SF1	我认为北京市自行车道机非隔离措施到位,违法占道现象少	2.99	12.4	26.9	21.9	27.2	11.6
	SF2	我认为北京市自行车骑行受公交车进出站干扰小	2.98	10.1	29.9	22.1	27.6	10.3
	SF3	我对北京市自行车出行的安全性比较满意	3.39	5.7	18.9	24.6	32.4	18.5

续表

潜变量	测量指标	问题描述	均值	占比				
				1	2	3	4	5
便捷性	CV1	我认为北京市自行车停放方便，接驳公共交通快捷	3.74	1.3	11.6	21.3	43.4	22.3
	CV2	我认为北京市自行车骑行过马路、地下通道等方便	3.45	4.2	18.9	22.7	36.2	18.1
	CV3	我对北京市自行车出行的便捷性比较满意	3.85	0.6	7.8	23.6	41.7	26.3
舒适性	CF1	我认为北京市自行车道骑行空间大、路面平整、上下坡不费力	3.33	3.4	21.1	29.0	32.4	14.1
	CF2	我认为北京市自行车道绿化景观及遮阴效果良好，骑行时心情愉悦	3.61	4.6	14.3	19.8	38.5	22.9
	CF3	我对北京市自行车出行的舒适性比较满意	3.50	2.5	17.1	25.5	37.3	17.5

资料来源：根据相关资料整理。

（三）骑行环境改善下的出行行为分析

1. 随机效用理论

随机效用理论假定效用为随机变量，因此通常将效用函数 U 分为非随机变化的固定项和随机变化的概率项两部分，二者间关系一般以线性形式表示，若将出行者 n 选择方案为 i 的效用定义为 U_{in}，则 U_{in} 可表示为：

$$U_{in} = V_{in} + \varepsilon_{in} \tag{21}$$

其中，V_{in} 为选择方案 i 效用函数的固定项，ε_{in} 为效用函数的随机项。根据效用最大化理论，出行者 n 选择方案 i 的概率 P_{in} 可表示为：

$$\begin{aligned} P_{in} &= \text{Prob}(U_{in} > U_{jn}, i \neq j, j \in A_n) \\ &= \text{Prob}(V_{in} + \varepsilon_{in} > V_{jn} + \varepsilon_{jn}, i \neq j, j \in A_n) \end{aligned} \tag{22}$$

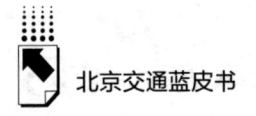

其中，$0 \leq P_{in} \leq 1$，$\sum_{i \in A_n} P_{in} = 1$；$A_n$ 为出行者 n 可选择方案集合。

2. NL 模型构建

（1）选择树构建

本报告构建的居民通勤出行方式选择 NL 模型结构如图 13 所示。

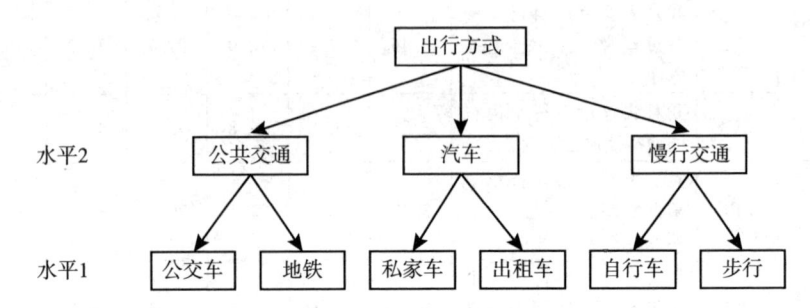

图 13　居民通勤出行方式选择 NL 模型结构

资料来源：根据相关资料整理。

（2）效用函数构建

各效用函数由两部分组成，水平 2 中仅与巢变化有关的固定项用 3 个固定哑元变量表示，用于刻画出行者在出行决策时对不同类型选择肢的主观偏好；水平 1 中包含各种出行方式固定哑元变量、出行特性变量及个人属性变量，而自行车出行方式额外包括了自行车骑行环境特性变量，令下层选择方案效用函数的尺度系数 $\lambda_1 = 1$。各选择肢效用函数如公式（23）至（28）所示。NL 模型变量说明情况如表 8 所示。

$$V_{\text{bus}} = \theta_1 + \beta_{Tim} X_{(1|1)n1} + \beta_{Cos} X_{(1|1)n2} + \beta_{Dis} X_{(1|1)n3} + \beta_{Age} X_{(1|1)n7} \tag{23}$$

$$V_{\text{metro}} = \theta_1 + \beta_{(2|1)} + \beta_{Tim} X_{(2|1)n1} + \beta_{Cos} X_{(2|1)n2} + \beta_{Dis} X_{(2|1)n3} + \beta_{Ocu3} X_{(2|1)n8} \\ + \beta_{Inc} X_{(2|1)n9} \tag{24}$$

$$V_{\text{car}} = \beta_{Tim} X_{(1|2)n1} + \beta_{Cos} X_{(1|2)n2} + \beta_{Inc} X_{(1|2)n9} \tag{25}$$

$$V_{\text{taxi}} = \beta_{(2|2)} + \beta_{Tim} X_{(2|2)n1} + \beta_{Cos} X_{(2|2)n2} \tag{26}$$

$$V_{\text{bicycle}} = \theta_3 + \beta_{Tim} X_{(1|3)n1} + \beta_{Cos} X_{(1|3)n2} + \beta_{Dis} X_{(1|3)n3} + \beta_{BLW} X_{(1|3)n4} \\ + \beta_{BTE1} X_{(1|3)n5} + \beta_{BTE2} X_{(1|3)n6} \tag{27}$$

$$V_{\text{walk}} = \theta_3 + \beta_{(2|3)} + \beta_{Tim} X_{(1|3)n1} + \beta_{Dis} X_{(2|3)n3} \tag{28}$$

表 8 NL 模型变量说明

选择方案		水平 2		水平 1											
		固定哑元		固定哑元			出行特性			自行车骑行环境特性			个人属性		
水平 2	水平 1	固定哑元	固定哑元	地铁	出租车	步行	出行时间（小时）	出行费用（元）	出行距离（千米）	车道宽度（米）	骑行环境（部分改善）	骑行环境（整体改善）	年龄（50岁以上）	职业（学生）	收入（元）
公共交通	公交车	1	0	0	0	0	$X_{(111)n1}$	$X_{(111)n2}$	$X_{(111)n3}$	—	—	—	$X_{(111)n7}$	—	—
	地铁	1	0	1	0	0	$X_{(211)n1}$	$X_{(211)n2}$	—	—	—	—	—	—	$X_{(211)n9}$
汽车	私家车	0	1	0	0	0	$X_{(112)n1}$	$X_{(112)n2}$	—	—	—	—	—	$X_{(112)n8}$	$X_{(112)n9}$
	出租车	0	1	0	1	0	$X_{(212)n1}$	$X_{(212)n2}$	—	—	—	—	—	$X_{(212)n8}$	—
慢行交通	自行车	0	0	0	0	0	$X_{(113)n1}$	$X_{(113)n2}$	$X_{(113)n3}$	$X_{(113)n4}$	$X_{(113)n5}$	$X_{(113)n6}$	—	—	—
	步行	0	0	0	0	1	$X_{(213)n1}$	—	$X_{(213)n3}$	—	—	—	$X_{(213)n7}$	—	—
参数		θ_1	θ_3	$\beta_{(211)}$	$\beta_{(212)}$	$\beta_{(213)}$	β_{Tim}	β_{Cos}	β_{Dis}	β_{BLW}	β_{BTE1}	β_{BTE2}	β_{Age2}	β_{Ocu3}	β_{Inc}

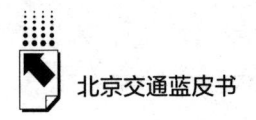

3. NL 模型标定与结果分析

使用 Biogeme 软件基于极大似然估计法对模型各变量的参数进行标定，并通过 t 值判断模型中各变量对出行选择行为的影响是否显著，通过 ρ^2 及调整后 ρ^2 的值判断模型的拟合效果，最终模型标定结果如表 9 所示。

表 9 NL 模型参数标定结果

解释变量	参数估计值	t 值
尺度系数		
$\lambda_{公共交通}$	3.39	5.99
$\lambda_{汽车}$	1.15	11.35
$\lambda_{慢行交通}$	1.87	5.41
水平 2 固定哑元		
公共交通巢固定哑元 θ_1	1.92	11.80
慢行交通巢固定哑元 θ_3	1.37	3.49
水平 1 固定哑元		
地铁固定哑元 $\beta_{(2|1)}$	0.35	5.39
出租车固定哑元 $\beta_{(2|2)}$	-1.46	-11.12
步行固定哑元 $\beta_{(2|3)}$	1.22	3.50
出行特性变量		
出行时间（小时）	-3.0300	-14.39
出行费用（元）	-0.0243	-6.68
出行距离（千米）	-0.0796	-10.72
自行车骑行环境特性		
自行车道宽度（米）	0.020	0.13
骑行环境哑元 BTE1（部分改善）	0.581	5.22
骑行环境哑元 BTE2（整体改善）	0.742	4.57
个人属性变量		
年龄（50 岁以上）	0.481	5.05
职业（学生）	-0.152	-3.55
收入（元）	0.147	5.43
总样本数	4708	
ρ^2	0.276	
调整 ρ^2	0.273	

资料来源：根据相关资料整理。

对表9标定参数结果进行分析可知，各变量的 t 值（绝对值）均大于1.96，满足95%的置信区间，加入各选择肢效用函数的变量均对出行选择结果产生显著影响；模型 ρ^2 及调整 ρ^2 值分别为0.276和0.273，均位于0.2~0.4的合理区间内，说明模型的拟合效果较好，可以对被调查者的出行行为特征做出较好解释。由于已令下层选择方案效用函数的尺度系数 $\lambda_1 = 1$，此时上层尺度系数 λ_2 应大于1。从表9可以看出，上层3个巢的尺度系数分别为3.39、1.15、1.87，均满足大于1的要求，说明模型的层级结构设置合理。

从各变量参数估计值来看，所有出行方式的出行时间、出行费用参数均为负值，说明通勤出行时各交通方式花费时间越久，费用越高，其对出行者的吸引力越低。公交车、自行车及步行的出行距离参数值为负，说明这三种出行方式相对地铁、私家车及出租车而言，出行距离越远则选择概率越低，其中原因可能各有不同：慢行交通由于出行距离的增加，需要耗费的体力也随之大大增加，因而出行者越不倾向于选择自行车及步行；而公交车由于属于地面交通，通勤高峰时段准点率及时效性较低，远距离出行时相比地铁花费更多时间，且到站时间无法准确预测，因而出行距离越远，居民出行越倾向于选择地铁。

上层公共交通和慢行交通的巢固定哑元参数值均为正值，可认为在无其他影响因素介入时，相比汽车，公共交通出行和慢行出行对北京市居民的固有吸引力更大。下层地铁出行的固定哑元参数值为正，说明与公交相比地铁对北京市居民通勤出行的固有吸引力更大，对参数值同样为正的步行亦是如此；出租车出行固定哑元参数值为负，说明在无其他因素介入时，出租车对居民通勤出行选择的吸引力不如私家车。

个人属性变量方面，年龄（50岁以上）变量参数估计值为正，说明老年群体更倾向于使用公交车出行；职业（学生）变量的参数估计值为负，表明学生群体更少选择私家车或出租车方式出行，该现象出现的原因与学生群体无固定收入来源，而私家车及出租车出行费用较高有关；与此相反，收入变量参数估计值为正，表明收入越高的群体越倾向于使用私家车及地铁方式出行。

骑行环境哑元 BTE1（部分改善）和骑行环境哑元 BTE2（整体改善）的参数估计值分别为 0.581 和 0.742，均为正值，说明这两个变量均对自行车出行选择概率的提升产生显著的正向影响。当骑行环境基础设施做出改善设计后，居民将更有可能选择自行车出行。BTE2（整体改善）的参数估计值显著大于 BTE1（部分改善）的参数估计值，说明相比仅设置机非物理隔离设施，将自行车道改建为双向自行车专用道对居民选择自行车出行的吸引力更大，将直线式公交站升级为自行车道后绕的岛式站台带来的自行车出行体验提升也要优于港湾式公交站台的设计。总体而言，问卷中设计的三类自行车骑行环境基础设施改善措施或多或少均对居民选择自行车出行产生了有利影响，这表明对现有自行车骑行环境基础设施进行改善是可行且有效的。

四 研究成果

本报告针对首都公共交通一体化高效换乘网络优化和北京市慢行系统出行品质提升提出以下几点建议。

（一）公交线网融合实施方案

基于北京市轨道交通与地面公交的空间线位关系、站点布局及衔接情况，提出与城市轨道交通网络相协调的地面公交线网优化调整建议。

第一，分层级有序调整地面公交线网。结合轨道交通线网，明确各地面公交线路在"快、干、次、微"地面公交层级中的定位，并有针对性地进行调整。

第二，优化地面公交站点布局。可通过调整站点位置、新增接运站点等方式对地面公交站点予以调整，缩短多模式公交线网站点间换乘距离。

第三,合理分段留存公交线路。通过分段留存、调整原公交线路定位,发挥公交对轨道交通的接驳功能,同时避免长距离低满载率公交线路的道路资源占用及运力资源浪费。

第四,运营方案的调整优化。应考虑多模式公共交通运营方案与出行者需求的交互作用,并依据轨道交通换乘站的列车到发站时间,合理优化地面公交时刻表。

第五,换乘信息的全面覆盖。通过完善多模式公交线网站点内换乘指引标识等静态信息,消除站点内换乘指引盲区,以减少乘客在轨道交通与地面公交间换乘时的徘徊时间。

第六,多模式公共交通换乘激励。通过换乘激励措施,补偿公交换乘行为可能增加的成本,减少乘客出行综合成本,以此引导出行者选择公共交通,以及实现公交乘客从"线路"出行向"网络"出行的转化。

(二)北京市慢行系统出行品质提升方案

第一,挖掘北京大规模自行车道网络的整体优势,尽快创建北京市自行车骑行快速路网体系,建立区别普通自行车道的高品质快速骑行网络,形成高品质的自行车道2.0。

第二,充分利用板块的城市干线与次干线道路两侧已有的封闭式辅路行车空间,在多板块的城市干线或次干线上建设"封闭性自行车快速路"。

第三,利用南延工程串联沿线南北各功能组团,在南延线路的周边相邻快速路、主干线道路修建"封闭式自行车专用道",修建以自行车专用路为骨干的区域快速路。

第四,在城市新建及改扩建道路时,应充分考虑慢行出行需求,改变"重车轻人"的设计惯性,保障行人与骑行人的权益。

第五,以完善轨道站周边道路设施为重点,优化形成"封闭式自行车专用道",实现门到门骑行服务。

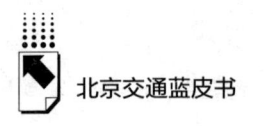

参考文献

黄杉、关宏志、严海：《轨道交通衔接方式选择行为研究——以北京市轨道交通为例》，《土木工程学报》2009年第7期。

唐清：《城市轨道交通站点接驳公交线路优化研究》，硕士学位论文，北京交通大学，2021。

王文红、关宏志、王山川：《Nested-Logit模型在轨道交通衔接方式选择中的应用》，《城市轨道交通研究》2008年第7期。

杨励雅、邵春福、李霞：《城市居民出行方式选择的结构方程分析》，《北京交通大学学报》2011年第6期。

袁润文：《配合城市轨道交通的常规公交线网调整研究》，硕士学位论文，北京交通大学，2008。

张海涛、单静涛：《大城市常规公交发展困境及对策思考》，《交通工程》2019年第6期。

C. Roman, R. Espino, J. C. Martin, "Analyzing Competition between the High Speed Train and Alternative Modes-The Case of the Madrid-Zaragoza-Barcelona Corridor," *Journal of Choice Modelling* 3 (2009).

E. Cipriani, S. Gori, M. Petrelli, "Transit Network Design: A Procedure and an Application to a Large Urban Area," *Transportation Research Part C: Emerging Technologies* 20 (2012).

H. T. Van, K. Choocharukul, S. Fuji, "The Effect of Attitudes toward Cars and Public Transportation on Behavioral Intention in Commuting Mode Choice-A Comparison Across Six Asian Countries," *Transportation Research Part A: Policy and Practice* 69 (2014).

L. Deng, W. Gao, W. Zhou, T. Lai, "Optimal Design of Feeder-Bus Network Related to Urban Rail Line Based on Transfer System," *Procedia-Social and Behavioral Sciences* 96 (2012).

L. Yang, Z. Di, M. M. Dessouky, Z. Gao, J. Shi, "Collaborative Optimization of Last-Train Timetables with Accessibility: A Space-Time Network Design Based Approach," *Transportation Research Part C: Emerging Technologies* 114 (2020).

B.6
2021年北京停车产业化发展模式研究报告

摘　要： 随着城市社会经济快速发展，北京市机动车保有量迅猛增加，停车设施需求快速攀升和供给不足之间的矛盾导致"停车难"问题日益严重，影响城市运行效率和安全。为解决这一问题，本报告从现有停车设施建设和利用情况、民间资本参与情况、现行路内停车管理策略和停车价格体系，以及郊区牌照管理现状五个方面对北京市停车产业化进程中存在的问题进行归纳。同时，本报告通过实地调研及文献阅读，在借鉴国内外城市先进管理经验的基础上，针对上述五个方面的问题提出针对性对策和改进建议，以解决停车难问题，进一步提高城市化水平。

关键词： 停车产业化　PPP 模式　北京市

一　北京市停车设施建设现状

停车设施是一个城市交通运行的保障，承担着服务管理的重要职能。北京市机动车数量快速增长，停车设施需求也不断攀升，但由于土地资源刚性约束、车位配建标准落后、投资回报率低、项目审批困难，北京市的停车设施供给不足情况严重，且已有停车泊位未得到合理利用，导致供需严重失衡。

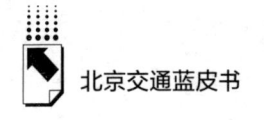

（一）供给情况

针对日益严重的停车难问题，北京市政府各部门逐步采取应对措施，但由于财政吃紧、建设效率低下，目前停车设施的数量已经越来越难以满足不断增多的停车需求。

2020年，北京市经营性公共停车场总计2579个，同比降低52.3%；现有经营性公共停车位总计707977个，同比降低58.4%（见图1）。北京市73%的经营性公共停车场和67%的经营性公共停车位都在中心城区。据《2020中国停车行业发展白皮书》统计，北京市路内停车位总数为7.6万个。

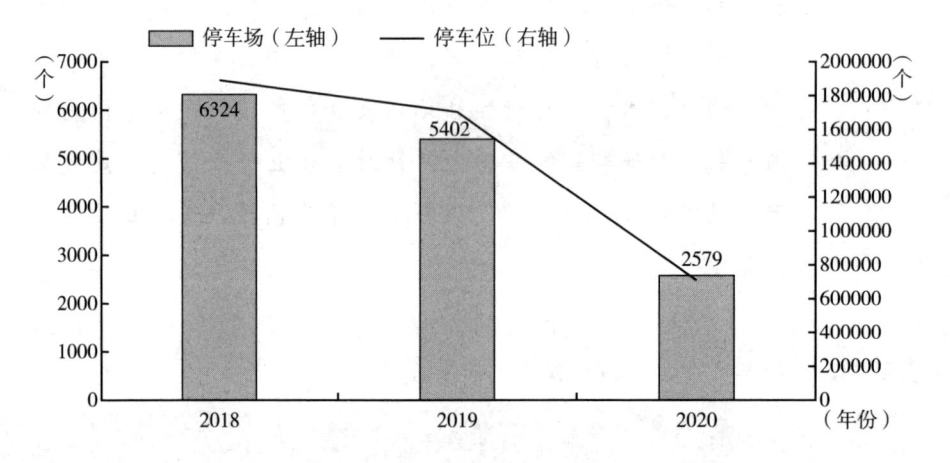

图1　2018~2020年北京市经营性公共停车场及停车位数量

资料来源：2018~2020年《中国停车行业发展白皮书》。

2020年经营性公共停车场数量大幅减少是因为在2019年8月16日，北京市交通委制定了《北京市机动车停车设施信息报送及经营性停车设施备案管理办法（试行）》，其中规定专用停车场不需要备案，因此2020年未对上述停车场进行统计。2019年北京市居住小区停车位740703个，占全部经营性公共停车位的43.4%。

2020年经营性公共停车场包括立交桥下停车场、路外公共停车场、公建配建停车场、驻车换乘停车场等（见图2）。其中，公建配建停车场的停车位最多，达342122个，占全部经营性公共停车位的48.3%；其次是路外公共停车场的停车位，占41.5%（见图3）。

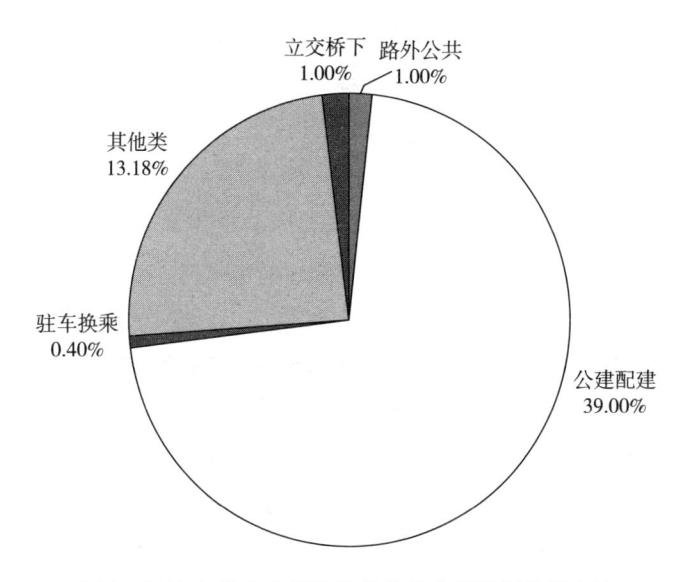

图2　2020年北京市经营性公共停车场数量及其占比

资料来源：北京市交通委员会。

（二）需求情况

2020年，北京市机动车保有量657万辆，同比增加20.5万辆，其中私人机动车保有量534.3万辆，同比增加21.3万辆。根据住建部《城市停车设施规划导则》要求，规划人口50万以上的城市，停车位的总量应为机动车数量的1.1~1.3倍，显然北京市存在较大的停车位缺口，且私家车出车率平均为47.5%，其在工作日出车率为49.8%，高于节假日的出车率（42.9%）。受新冠肺炎疫情防控常态化的影响，2020年北京市中心城区工作日小汽车的出行量占比有所提高，公共汽车、轨道等公共交通出行量占比显著下降，小汽车出行量占比的提高对停车设施提出了更高的要求。此外，

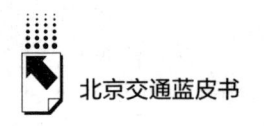

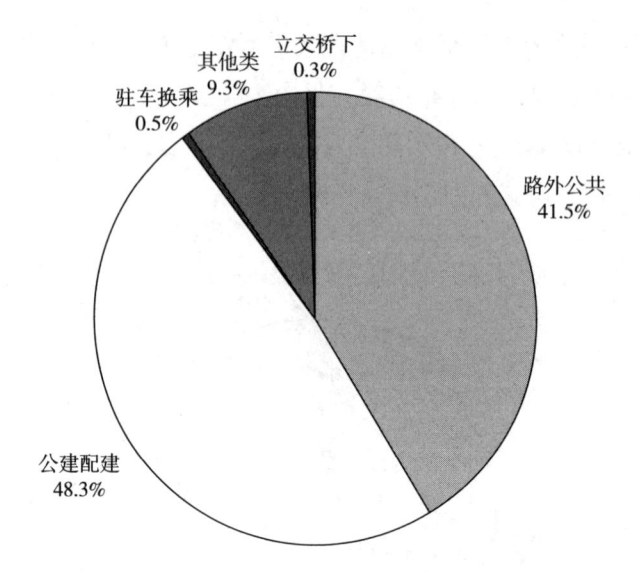

图 3　2020 年北京市各类别经营性公共停车位数量及其占比

资料来源：北京市交通委员会。

根据 2017 年的《北京市停车资源普查报告》，北京市住宅停车需求与住宅停车位之比为 1∶0.63。

二　加快建设及高效利用停车设施

2020 年 4 月，习近平总书记在讲话中指出，停车场建设对于完善城市化战略有着巨大的需求及发展空间。汽车保有量的强劲增长促使对停车位的需求迅速增加，导致北京市停车设施供给严重不足，供需严重失衡（李培洵，2016），"停车难"已成为影响城市运行安全和效率的主要矛盾之一。全面加快停车设施合理建设对于解决停车难问题和提高城市化水平具有重要意义。

（一）北京市停车设施建设存在的问题

为解决城市日益严重的停车难问题，2020 年北京市全面实施道路停车改革，在改革过程中要着重解决以下现实问题。

1. 停车场建设总量有限，停车位缺口大

截至2020年底，北京市路内停车位总数为7.6万个，路外停车位总数约为400万个。而与北京市机动车保有量相比，显然存在较大的停车位缺口，远未达到《城市停车设施规划导则》建议的1.1~1.3倍供需比例。市郊停车位需求与供给不平衡的情况更为严重。郊区仅拥有北京市27%的经营性公共停车场、33%的经营性公共停车位，却拥有北京市49.4%的人口、北京市91.6%的面积。

2. 现有停车设施利用率偏低

停车观念落后，路面随意停车现象仍然存在，且已对外出租的车位即使白天一直闲置也不对外开放，导致停车资源紧缺的同时部分车位被闲置。夜间停车同样存在利用率较低的问题，夜间公建停车位存在较大富余，有89万个，而夜间居住区却存在49万个的停车位缺口，因此，居民更倾向于占道停车，把车停在路内，这些车辆占比在13%以上。[①] 这种停车设施资源利用不均衡、共享效率低下的状况影响了夜间停车设施利用率。

3. 停车收费标准制定不合理

目前，北京市路侧停车收费仍保持2011年的标准，不仅与居民人均可支配收入不匹配，而且相比其他国内大城市收费标准较低。停车收费价格过低甚至免费，难以通过价格引导市民更多选择公共交通出行，且很多地区存在路侧停车场的收费标准低于路外停车场的情况，难以发挥价格杠杆作用促使停车需求从路侧向路外转移，影响路外停车场利用率。

4. 对违规停车的监管及处罚力度不够

目前，北京市对于违反禁停标志和禁停标线的车辆最多给予200元罚款和记3分的处罚，与国外惩罚力度相比较小，且与北京市人均可支配收入相比，罚款金额较低，难以发挥警示作用。部分设有禁停标志和

---

① 《北京停车资源普查报告发布 居住车位失衡缺口129万》，搜狐网，2017年8月30日，https://www.sohu.com/a/168347608_267106。

禁停标线的路段并未配置监控摄像头,"北京交警随手拍"举报平台的普及力度不够,仅靠交警执法,路内违章停车和"霸王车"停车现象无法根除(李文、耿乙喆,2017),因此难以对违章停车的行为进行有效监管。

5. 政府的财政资金压力大,社会资本参与热情不高

政府对停车设施的投资金额较大,除建安工程费用和土地开发成本外,政府每年还要负担一定数额的管理运营费用。位置的固定性、建设工期和运营周期较长等特点,使得投资风险较高、投资回收期限较长,使得政府的财政资金压力较大。但目前的投资政策在税收优惠、定价机制、权证管理等方面仍不明确,难以吸引社会资本参与建设。

(二)国内外城市停车设施建设及高效利用的管理经验

国内外一些城市停车产业的管理经验可为北京市停车设施的建设及高效利用提供借鉴。本报告对国内外城市的主要管理经验进行总结,并归纳为以下几点。

1. 建设立体停车库、机械式停车设施等挖掘公共停车泊位建设潜力

停车位缺口大、发展速度快、可建设空间小的城市,往往可以充分挖掘公共停车泊位建设潜力,增加空间泊车量。早在20世纪30年代,立体停车的管理手段便在美国出现,日本也于1966年开始推行停车场立体化建设,开发了通过电脑进行存取车辆的全自动立体停车库,从此取代了传统的自走式停车场(陈桂香,2012)。

香港特区政府建设多层停车库、机械泊车系统等空间使用效率高的停车设施,以提高停车位的利用效率。杭州市充分利用城市各类空间挖掘停车位建设潜力,使用了包括立体停车库,机械式停车设施,鼓励共建项目超配建,利用公园绿地、道路、广场等地下空间建设停车设施的多种方法(曹钟雄、陈振华,2018)。温州市推动建设的多层立体停车楼,停车面积不计入FAR指标。山西省学府智能停车楼作为目前全国最大的平面移动立体智能车库,运用了大数据智能导引技术,车主可通过车位预约、无感支付、智

能反向寻车来实现便捷停车,大大缓解了停车楼周围的停车压力(曹乔松、唐翀,2012)。

2. 加强停车监控管理,建立违规停车处罚制度

完备的法律规范是停车场高效建设运营的良好基础。日本的停车制度体系健全,可操作性强,几乎每一项政策都伴有实施细则。自1957年开始,日本陆续颁布《停车场法》《道路交通法》等多部法律,使其停车场的设置、建设与管理都具有了基本的法律保证。法律规范需要依靠群众执行。美国设立专门的停车管理机构,并通过制定《城市停车指南》《停车指导原则》等一系列规则形成了一系列的停车规范,从各方面予以书面规范,形成了经过广泛考察的、详细完备的制度体系(李国庆,2019)。

在对停车实施监管的同时,严格的处罚制度也能够提升停车管理的效率。美国纽约针对超时停车、违法占用停车位的行为采取高额罚金制度,相比较路内规范停车的收费价格,违规停车的处罚金额是规范停车收费单价的数倍,违规停车车辆还面临着被拖车的处罚;日本、澳大利亚、英国等采用记分处罚来规范停车;新加坡采用累加处罚方式,多次违规停车不仅罚金会翻倍,车主还会被依法拘留。

3. 推动停车产业化,创新投融资模式,积极引入民营资本

由于停车场建设资金需求大、盈利回收期长,民营资本难以轻易投入。美国政府运用停车税收债券、基建投资分配、设立停车场基金等多种方法保障停车场建设的资金投入,同时,一些州通过施行利益课税制度保障路外配建停车场的建设,使附属停车场的相关不动产所有者、相关企业负担部分停车场的建设费用。日本前期采用开发银行贷款制度、减免固定资产税和地方公共团体贷款等优惠政策鼓励民营资本进入,后期则利用NTT股票销售收入调整停车场无息贷款等金融贷款制度,再次降低停车场建设资金贷款门槛。

在国内实践中,2017年,杭州市成功发行"16杭运河专项债"停车场建设专项债券,同时,将社会力量投资公共停车场的建设划分为三种不同类型,分别给予政策补贴,并允许投资企业在经营年限内按规定自主经营收

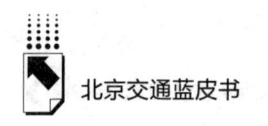

费,形成了优惠政策加配建标准、鼓励和约束并重的体系。山西省学府智能停车楼项目通过有机结合政府、社会资本、市场化运营,采用BOT(建设—经营—转让)模式引入民间资本。西安、天津等城市减免公共停车场建设费用,并针对周围经营环境的优化制定了细则,以吸引社会资本参与建设。

(三)北京市停车设施利用的相关建议

为加快推进北京市停车场建设优化,改善市民出行环境,加快完善城市化战略,结合国内外相关经验,本报告提出以下建议。

1. 加强停车场建设规划,增加郊区停车位供给

为落实《北京城市总体规划(2016年—2035年)》《北京市机动车停车条例》等的要求,北京市于2021年4月1日起实施地方标准《公共建筑机动车停车配建指标》,要求对北京停车位分区域进行差别供给。选择五环外的一些副中心城区及新城建设区作为统筹平衡区,采取上下限控制,适度增加出行车位的供给;将五环内的其他地区作为宽松调节区,指标采取下限控制,基本满足出行停车需求。这一标准的实施,为增设郊区停车设施创造了制度空间(常疆,2009)。首先,可以积极开发郊区的停车设施,为未来郊区机动车数量的增长提前做准备,方便郊区居民的工作与生活,解决未来可能在郊区出现的停车难问题(李宝军,2020)。其次,可以有针对性地打造更多的P+R停车场,尤其是可以在城镇节点规划建设立体停车楼,在车流量较大的功能区设立立体停车设施,这在很大程度上提高空间利用率,满足众多市民的泊车需求。最后,可以合理预测郊区未来停车需求,建设与郊区需求相当的停车场(李盼道、季大兴,2020)。

2. 设立公共停车设施建设发展专项基金

政府可以发挥财政资金的主导作用,以此促进公共停车场的开发建设,借鉴台湾地区的做法,设立公共停车设施建设发展专项基金,将路边停车收入和交通违规停车收入纳入其中,专项用于公共停车场的建设和运营。该基金的主要用途包括三个方面：一是支持市郊等经济效益较差的停车设施的投资建设；二是投融资补助，适当补贴民间资本投资公共停车设施建设的财务成本；三是经营初期补助，对经营初期，停车设施经营企业停车经营收入一时难以达到理想标准进行适当补助。而公共停车设施建设发展专项基金的管理，应当采取财政专户管理的方式，同时其资金使用年度计划可由相关主要部门制定，设置其专用补贴或停车场建设补贴，并将每年的费用收取及使用情况向社会公开，接受社会公众的集体监督。

3. 推动政府和社会资本合作（PPP）模式，引入民间资本

以政府为主导的停车设施建设模式已经难以从根本上保证停车设施建设，因此急需推进 PPP 投融资模式，应用 BOT 模式，充分发挥社会资本的作用，推动停车产业化发展（程世东、王淑伟，2017）。在 BOT 模式下，政府授予投资方特许经营权用来建设与运营停车设施，允许其在特许经营期内向用户收取相关的费用，待特许经营期满后，投资方将停车场资产及其所有权移交给政府。将 PPP 模式引入民间资本不仅可以解决财政资金不足的问题，分散政府投资风险，而且能够提升建设项目的运营效率，引进先进的技术、管理经验，在实际运作过程中，政府应提供必要的资金及政策支持，以提升民营资本参与停车设施建设及经营的积极性（丁瑞瑞、李盼道，2020）。

4. 平面停车场挖潜增效，推进停车设施错时共享

着重挖潜城区停车场，按照先地下、后地上，先盘活、后增建的思路优化平面停车场建设。对于地下停车场，先盘活现有资源，使用价格优惠等策略将地上停车需求迁移至地下，再逐步逐区增建，对于如废弃人防工程等易于改造的地下区域，先纳为增建目标（林依标、郑鸿，2017）。对于地上停车场，在边角土地、闲置费地、拆除建筑等区域建立小微电子停车场，最大限度增加停车位数量（黄昊，2018）。

推进停车设施有偿错时共享。在白天，居民的私家车位可以向周边商圈顾客及写字楼员工开放，夜间建筑配建停车场向周边居民区开放，

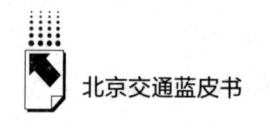

盘活现有的车位资源。大力提倡开放共享车位,可对共享停车场的车位收费予以价格补贴,提升市民对车位共享的认可度。社区应设立专门的管理组织,安装相应的监控设备,以保障居民的人身财产安全,并通过"互联网+"、大数据应用,实时更新车位空闲资源并提供计时计费服务,并且设定相关的限制条款和退出机制,在方便用户使用的同时提升用户的安全感。

5. 建设立体停车场,加大违规惩罚力度

城市建设空间限制了停车场的横向发展,对于停车资源供需紧张的区域,立体停车场能够充分利用有限的土地资源,在已完成规划的区域补建停车设施。立体停车场可划分为停车楼、机械式多层停车设施等种类,可以根据北京市需求因地制宜的进行建设,如大型商圈、车站等可参照山西省学府智能停车楼建立相应的停车设施,在路边、小区等停车位紧张,但不适宜建立高层停车设施的区域,铺开建设集约化停车设施,推动停车场纵向发展。立体停车场的建设在节省空间的同时面临着建设面积有限的问题,例如出入通道狭窄导致大型车无法通过、乱停车导致停车场堵塞等,因此,应在建设立体停车场的同时建立严格的监管处罚机制,可学习英美等国经验,在采取高额罚金制度的同时,增加拖车、拘留等严格的惩罚机制,以此加强立体停车场的停车管理(巩建国、朱建安,2015)。

6. 规范路内停车,完善收费标准

针对目前北京市路内停车收费水平低,且收费标准低于路外停车场的现状,本报告建议借鉴国内外路内停车差异化价格标准以及咪表运行模式,试点浮动价格制。通过安装路面停车感应器评估车位空置情况,系统根据实时停车情况,计算出不同区域的车位利用率,按需浮动收费价格。此外,为鼓励错峰出行,根据道路交通拥堵情况细分定价时段,实行阶梯式定价。在交通拥堵时收取较高费用,对汽车出行进行细化调控。

加大对违规停车的执法监管和处罚力度,积极在社区推广"北京交警随手拍"举报平台,通过给予积分兑换奖励等措施调动市民群众举报违法停车的积极性。同时，可以扩大执法人员的选择范围，选择事业单位人员帮助执法，赋予他们行政执法资格。在出现道路违章停车行为时请他们协助市公安交通管理部门进行执法。

7. 提升信息化水平，实现智慧停车

结合当前科技和信息化发展水平，可通过"互联网+"提高信息化水平，积极推动智慧停车场建设。在推动过程中，与动态城市交通运营的协调和联络，公安、交警等执法力量的监督，与大数据平台、城市综合交通信息平台的协调联络都要注意。

此外，为提高停车设施利用效率，通过建设如智能停车App一类的车主终端和停车引导系统，为停车用户搭建停车信息服务平台。该信息服务平台可以通过电话、网络等方式，为乘客提供不同的城市停车信息服务，从而提高用户使用停车库的便捷度，增加客户的黏性。未来，停车信息服务平台可与各种交通方式的资源信息相融合，按照建设城市现代综合交通运输体系的总体要求，打造出行信息服务一体化系统。

8. 优化公共停车设施利用体制机制

（1）优化行政审批制度

各级政府部门可开辟公共停车设施审批的绿色通道，进一步优化审批流程，缩短审批时间，通过减少或合并审批权限等，进一步降低项目的建设风险，更快地提供公共停车设施。例如，对于临时公共停车场项目的审批，发改委、规划局等部门联席审查会议的结果，可以替代原有的立项、规划等一系列审批方式，从而提高审批效率。

（2）优化公共停车场建设管理制度

由于公共停车场的投资、建设和管理需要多个管理部门审批，部门间政策不一致等因素会使项目难以推进，也容易引发投资者担忧。为此，政府应加强公共停车场的投资、建设、管理一体化，设立常设管理机构，起草和制定停车相关的法规、规章和相关政策，负责公共停车设施的投资、建设和协调工作，积极参与制定城市公共停车设施规划设计标准。

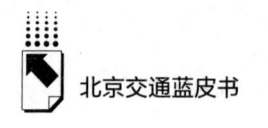

三 加快引入民间资本

《关于加强城市停车设施建设的指导意见》指出,吸引社会资本、推进停车产业化是解决城市停车难问题的重要途径。现阶段,北京市停车设施建设主要靠政府投资,财政资金压力大且缺乏效率,难以从根本上保证停车设施建设,急需推进PPP模式,引入民间资本。

(一)停车设施建设PPP模式应用现状

1. 停车设施建设PPP项目情况

2015年8月,《关于加强城市停车设施建设的指导意见》发布,鼓励采用PPP模式。根据《2020中国停车行业发展白皮书》,截至2020年底全国正在进行中的停车设施建设PPP项目数量为60个,投资总额为325.5亿元,其中项目分布最多的省(区)为四川、陕西和广西。[①] 本报告通过查阅财政部政府和社会资本合作中心数据库发现,目前北京市并没有实施停车设施建设PPP项目。

2. 城市停车专项债券

2015年4月,《城市停车场建设专项债券发行指引》正式印发。停车场项目经营现金流测算直观,项目结构设计相对简单,风险较为可控。国家发改委表示,城投公司发行停车场建设专项债券不受发债数量限制,并且国家也放宽了对财务指标和募集项目的要求,使得停车专项债券更受市场欢迎。截至2020年底,全国核准城市停车专项债券共1756.9亿元,其中2020年核准189.9亿元。根据中国债券信息网查询到的数据,北京市发行的城市停车专项债券包括2017年北京首钢房地产开发有限公司停车场专项债券,发行总额为11.8亿元,票面利率为5.49%。

---

① 北京清华同衡规划设计研究院有限公司静态交通所、中国重型机械工业协会停车设备工作委员会:《2020中国停车行业发展白皮书》,2021年8月。

3. 总结

通过上述分析可以发现，近年来主要是北京市政府和国企等推动停车场建设，与其他城市相比，北京市较少利用PPP模式和城市停车专项债券进行投融资，民间资本参与度非常低。由于配套政策不完善、静态收回建设成本时间长、投融资难度高、效益不可控等原因，民营资本对停车设施建设及经营欠缺活力，停车产业化程度不高。

（二）应用PPP模式引入民间资本存在的问题

长期以来，北京一直将解决停车难问题作为重要的民生工程，停车场建设采取政府主导、自上而下的模式，但实践效果并不理想，目前北京市停车设施建设仍存在以下问题。

1. 停车位缺口较大，供需不平衡

截至2020年底，北京市路内停车位总数为7.6万个，备案经营性公共停车位70.8万个，路外停车位总数约400万个。而北京市机动车保有量已达到657万辆[1]，且受新冠肺炎疫情防控常态化的影响，中心城区工作日小汽车的出行量占比有所提高，显然北京市存在较大的停车位缺口，远未达到《城市停车设施规划导则》建议的1.1~1.3倍供需比例，全面加快停车设施建设迫在眉睫。

2. 停车场配建标准存在历史欠账，配建比例失衡

2013年《北京住宅小区停车设施标准》颁布之前，2002年印发的《北京市新建改建居住区公共服务设施配套建设指标》指出，北京三环内的住宅小区每户分配0.3个车位，三环外的小区每户分配0.5个车位，与居民拥车水平存在一定差距，而同体量的城市上海、广州的车位配建标准最高分别可达到1.6个/户、1.8个/户。同时广州、上海、深圳等地的商品房配建标准均按照建筑面积进行细分，而北京仍以户为单位。可见北京市停车场目前

---

[1] 北京清华同衡规划设计研究院有限公司静态交通所、中国重型机械工业协会停车设备工作委员会：《2020中国停车行业发展白皮书》，2021年8月；北京交通发展研究院：《2020北京市交通发展年度报告》，2020年8月。

的配建标准仍处于较低水平，难以满足居民的日常停车需求。

3. 政府财政资金压力大，停车场经济属性指向市场化

长期以来，北京市利用成本较高的财政投资补贴汽车停车收费，若以停车设施的经济属性来看，北京市停车场应采用PPP模式引入民间资本（李雪梅、许红，2016）。居民购买产权车位应为私人物品属性，而停放公车、公交车等的免费专用停车场具有公共物品属性，对所有车辆开放的收费停车场的属性为准公共物品，其中路外公共停车设施的属性则更偏向于私人物品，其供给和服务应当是市场化产业，应当坚持"用者自付"的市场化原则。

4. 北京市停车设施建设PPP项目尚无先例，支持政策还不完善

《关于加强城市停车设施建设的指导意见》中鼓励采用PPP模式。截至2020年底，全国正在进行中的停车设施建设PPP项目数量为60个，其中项目分布最多的省（区）为四川、陕西和广西，但目前北京市还没有停车设施建设PPP项目。目前，北京市对于应用PPP模式引入民间资本还没有提出完整的扶持管控政策，对其支持力度也不够，土地政策也未能提供有效保障，加之路内停车位的低收费严重影响路外停车设施的利用效率，路外停车场建设成本过高，而运营收益无法保障，民间资本的投资意愿不高。

（三）国内外的先进经验和做法

1. 应用PPP模式引入民间资本建设停车场

（1）南京市：智能管理，停车设施项目多样化

2019年南京市秦淮区先行先试，申报了智能停车场设施建设PPP项目。该项目综合了多种形式，集合了多种智能管理技术，充换电站、储能、共享汽车等新技术、新业态在项目中实现综合应用，既提升了停车场利用率，也能以点带面，提升主城区的停车管理服务能力。该项目采取"使用者付费"方式，由社会资本融资、建设、运营，政府无须支付建设及运营费用。目前，白鹭洲公园西门停车场已于2021年2月试运行，有效解决了夫子庙景区、白鹭洲公园及周边小区停车难题。

(2) 西安市：为民间资本提供政策保障，设立选择社会资本方标准

西安市从 2012 年开始就陆续出台与停车场建设相关的政策，2016 年发布的《西安市人民政府办公厅关于加快推进公共停车场建设的意见》，为停车场建设有效吸引社会资本提供了有利的政策保障。2016 年，西安市政府发布《西安市公共停车场项目 PPP 合作实施方案》，开展 PPP 模式公共停车场设施建设，采用 BOT 模式与社会资本合作，通过公平、公开、公正、择优的原则选择合作的社会资本方。项目公司通过使用者付费（停车费、充电桩使用费及其他增值服务费）、停车场建设优惠政策弥补其建设投资、运营成本并获得合理回报。项目公司负责该项目的投资、设计、建设、运营、移交等工作。

(3) 任丘市：多元化经营，丰富社会资本方盈利来源

任丘市智能停车场建设工程 PPP 项目的政府方于 2017 年 2 月与社会资本方合作成立项目公司，项目公司拥有设计、投融资、建设、运营维护等特许经营权，并可获得停车费用、广告费用和配套商业设施运营收入与政府的可行性缺口补助。项目建设期结束时，若停车费用、配套商业设施运营收入以及广告收入总和低于基础的停车服务费，政府方将补贴不足部分的费用；若超过停车服务费 1.2 倍，超出部分由项目公司与政府方按照 6∶4 分成；若超过 1.3 倍，按照 5∶5 分成；若超过 1.4 倍，按照 4∶6 分成。由此，在保证社会资本方利益的同时，防范了社会资本方的超额利润。特许经营期限届满后，全部项目资产都需要无偿上交给市政府。

(4) 美国印第安纳波利斯市：延长运营期，分担社会资本方风险

印第安纳波利斯市是美国应用 PPP 模式的先行城市，该市 PPP 项目转让运营期长达 50 年，保证了社会合作方的长远利益，提高了社会资本参与停车基础设施建设 PPP 项目的积极性。同时，在政府收益方面，印第安纳波利斯市与社会资本方约定了两个级别的运营分成制度，明确规定了一个运营收入额度：当项目收入在该额度以下时，政府的分成占比为 30%；当超过该额度时，政府的分成占比为 60%。美国印第安纳波利斯市通过分成比例的创新型运营模式，实现了 PPP 项目各参与主体的多方共赢，并在经营效果不佳时分担了社会资本方的风险。

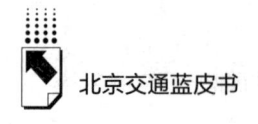

2. 提供建设资金支持

南京市作为新一线城市，其停车位的供需矛盾也极为突出，为此，南京市政府于2020年7月16日与社会资本方合作设立停车专项基金，重点投资公共停车场建设改造运营项目和存量停车资产，还将围绕智慧城市、智慧停车及停车产业上下游进行投资，项目预计将通过"存量车位盘活+增量车位补充"的方式解决停车难的顽疾，政府主体的参与也增强了社会资本方参与的信心。

3. 推出优惠政策吸引民间资本

（1）土地优惠政策

在停车场建设中，由于土地费用占比很大，一些土地流转优惠政策随之出台，以此来吸引民间资本。日本就曾制定城市基础设施优惠政策来支持停车场的建设。重庆市也在2014年提出通过行政划拨的方式来提供停车场建设用地。

（2）税费减免政策

公共停车设施建设中需要缴纳的建设税、所得税、房产税等给投资企业造成了一定的税负。国内外各个城市通过减免企业所得税、市政配套费减轻停车场建设企业的负担。国内杭州市提出免缴地下室易地建设费、城市基础设施配套费、临时占道费等费用来支持杭州市公共停车场产业化发展。日本则通过减免地价税及事业所得税、不动产所得税，优惠固定资产税减轻建造地下及机械停车场企业的负担。

（3）资金补助政策

泊位奖励及政府财政补贴为国内大多数城市对停车场建设的资金补助方式。南京市在2015年提出的泊位奖励是，地下停车场每个泊位奖励2万元，地上停车楼每个泊位奖励1万元；重庆市在2015年开始实施泊位奖励，地下停车场每个泊位奖励2.4万元，地上停车楼每个泊位奖励0.9万元~1.62万元。

4. 应用资产证券化引入民间资本

2018年1月31日，四川省投资集团有限责任公司主导的全国首单成功发行的停车场 PPP 资产证券化项目"川投 PPP 项目资产支持专项计划"在深交所举行挂牌仪式。该项目使 PPP 模式盘活存量资产的节奏大幅加快，并为国内范围内公共停车类资产盘活起到了良好的示范作用，是全国停车领域投融资创新的一次有益尝试。

资阳市雁江区停车场 PPP 项目总投资 3.09 亿元，合作期限 12 年。社会资本通过运用 TOT 模式介入具备良好现金流预期的城市停车场领域，盘活政府存量停车场资产，整合专业运营商及金融机构等各方资源，共同参与运营公共停车场项目，通过市场化手段提升运营效率以实现增加公共停车服务供给，有效破解城市公共停车难问题。

（四）应用 PPP 模式引入民间资本的政策建议

1. 应用 BOT 模式进行停车设施建设

在 PPP 运作模式的选择上，应该充分调动民间资本的积极性及能动性，以充分发挥其对公共停车场建设的促进作用（王艳珍，2018）。因此，可选择 BOT 模式作为停车设施建设的 PPP 运作模式。首先，政府授予投资方特许经营权；其次，取得特许经营权的投资方负责城市停车场的可行性研究、规划、融资、建设、验收等工作，并由投资方经营这些停车场（何兴华、魏文彬，2020），同时可借鉴西安市在经营期向用户收取停车费、充电桩使用费及其他增值服务费以获取合理回报的经验；最后，待特许经营期满后（一般为 10~15 年），投资方将停车场资产及其所有权移交给政府，也可学习美国印第安纳波利斯市延长经营期以调动社会资本参与的积极性。

2. 政府资金支持

因为停车场具有公共属性，所以在应用 PPP 模式建设停车设施过程中，政府提供部分建设资金支持也应区分不同情况。对于城市核心区，政府可以只给予政策优惠支持，而对于市郊等非核心区，政府可提供相应的配套建设资金支持（李盼道、李洋，2019）。也可借鉴台湾地区的做法，设立公共停车设施建设发展专项基金，将路边停车收入和交通违规

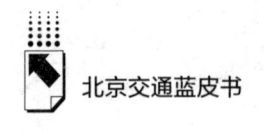

停车收入纳入其中，专项用于公共停车场的建设和运营，发挥财政转移支付的作用。

3. 土地政策及供应改革

（1）开展城市公共停车设施专项规划编制，保障土地供给

要结合城市土地利用强度和格局、城市发展形势和城市交通状况等因素，尽快、及时开展城市公共停车场专项规划编制工作，加强城市核心区、商业区、风景名胜区、大型住宅区等区域的停车场建设工作。充分整合地下空间，同时一定比例的公共停车场既要在规划建设的范围内，也要做到适度超前。此外，在年度土地储备中要为公共停车场的投资建设留出一定数量的土地，以此吸引民间资本投入，保证建设停车场用地的充足供应。

（2）对停车设施建设土地开发费用进行减免

土地开发费用是城市公共停车场建设过程中比较大的成本。针对民间资本投入的公共停车场，政府可以通过制定土地出让优惠政策以减免停车场建设成本，或者在制定商业停车场基准地价水平时，在相应区域综合商业设施基准地价水平的基础上，乘以相应的折减系数，从而扩大全面运营停车场与地区的差距，降低停车场经营土地出让价格的平均水平，引起民间资本的投资兴趣。

4. 政府政策支持

（1）优化停车设施建设行政审批程序，建立税费优惠制度

政府部门可开辟公共停车设施审批的绿色通道，通过减少或合并审批权限等方式，优化审批流程，减少审批时间。路外停车场具有明显正外部性，应该对其进行减税，例如免除其市政基础设施配套费、临时占道费等；对于具有明显负外部性的路内停车位，应对其征收税费补贴路外停车场建设费用。

（2）调整停车收费价格，允许投资者实行多元化经营

政府相关部门可提高路内停车收费价格，通过更高的停车成本来诱导车主在路外停车场停车（曾涛，2020）。此外，公共停车设施出入口200米半

径以内应不再设置道路停车泊位，加大对违法占道停车的处罚及监督管理力度。延伸路外停车场的商业化用途，如允许投资者在停车设施内部配建一定比例的商业用地面积，实行建筑面积的容积率奖励，将原建筑面积部分作为奖励，供投资者开展修理、洗车等相关的经营活动。此外，可借鉴河北省任丘市PPP项目的经验，允许投资者在外立面设置大型LED显示屏或户外灯箱广告等设施，并通过广告收益来弥补其部分经营成本。

（3）创新融资方式，拓展融资渠道

政府应鼓励创新停车场建设融资方式，鼓励经营企业扩展融资渠道。资产证券化是PPP项目的重要融资工具，近年来国家推动运用REITs模式对PPP项目进行融资，与ABS不参与基础设施项目的运营，只享有项目收益分配权不同，PPP+REITs形式能够使民间资本实际参与基础设施项目的管理，项目的运营统一交给专业的运营机构，通过发行证券产品募集资金，最终将项目取得的收益再分配给投资者。城市停车场项目作为一类优质的基础设施资产，未来发行公募REITs的前景广阔，政府应积极出台配套政策进行支持。

四 优化路内停车管理策略

相比于其他停车方式，路内停车更为灵活便捷，更加受到市民的青睐，但由于其具有一定的负外部性，因此在推动停车产业化的进程中需要对路内停车管理进行优化（李长波、戴继锋，2016）。自2019年北京市实行路内停车改革以来，道路车位的周转率明显提升、服务车次明显增多，到2021年底北京市共有1031条道路8.99万个车位实现电子收费，路内停车前端视频设备覆盖率已达99.4%。[①] 但是，北京市仍然存在路内停车模式单一、成本居高不下、收费机制不合理、支付方式不方便、违规停车现象频发等诸多问题。

---

① 北京交通发展研究院：《2021北京市交通发展年度报告》，2021年9月。

（一）北京市路内停车存在的问题

1. 现行停车设备模式和技术单一化且成本较高

自从推行停车收费电子化政策后，北京市各区道路管理相关停车企业几乎统一应用停车高杆射频设备。一方面，1个高杆支撑设备是一盒四眼，只能管理8~10个停车泊位，实际上受胡同、尽头等路况影响，高杆支撑设备往往管理不到8个停车泊位，加上后期维护，以及经常修路导致设备移动或者损坏，北京市为停车服务投入的成本大大上升，设备投入产出效率却降低（付春艳、张晓妍，2010）。高杆支撑设备过多，占地多并影响绿化及市容市貌。另一方面，管理部门要求停车企业配备一定数量的人员对区域停车情况进行管理，致使停车企业的人力成本不降反增。目前，北京市政府购买停车企业经营服务，导致这几年北京市政府对停车经营管理进行了巨大的投入，尤其是五环外的三类地区，由于停车收费标准低，但投入巨大，长期处于亏损状态。

2. 路内停车支付不便民

当前，北京市主要是通过"北京交通"App、"北京交通"微信公众号等渠道缴费，也可通过街道办服务窗口和全市22个ETC充值网点进行现金缴费，但现金缴费比较麻烦，多数人采用网络缴费，而网络缴费需要专门下载"北京交通"App，如果涉及停车的违规罚款等要去"交管12123"App上处理。除此之外，这几个App上其他功能很少应用。尽管缴费会有短信提示，但部分人由于各种因素可能会忘记缴费，无意间产生上百元甚至近千元的较高罚款，处罚过重，易引发受罚车主的不满情绪。虽然自2022年1月1日起北京市对欠费和处罚执行新的规定，但是支付仍然很不方便，部分人仍然会因为遗忘产生较高罚款，给车主带来不便及烦恼。

3. 违规停车现象频发，公安交通管理部门执法乏力

目前，北京市约有9万个路内停车位，但实际在路侧占道停车数量经常远超停车位数量。中心城区路侧尽管有摄像头，但仍然存在停车秩序混乱、违规停车现象频发的问题（张玲，2017；张熙莉，2018）。其中原因有多

种，主要是有些民众不愿承担路外停车费用、停车守法意识淡薄、公安交通管理部门执法乏力等。

（二）国内外主要城市路内停车的管理经验

1. 巴黎、上海：细化分区分类停车管理政策

巴黎市区面积仅105.4平方公里，但一共被划分为20个区，从其行政区划可以看出，区域并不是简单考虑地理因素进行划分的，而是结合文旅、商业等功能进行划分的，如1区，区内由于有举世闻名的卢浮宫博物馆等旅游场所，是游客区。目前，巴黎1~11区每小时的停车费为6欧元，12~20区为4欧元。居民停车可享受优惠价，年票为45欧元，日停车费为1.5欧元。若违章停车，1~11区罚款金额为75欧元，12~20区为50欧元。

上海市根据路内停车的临时停车功能，严格控制拥堵路段的道路泊位设置，大力推广时段性泊位，同时设置临时泊位以兼顾停车需求较大的重点场所（尹铭，2017）。《上海市停车行业发展"十四五"规划》明确指出，按照市级部门统筹协调、各区政府属地实施的分工，在主城区、郊区及其新城等不同区域，不只依据区域划分，而是针对住宅小区、医院、学校、商业、办公等不同的停车矛盾特征，明确分区分类管控要求，采取差别化、精细化的停车供给及需求管理政策。

2. 深圳：停车费缴纳方式多样化

为提供技术保障，深圳结合实际，确定采用"射频+手机+车位监测器"的技术模式，以射频无感支付为主要发展方向，以车位监测器作为车位状态监管的辅助工具。采用"预先缴费+事后缴费"的方式。预先缴费是停车位使用人停车后，通过手机软件启动停车缴费流程，并根据预计停放时间先行缴纳停车费，在付费时间届满前系统会提示停车位使用人续费。若选择事后缴费方式，在车辆驶离停车位后规定的时间内，提示停车位使用人缴纳停车费，如果逾期未缴费的，道路停车管理单位可在停车位使用人绑定的信用卡内扣除相应的停车费。

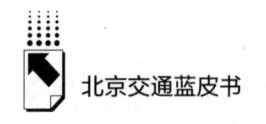

3. 杭州：停车费自动无感支付

地磁传感技术与无感支付技术的结合实现了智慧停车（王炎，2018）。2017年11月，杭州在全国率先上线道路停车无感支付，即开通支付宝免密支付，停车结束后，停车位使用人无须等待收费员来收费，不用掏现金甚至不用掏手机，就可以自动完成缴费。没有开通无感支付的车辆可以选择其他方式进行支付。

（三）北京市路内停车的优化建议

为了有序推进北京市路内停车改革，本报告提出如下建议。

1. 优化停车管理模式，降低停车经营成本

（1）研发应用多种停车设备或者停车管理技术及模式

加快高杆停车设备的更新和技术的进步，降低成本。高杆相关设备供应商、技术系统供应商以及软件供应商等宜从多家企业优选，打破过于集中的局面，从而能够加快高杆设备的技术赋能和技术进步。如在每个高杆上增加射频盒，就可以增加每个高杆设备管理的停车泊位数量，从而大大降低单个停车泊位的采购成本和维护费用；安装多头摄像装置，道路监控、治安监控、路口违法监控、测速监控等多头合一，通过信息化手段，数据可以在多个部门间共享，提升管理效率。

因地制宜，鼓励研发多元化停车设备及管理模式。停车设备及管理模式不宜一刀切，可以通过技术经济比较，根据道路情况、停车供需数量、管理可行性等选择经济适用、多种模式的停车设备及管理模式（刘吉光等，2018）。如北京市五环外，可以优化和应用深圳或杭州等低成本的停车设备及管理模式。

（2）优化对停车相关人员的管理及考核

现有的停车收费电子化政策与要求停车管理人员上岗率的政策相互矛盾，因此，本报告建议交通管理部门应优化对停车管理人员的考核方式，明确停车管理人员的工作职责，合理设定上岗率标准，从而减少停车企业不必

要的人员配备，真正实现减员增效。鼓励研究和开发智能技术，在条件成熟时，可以试点应用智能停车机器人进行管理服务。

（3）加快道路停车信息管理系统的建设和有效应用

加快信息管理系统的研发和有效性，一方面为车主提供道路停车位实时使用情况，缩短车辆寻找车位时间，方便车主，同时减轻道路交通压力；另一方面帮助管理者实时掌握车位停泊情况，提升停车管理效率。

2. 增加和优化停车收费模式，方便车主缴费，避免停车欠费

（1）增加信用卡停车收费模式

无论是事前充值缴费，还是事后上网专门缴费，北京市目前的道路停车缴费方式都比较麻烦（余璨璨，2018），而且停车费本来不高，延时罚款却很高，容易引发车主不满。借鉴深圳和杭州的经验与教训，北京市停车收费模式应该进行优化改革，为老百姓做实事，可以在沿用当前多种缴费模式的基础上，增加采用绑定信用卡的无感支付缴费模式。用信用卡直接扣款支付，简单方便，还可以减少后续的短信发送等管理行为，这样会大大降低成本，提高效率，而且能解决停车欠款问题，减少市民无意导致的处罚，从而大大减轻停车人的经济负担和减少其不满情绪。

（2）进一步优化现行支付方式

现行大部分人下载"北京交通"App 主要用于支付停车费，其他功能几乎没有应用。因此，可以考虑将"北京交通"App 与"交管12123"合并，或者把与城市交通相关的所有功能和服务都合并成一个 App，加大宣传并应用。同时，可以与其他广泛应用的微信或者支付宝进行合作。总之，方便停车费用支付，减少停车欠费甚至罚款等行为，从而提高百姓的幸福感和获得感。

3. 大力宣传，加强违停执法管理

加大与停车相关的各种宣传，如停车付费新方式、停车信息管理系统的应用等，特别是要宣传行车及停车守法理念，引导公众逐步养成规范停车的习惯。严格执法，加强违停执法管理（周晨静、冯星宇，2017）。

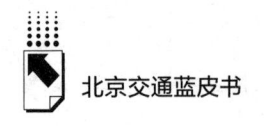

五 停车价格体系的优化

为解决停车设施需求快速攀升和供给不足之间的矛盾导致的"停车难"问题,专家学者提出了很多解决方案,其中利用"价格与需求"的经济杠杆,即通过改变停车位的收费标准,引导人们出行方式和停车方式的改变,已经得到了社会各界的认可。

(一)北京市停车收费存在的问题

1. 停车收费价格较低,价格杠杆难以发挥实用

北京市路内停车自2001年开始收费以来,虽然也经过了几次调整,但收费金额仍维持在2011年的标准。但2011年北京市职工月平均工资为4672元,2020年北京市人均月薪已经达到11187元,停车收费价格并未随着收入的增长而变化。此外,与国内其他大城市进行横向对比可以发现,上海、南京等城市的收费标准已超过每小时15元,远高于北京。通过纵向和横向的对比可以发现,北京市停车收费价格较低(李雪梅、许红,2015),难以通过价格引导市民更多地选择绿色出行,从而缓解交通拥堵。

2. 路内停车收费机制粗放,没有实行动态管理

尽管目前路内停车按照三类区域实行差异化收费,但价格杠杆的作用无法得到充分发挥(唐伯明、曾超,2015;杨德威,2018)。首先,只分三类区域,过于粗放,未充分考虑功能区和不同区域停车特点,未充分考虑不同时段停车特点;其次,路外停车收费价格调节灵活,而路内停车收费价格比较固定,没有进行动态管理,导致有些地方的路内停车价格大大低于路外停车价格,没有起到对外引流的作用。

3. 停车收费标准制定较为笼统,精细化程度不够

随着科学技术的不断发展,城市交通进一步发展,加上电子收费系统上线后停车大数据收集的可行性明显提高,城市交通管理部门对停车收费标准的制定提出了更加具体的要求。现有的北京市停车收费标准的制定、更新逐渐已经无法适应当前城市管理的需要（荣军，2018），无法对停车人的停车偏好进行预测、对道路停车进行价格诱导。北京市需要在现行环境下提高停车收费政策的管理效能，不限于制定静态的阶梯收费标准，更期望能够根据车位数量、区域位置等因素设计动态停车收费模型。

（二）国内外主要城市停车收费的管理经验

1. 中国香港：限时停车，严格处罚

香港的路内停车位只用来满足短暂的临时停车需求（王庆华，2017）。香港设立了遍布全港的咪表车位，路内停车收费以15分钟为单位，按照颜色划分停车时限，黄色的咪表时限为半小时，咖啡色的为一小时，蓝色的为两小时。按照规定，停车时长最多为6小时，但是停车时间需要分次购买，超时则按次续费。香港的《道路交通（泊车）规例》对道路范围内的停车管理进行了详细的规定。路内停车由警察负责管理，香港警察执法非常严格，违规停车即属犯罪，每次罚款2000港币。路边咪表停车位由辅警辅助粘贴罚单，每张罚单320港元，罚金虽然不高，但巡警每隔一段时间会再来，罚单可以累加且无上限，任何人在泊位处连续停泊车辆超过24小时，可处罚款2000港币及以上。

2. 旧金山：动态调整的停车价格机制

旧金山通过SF Park示范项目实施动态调整的停车价格机制以提高停车泊位的利用率和市民的停车便利度（苏奎等，2014）。旧金山通过安装路面停车感应器，评估车位空置情况及停车需求状况，以不同街区停车位利用率为基础，通过咪表动态调整停车价格，实现差异化定价，在满足市民停车需求的同时，提高停车泊位利用率。此外，高峰和非高峰时段实施不同的停车收费定价，以缓解交通拥堵，鼓励错峰出行。

（三）停车收费体系的优化建议

为合理确定停车场收费定价策略，本报告针对现有的问题提出如下

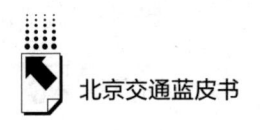

建议。

1. 提高路内停车价格，引导车主在路外停车

针对目前北京市路内停车收费价格较低，且普遍低于路外停车场的情况，应对价格进行相应的调整，通过价格杠杆引导市民在路外停车场停车（朱颐和、姜思明，2017；张黔丰，2019）。通过纵向和横向的对比，北京市路内停车收费价格维持在2011年标准，且较国内其他大城市较低，无法通过价格引导市民更多选择绿色出行。因此，结合北京市居民人均可支配收入及其他城市收费标准，本报告建议提高路内停车收费定价，一类区域由首小时10元提高至15~20元，其余区域和时段在此基础上也进行相应调整，引导市民选择在路外停车场停车，以缓解路内交通拥堵，保障路内交通安全，提升路外停车场利用效率。

2. 实施"三精"管理模式，以产业化整体布局设计价格体系

研究实施"三精"管理模式——精准定价、精确计价、精细调价。

（1）精准定价

实施多等级分类，差异化定价，可以分功能、分城区、分道路、分时段等。借鉴巴黎和上海的经验，首先，整体考虑功能分区，分为医院、学校、商业、文旅、办公、住宅小区等不同功能地区，其停车矛盾差异较大；其次，北京地方大，要结合考虑不同城区以及不同道路的实际情况；再次，不只划分白天和夜间时段，要进一步具体划分工作日和非工作日，以及高峰时段和非高峰时段。在繁忙区域高于其他区域、中心区域高于边缘区域、高峰时段高于非高峰时段的基本原则指导下，精准研究制定多等级、差异化的路内停车价格标准。

（2）精确计价

实施多阶梯递增式停车收费方式。在精准分类的基础上，精确计价，研究实行多阶梯递增式停车收费方式。建议白天路内停车的计费单位可以根据不同区域精确制定，不宜一刀切，繁忙地段可以半小时甚至十分钟为计量单位。在停车时间超出一定计量时段之后大大提高价格，满多个计量时段价格将成倍增加，实行多阶梯递增式停车收费方式，从而引导市民缩短路内停车时间,提升停车资源的利用效率,从而鼓励市民绿色出行,实现"路是用来走的,不是用来停的"终极管理目标。

(3)精细调价

加快路内停车收费价格动态调整。北京市 2011 年起修定了路内停车收费标准,此后一直未有变化,横向比较处于较低水平。而且,2019 年提出的路内高于路外、地面高于非地面等定价原则并没有完全实施,有些道路出现价格倒挂的情形。因此,结合停车产业化的整体布局,北京市需要精细调价,加快路内停车收费价格的动态调整,应实时考虑周边路侧停车定价,通过价格杠杆引导长时停车从路内转向路外、从路面转向地下,顺畅路内交通,同时提高路外停车场利用率和收益。另外,调价还要精细考虑需求状况、停车费用与公共交通票价和汽油价格的比价关系,居民价格消费指数(CPI)及季节性停车需求变化等。

3.完善居民居住认证停车收费标准

居民居住停车认证主要以趸交方式,且各区和街道根据自身每年供需情况动态调整,出行认证停车应在结合道路常规收费标准的基础上,将白天与夜间停车的资格与收费进行统筹管理,尽可能为周边居民的夜间停车提供应有的车位。另外,同区或者相邻社区附近的居民居住停车与出行认证路段应根据周边居民办理停车证需求数量动态管理停车位及调整收费价格。

六 设立郊区绿色牌照

近年来随着北京市经济社会发展,郊区人口数量逐渐攀升,郊区小客车的供需结构问题越来越突出。适度放开郊区车牌,是需求侧改革和供给侧改革的高效对接,可缓解北京市中心城区出行压力,也符合促进城乡一体化发展、疏解非首都功能的要求。国内上海、天津、杭州等大城市已实施郊区牌照管理制度,北京市小客车郊区牌照需求呼声高涨。

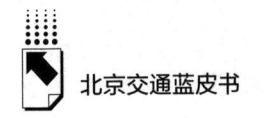

（一）北京市郊区牌照管理存在的问题

1. 郊区外埠牌照车辆增加，不利于规范管理

北京车牌摇号政策自2011年起实施，至今已过10年。随着郊区体量扩张、人口承载能力增强，统一的车辆管理制度难以精准地满足各区市民的交通出行需求，极低的摇号概率使得有刚性出行需求的北京市郊区居民不得不退而求其次，选择办理外埠车牌。但是，外埠牌照的增加给北京车辆的规范管理带来了负担，也不利于首都良好交通形象的树立，使车辆购置税款外流，甚至催生了代办外埠车牌等违法业务。近十年来，北京市郊区人口增长了近300万人，中心城区人口减少了200万人。① 未来五年，北京城市格局将逐渐从"单核"走向"一主一副多点"，产业分布逐渐从"聚集"走向"分散"，人口的聚居将被重新布局。郊区小客车的供需结构问题将越来越突出。

2. 新能源小客车购买政策未放开，新能源小客车的推广受限

截至2020年北京新能源汽车总保有量远高于上海、广州、深圳三个城市，而新能源汽车保有量占比却最低（见图4）。由于北京中心城区小客车出行压力大，全市指标调控系统对新能源小客车的限制还未完全放开（温俊，2018）。但如果在郊区开放新能源小客车的使用，可以显著提升北京市新能源小客车的保有率（邵丽青，2017），同时通过制度引导现有油车有序退出，通过提高新能源充电设施覆盖率来刺激新能源汽车的购买与使用，改善空气质量，提升城市形象。

3. 中心城区和郊区拥车密度、用车强度差距较大

根据北京市各区机动车保有量和常住人口数量可计算得出北京市各区小客车人均保有量——城六区人均保有量均在0.3万辆~0.6万辆，而远郊区如平谷、怀柔、密云、延庆普遍低于0.3万辆，可见小客车保有率自中心至

---

① 《北京市第七次全国人口普查主要数据情况》，北京市人民政府网站，2021年5月19日，http://www.beijing.gov.cn/gongkai/shuju/sjjd/202105/t20210519_2392877.html。

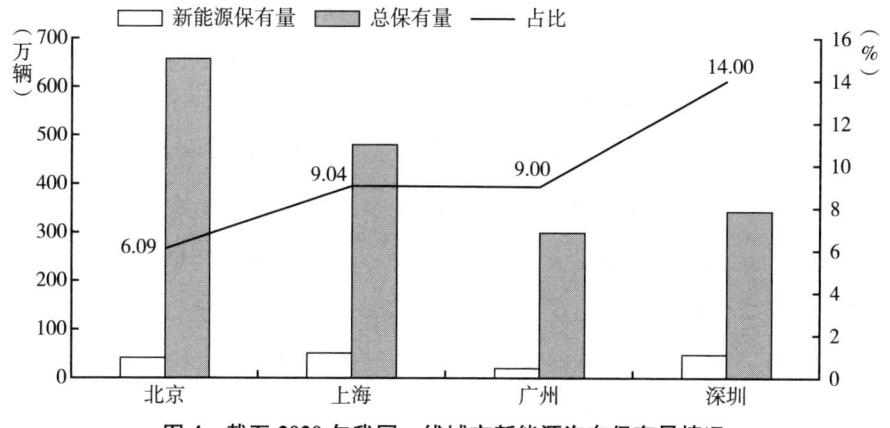

图 4 截至 2020 年我国一线城市新能源汽车保有量情况

资料来源:《北京市 2020 年国民经济和社会发展统计公报》,《2020 年上海综合交通年报》,广东省新能源汽车发展服务中心,中商产业研究院。

周边区县呈现递减趋势。由于我国城市化的高速发展阶段与机械自动化的快速普及阶段在时间上高度重叠,北京市拥车密度与用车强度始终较高,尤其是较早发展的中心城区,人口密度高,私人机动车拥车密度和用车强度也都高于一些国家的主要城市。高拥车率、高人口密度及较低门槛的用车限制管理政策使北京市机动车出行需求庞大。从北京市目前的小客车治理政策来看,现有的政策更多地稳定了拥车率,却缺乏对车辆的精细化管理措施,导致北京市各区拥车情况差异巨大。

(二)国内外主要城市绿色牌照的管理经验

1. 上海市:"沪 C"牌照政策+新能源汽车政策

上海市实施区域交通差别政策,一方面通过车牌拍卖模式控制中心城区的汽车保有量,另一方面通过"沪 C"牌照政策鼓励郊区小汽车的使用(邹忠,2016)。同时,上海市重视对"沪 C"牌照的监管。从"沪 C"牌照机动车限行的发展演变来看,上海市对"沪 C"牌照机动车的政策限制日趋严格,限行范围不断扩大、限行时间不断延长,以保证城市整体的交通流量。此外,为鼓励新能源汽车的发展(刘骝,2019),上海市给予已安装

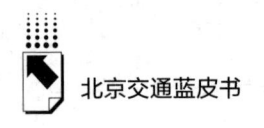

配套充电设备且自用的新能源汽车车主免费专用牌照。在此政策的鼓励下，上海市新能源汽车保有量快速增长，新能源汽车制造行业也得到迅速发展。

2. 新加坡：区域执照系统+特别通行证

为缓解中心城区的交通拥堵情况，新加坡采用限制区域执照系统（李运兴，2015），市民需购买特定执照以驶入中心城区。该政策使得绿色出行比重上升，且城区交通流量大大降低。此外，为缓解交通拥堵的同时满足市民的出行需求，新加坡推出了特别通行证制度，对于享受税收优惠、限定时间行驶的红牌车，车主可通过支付20新元的方式购买一张特别通行证，以满足禁止行驶时间的出行需求。

（三）解决对策和改进建议

1. 试点放开北京郊区新能源区域牌照的申领限制

北京可以试点放开平谷、怀柔、密云、延庆远郊区无车家庭的纯电动新能源车辆购置申请。为尽早实现"双碳"目标，北京市可将郊区牌照小客车车型限定为新能源小客车，以尽可能减少新增车辆投入使用对大气造成的污染，并采取申请制度，允许满足条件的无车家庭可直接获得新能源小客车指标（侯幸，2014）。这将在满足郊区居民出行需求、提升郊区居民幸福感、引导人口迁移的同时，避免了税收的外流。需要注意的是，为了更好地调控小客车总量，登记申请郊区车牌指标的个人将不能再参与小客车增量指标摇号或竞价，在放弃郊区小客车指标一定年限之后才能参与市区牌照摇号，因此政府也需要出台相关政策约束同时摇取两种指标的行为。

2. 科学合理、严格规范郊区牌照的"用车"管理

为了尽可能防范郊区新增车辆给城市交通带来的拥堵压力，可限定郊区牌照车辆的通行时间和范围。同时应当吸取其他城市的管理经验，北京市可以研究允许持郊区牌照的小客车在郊区内部及跨郊区正常通行，但在7:00至20:00禁止驶入六环内及城市副中心区域，每车每年将最多有12次可以申请进入高峰禁行区域的机会，且每次停留时间不可超过12小时。对违规者采取严厉的罚款并扣分处罚机制。此外，对于因驾乘

人员来京办事、就医、学习、开会等，需工作日高峰时段在北京市"错峰限行"区域内通行的郊区小客车，可线上申请进京。若事出紧急，如紧急就医等事项可在事后出具证明进行申诉，这也体现了精细化交通管理中的人文关怀。

3. 关注郊区小客车的流动和退出机制，提前防范小客车保有量失衡

北京每年新增小客车指标均在9万~13万个，但每年报废车辆数量远远小于增量，导致路面汽车数量只增不减，增加了路面交通压力和停车压力。因此，对于投入使用的郊区小客车，可以根据汽车排放标准、使用年限提前建立适当的报废规则和退出规则，可以依据使用年限强制报废或根据车型和排量对退出车辆给予适度补贴，并在报废后永久保留其更新指标的权限。此外，为了进一步调控存量，可以根据中签车主的身份特征，对其中签后购车年限适当延长3~5年，给予其充分的考虑时间，避免非刚性的消费，从根源上控制车辆的非必要出行。

4. 做好郊区停车、充电配套措施规划

一是积极引入社会资本，建设公共停车场和其他多种产权形式的停车设施。郊区可利用空间大、土地成本相对较低，且未来车位的需求量会逐渐增加，因此可以积极引入民间资本，并鼓励各区政府扶持相关企业发展，开发郊区停车设施，引导产业化进程。通过规范运作管理，提升盈利能力，减少各区车辆增加带来的负面影响。

二是提前规划停车设施建设。针对现已规划的轨道交通微中心，应提前做好停车泊位数量和布局相关规划，为郊区机动车数量的增长提前做准备。同时根据市民出行需求有针对性地打造更多的P+R停车场，尤其是可在城镇节点规划建设立体停车楼，提高空间利用率，满足市民的泊车需求。

三是提升郊区配建停车位指标下限。目前，北京市居民小区机动车配建停车位指标仍然较少，难以匹配逐年增加的机动车数量。本报告建议提高郊区配建停车位指标下限，顺应小客车数量发展趋势，更新执行标准，更好地满足郊区车主的需求。

四是优化路网结构，释放路侧停车空间。北京城镇路网结构主要为城市

道路，可划设路侧停车位，而郊区内的路网结构多为公路网，包括高速公路、快速公路、国道等，郊区路网两侧往往不能划设路侧停车位，白线内仅限临时停车，不可长时间停车。在制定郊区车牌制度后，急需增加路侧车位供给，但城市道路由城市建设行政部门管理，而公路由交通行政部门管理，因此可在充分协调有关部门后，针对现存的部分非主干道进行试点改造，释放空间划设路侧停车位，最大化地满足市民路侧泊车需求。

五是提高新能源充电桩覆盖率。在北京市社会公用充电设施建设分布上，五环外的建设数量占比仅为35%，建设密度远远低于五环内区域。[①] 郊区的充电设施在高峰期可能会出现供不应求的情况。因此，为顺应未来郊区小客车结构的发展趋势，北京市需要相应地增加郊区充电桩数量，提高建设密度，为新能源车辆的使用提供保障。

参考文献

曹乔松、唐翀：《国内外大城市路内停车经验借鉴与对策研究》，公交优先与缓堵对策——中国城市交通规划2012年年会暨第26次学术研讨会会议论文，福州，2012年11月。

曹钟雄、陈振华：《智慧立体停车设施建设投资模式探索》，《开放导报》2018年第4期。

常疆：《特大城市中心区公共停车设施优化利用研究——以长沙市为例》，《经济地理》2009年第8期。

陈桂香：《国外智能交通系统的发展情况》，《中国安防》2012年第6期。

陈峻、王斌：《基于时空容量的配建停车资源共享匹配方法》，《中国公路学报》2018年第3期。

程世东、王淑伟：《我国城市停车产业化政策体系发展现状》，《交通工程》2017年第5期。

丁瑞瑞、李盼道：《配置效率目标下停车产业化政策研究》，《合作经济与科技》2020年第4期。

[①] 《e充网发布2019北京充电设施建设及充电行为浅析报告》，凤凰网，2020年4月2日，https://auto.ifeng.com/qichezixun/20200402/1404354.shtml。

付春艳、张晓妍：《关于北京城市停车管理的思考》，《市政技术》2010 年第 1 期。

巩建国、朱建安：《城市路内违法停车治理对策研究》，《汽车与安全》2015 年第 12 期。

何兴华、魏文彬：《停车产业化投资全过程的精细化测算方法研究》，《现代交通技术》2020 年第 1 期。

侯幸：《交通拥堵定价与车牌分配方式选择》，硕士学位论文，西南财经大学，2014。

黄昊：《新时代背景下城市停车设施发展策略研究》，《江苏建筑》2018 年第 6 期。

李宝军：《智慧城市建设背景下郑州市中心城区停车难问题研究》，硕士学位论文，郑州大学，2020。

李国庆：《如何解决大城市"停车难"问题——日本解决大城市停车问题的经验》，《中国党政干部论坛》2019 年第 4 期。

李盼道、李洋：《停车产业化发展的现状及其动力机制研究》，《新疆大学学报》（哲学·人文社会科学版）2019 年第 1 期。

李盼道、季大兴：《停车设施的属性与供给方式研究》，《西安建筑科技大学学报》（社会科学版）2020 年第 2 期。

李培洵：《北京城区停车位供需问题研究》，硕士学位论文，首都经济贸易大学，2016。

李文、耿乙喆：《北京地区路内停车问题与治理对策研究》，《中国人民公安大学学报》（自然科学版）2017 年第 4 期。

李雪梅、许红：《北京停车业的经济分析与政策建议》，《综合运输》2016 年第 6 期。

李雪梅、许红：《时空价值理论下的停车场定价机制——以北京为例》，《北京交通大学学报》（社会科学版）2015 年第 2 期。

李长波、戴继锋：《城市停车产业化政策的核心问题及对策》，《城市交通》2016 年第 4 期。

李运兴：《新加坡"后限牌时代"对我国治理交通拥堵的启示》，《科技视界》2015 年第 32 期。

林依标、郑鸿：《地下空间土地利用问题研究——以地下停车设施建设为例》，《中国土地》2017 年第 12 期。

刘吉光、翟东伟、王亚飞：《提升北京停车管理与服务精细化水平刍议》，《交通与运输》（学术版）2018 年第 2 期。

刘骈：《上海消费者新能源汽车购买意愿影响因素研究》，硕士学位论文，上海交通大学，2019。

容军：《北京路侧停车收费政策完善及对"政策失灵"的思考》，《交通工程》2018 年第 4 期。

邵丽青：《基于限购城市的新能源乘用车产业发展潜力模型研究》，《汽车工业研究》2017 年第 5 期。

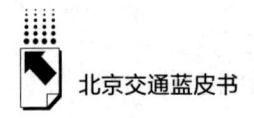

苏奎、郑喜双、招玉华：《美国旧金山停车管理的浮动价格制分析》，《综合运输》2014年第9期。

唐伯明、曾超：《城市中心区路外公共停车场停车选择行为模型》，《重庆交通大学学报》（自然科学版）2015年第6期。

王庆华：《离心建设　市场化运作——香港停车政策对我国的启示》，《发展研究》2017年第6期。

王炎：《苏州中心城区停车难的原因与对策研究》，硕士学位论文，苏州大学，2018。

王艳珍：《关于城市立体停车场PPP模式的必要性和可行性研究》，《建材与装饰》2018年第47期。

温俊：《北京市顺义区新能源汽车充电环境研究》，《交通世界》2018年第20期。

杨德威：《市政道路路内停车收费的激励性规制研究》，硕士学位论文，中国财政科学研究院，2018。

尹铭：《上海市中心城区"停车难"问题化解对策研究》，硕士学位论文，西北师范大学，2017。

余璨璨：《基于区块链的停车位共享系统关键技术研究》，硕士学位论文，南京理工大学，2018。

曾涛：《基于推进产业化发展的停车新政策研究》，《城市建筑》2020年第4期。

张玲：《旧居住区改造问题研究》，硕士学位论文，天津大学，2017。

张黔丰：《北京市路侧停车收费定价方案研究》，硕士学位论文，北京交通大学，2019。

张熙莉：《北京市停车现状分析及解决路径》，《西部皮革》2018年第14期。

周晨静、冯星宇：《破解城市停车难问题的路径探讨——以北京为例》，《交通工程》2017年第5期。

朱颐和、姜思明：《基于特征价格模型的城市路内停车定价研究》，《价格月刊》2017年第5期。

邹忠：《基于通行权的上海小客车交通管理政策改进研究》，硕士学位论文，上海交通大学，2016。

专题篇
Special Topics

B.7 北京市职住平衡影响因素及改善对策研究

摘　要：《北京城市总体规划（2016—2035年）》提出要优化城市功能和空间布局，着力改变单中心集聚的发展模式，构建北京新的城市发展格局，把职住平衡作为城市的发展目标之一。本报告紧紧围绕北京市职住平衡问题，分析北京市的职住空间特征，探讨"多中心化""边缘崛起""功能疏解"的城市空间重构形式对职住平衡产生的影响；通过实证分析，得出轨道交通、住房政策、产业政策是影响北京市职住平衡的主要因素；分析了东京、芝加哥、纽约三个典型国际大都市的轨道交通系统、住房政策、产业政策对职住平衡的影响；最后，根据影响因素有针对性地提出对策建议，以推动北京市实现职住平衡。

关键词：职住平衡　轨道交通　城市空间重构

一 北京市职住空间特征分析

(一) 北京市整体职住空间特征

从北京市整体来看，其职住比从 2008~2010 年的 0.504 增长至 2018~2020 年的 0.826，北京市整体处于职住平衡区间内。分区域来看，核心区在 2008~2020 年职住比上升最快，2018~2020 年职住比达 1.743，存在明显的以就业为主导的职住失衡，表明核心区在这段时间内吸纳就业能力显著增强。功能拓展区整体处于职住平衡区。值得注意的是，虽然近郊区、远郊区均为居住主导区，但近郊区职住比更小，其吸纳居住的能力要大于远郊区（见表1）。

表1 北京市及各区域职住比变化情况

区域	2008~2010年	2018~2020年	变化	所属类型
核心区	0.946	1.743	0.797	就业主导区
功能拓展区	0.551	1.067	0.516	职住平衡区
近郊区	0.315	0.436	0.121	居住主导区
远郊区	0.388	0.685	0.297	居住主导区
北京市	0.504	0.826	0.322	职住平衡区

资料来源：根据北京市区域统计年鉴与经济普查数据计算得出。

(二) 北京市不同行政区职住空间特征

2010~2020 年，北京市各行政区职住比均表现出不同程度的上升，其中东城区职住比变化最大，从 2010 年的 0.89 上升至 2020 年的 1.96，其次为西城区与朝阳区。由图1可知，东城区、西城区均处于就业主导的失衡区，海淀区、朝阳区 2020 年职住比分别为 1.20、1.16，两地整体处于职住平衡状态。昌平区、通州区、房山区、大兴区等行政区均处于居住主导的失衡区，同时与近郊区、远郊区表现出一致的特征。昌平区（0.33）、通州区（0.34）的职住比甚至小于远郊区的平谷区（0.71）、密云区（0.69），其居住主导的失衡状态比远郊区严重。而位于近郊的几个行政区虽然都是居住主导的失衡区，但是其中顺义区（0.69）、大兴区（0.60）的职住比高于昌平区和通州区，说明顺义和大兴在就业岗位的提供方面要优于昌平区和通州区（见图1）。

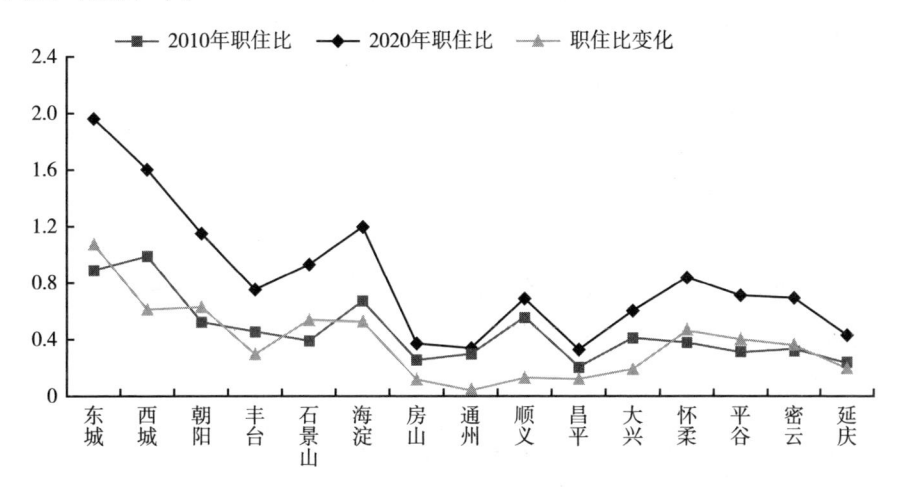

图1 2010年与2020年北京市各行政区职住比及变化

资料来源：根据统计数据自行绘制。

（三）北京市街道乡镇职住空间特征

就业主导的职住失衡区域主要集中在核心两区、功能拓展区的海淀区与朝阳区，近郊区、远郊区内也存在一定数量的就业主导型职住失衡区。2020年北京市各街道乡镇职住比中，以就业为主导的严重职住失衡区域主要有西城区的金融街、展览路街道、西长安街，东城区的建国门街道、东华门街道、东直门街道、朝阳门街道。功能拓展区中较为严重的职住失衡区域主要包括海淀区的万柳镇、上地街道、海淀街道、中关村街道，朝阳区的建外街道、朝外街道、呼家楼街道、麦子店街道、三里屯街道、酒仙桥街道。与此同时，近郊区也存在一定数量的以就业为主导的职住失衡区

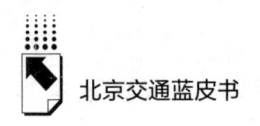

域，主要包括大兴区的北京经济技术开发区、国家新媒体产业基地、中关村国家自主创新示范区大兴生物医药产业基地、门头沟区雁翅镇、顺义区南法信镇。此外，远郊区中密云区的密云经济开发区、冯家峪镇，怀柔区的雁栖经济开发区就业密度也较高，属于就业主导的职住失衡区。

以居住为主导的职住失衡严重区域主要集中在大兴、顺义、通州区和房山区的部分街道乡镇。整体来看，在职住比的圈层结构中，核心城区大多数街道为就业主导失衡区，拓展功能区大多数街道为就业主导的一般职住失衡区或职住平衡区。而近郊区职住失衡的街道乡镇表现为居住主导的职住失衡，如昌平区东小口镇、霍营街道、天通苑北/南街道，房山区蒲洼乡、石楼镇，顺义区的天竺镇。与此同时，这些区域的职住比也明显下降，主要原因在于随着主城区就业不断聚集、房价不断上涨、近郊区大型居住社区的建设以及近郊区与主城区交通基础设施的不断完善，选择在这些地区居住的人数逐渐增多，这些地区吸纳居住的能力较强。

二 城市空间重构与职住关系

（一）多中心化对职住平衡的双重影响

1.多中心化的城市空间结构对职住平衡的促进作用

功能中心的职能特征决定了其对职住平衡的影响。城市多中心结构能否缩短通勤时间和通勤距离的关键在于多中心的形成机制（于涛方、吴维佳，2016）。功能中心职能完备，可以实现就地优化通勤，促进职住平衡。近年来，随着北京城市化进程的推进，城区逐渐出现多个功能中心，如中关村科技中心、金融街金融中心、中央商务中心、奥林匹克体育文化中心、通州城市副中心。以亦庄为例，2019年亦庄GDP为1932亿元，人均GDP是北京市的6.7倍，亦庄用全市0.35%的土地，贡献全市18%的工业总产值。亦庄已形成北京最大的产业集群，汇聚40个国家和地区的约2.9万家企业，世界500强企业90多家。不仅经济发展强劲，亦庄也有完善的生活配套设施。亦庄有城乡世纪广场等4个大型商场，平均占地面积12平方公里；有人大附中经开学校等多所高质量12年制学校；有首都医科大学附属北京同仁医院等多家三甲医院；有北京最大的湿地公园南海子湿地公园；有地铁10号线、亦庄线，有轨电车T1线等轨道交通线网。完善的配套设施使亦庄形成了30分钟生活圈。

2. 多中心化的城市空间结构对职住关系的负面影响

功能单一、孤立的就业中心会造成职住失衡，如CBD和金融街。以金融街为例，截至2019年，街区内有64栋重点商务楼宇，商务办公面积达75%以上。仅2.59平方公里的金融街，汇集22.9万金融从业人口，贡献了约9%的北京市财政收入，近50%的西城区财政收入。2005年，金融街就业人群平均通勤时间为39.9分钟，居住人群平均通勤时间为37.8分钟；2016年就业人群平均通勤时间为45.7分钟，居住人群平均通勤时间为40.0分钟；就业人群平均通勤时间大于居住人群，这说明金融街是典型的就业中心。安居客的数据显示，金融街是北京市房价最高的地方，2021年平均房价约17万元/平方米，高房价也劝退了很多普通从业者。通过百度热力图可以看出金融街白天与夜晚的人流对比情况。

（二）城市边缘崛起平衡整体职住关系

1. 中心城区常住人口减少，人口密度下降，外来人口数量下降，人口向新城转移，城市边缘崛起

2010~2020年，北京市中心城区的外来人口数量有所下降（见图2）。中心城区占全市总面积的8.4%，2010年中心城区常住人口占全市常住人口的59.7%；2020年，中心城区常住人口占全市常住人口的50.2%，下降了9.5个百分点。2010~2020年，中心城区常住人口密度出现下滑（见图3）。其中东城区和西城区下滑幅度最大，分别下滑23%和11%；通州、顺义区、昌平区、大兴区和门头沟区人口密度大幅增加，高于全市12%的增幅，其中通州区增幅最高，达55%。2010~2019年，中心城区外来人口占北京市外来人口比例持续下降（见图4）。而通州区、昌平区与顺义区的外来人口

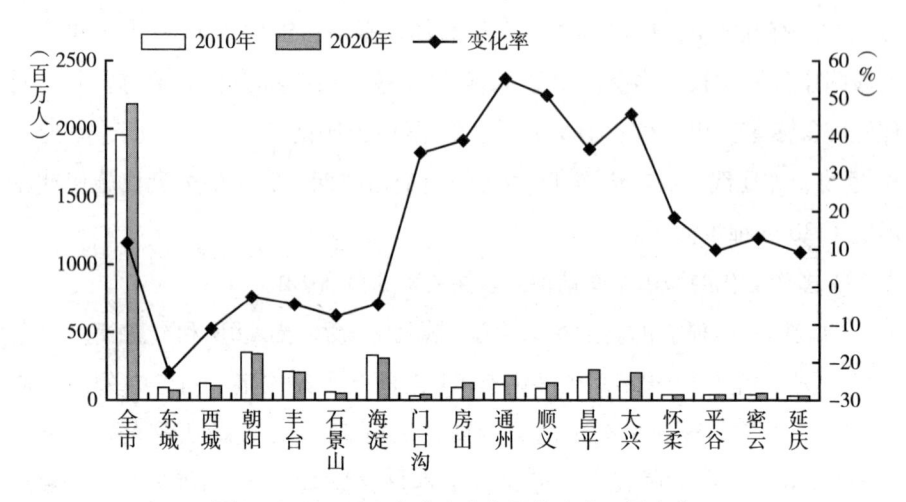

图 2 2010~2020 年北京市各区外来人口及变化

资料来源：根据 Wind 数据自行绘制。

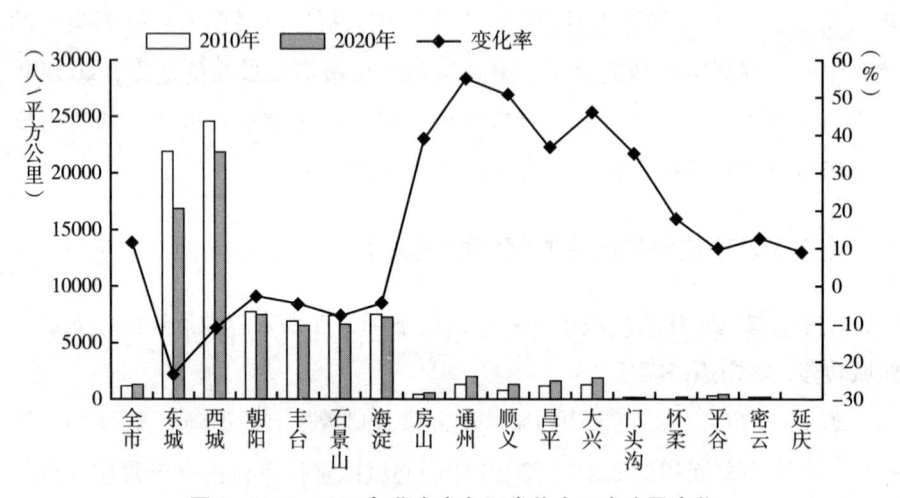

图 3 2010~2020 年北京市各区常住人口密度及变化

资料来源：根据 Wind 数据自行绘制。

呈现增长趋势。从常住人口、人口密度和外来人口三个方面可以看出，北京城市人口逐渐从中心城区向新城区转移。

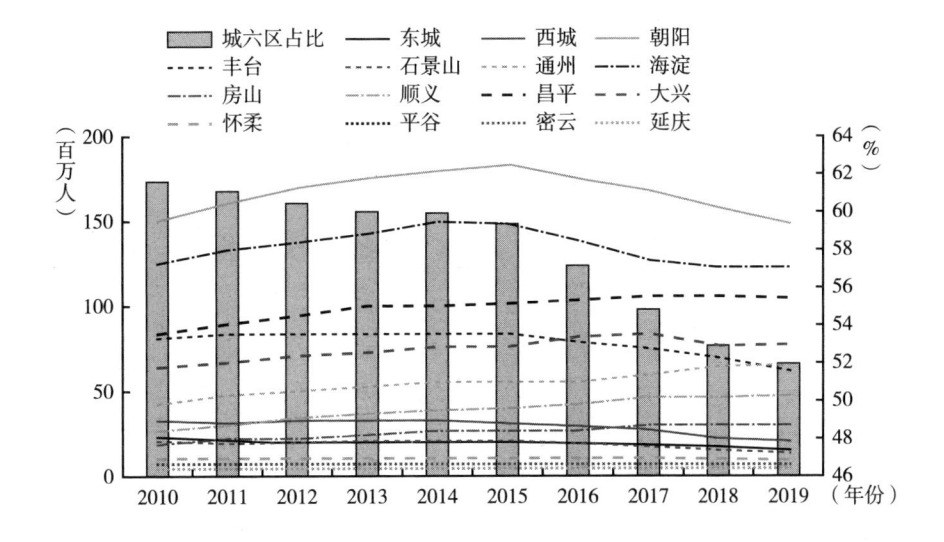

图 4　2010~2019 年北京市各区外来人口变化情况

资料来源：根据 Wind 数据自行绘制。

2. 中心城区产业结构升级，非首都功能向边缘疏解

2008~2017 年，北京市中心城区第三产业收入持续增长，中心城区产业结构升级。其中，朝阳区、海淀区、西城区和东城区四个区增长幅度最大，四区第三产业收入合计约占北京市第三产业的 80%（见图5）。中心城区第二产业收入占全市第二产业收入的比重保持稳定，而北京市经济技术开发区的第二产业收入占比持续增长，印证了其作为北京新兴经济中心的发展能力。产业结构的变化说明北京市中心城区产业结构升级，中心城区重点承接北京市的四个中心功能。非首都功能向新城疏解，以北京市经济技术开发区的第二产业崛起为典型代表。

3. 边缘"睡城"平衡周边就业中心，避免更长距离跨区域通勤

北京市昌平区的回龙观和天通苑合称为"回天地区"，2020 年人口普查数据显示，回天地区常住人口为 85.15 万人，超过东城区全区人口数。回天地区面积达 63 平方公里，有"亚洲最大社区"之称。北京市政府数据显示，近 80% 居住在回龙观地区的人口，其就业地分布在上地、

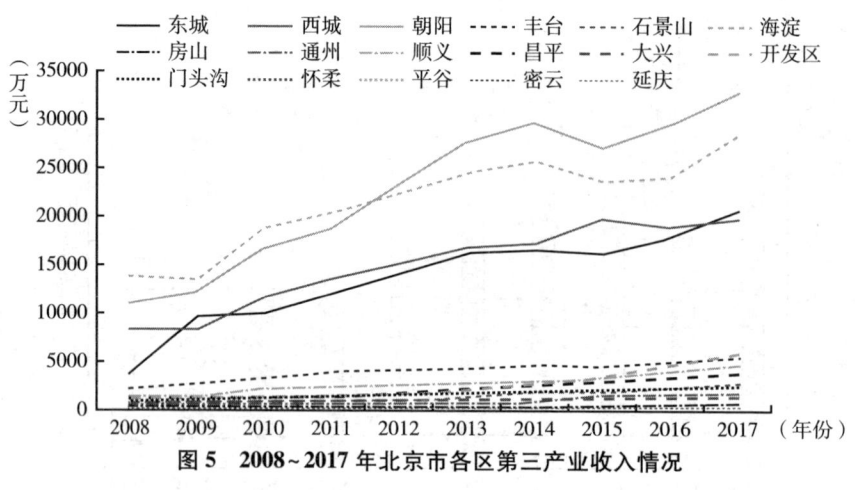

图 5　2008~2017 年北京市各区第三产业收入情况

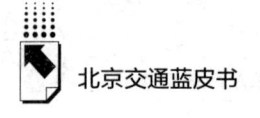

资料来源：根据 Wind 数据自行绘制。

中关村、望京、CBD、三元桥等区域；85%居住在天通苑地区的人口，其就业地分布在立水桥北苑、亚运村、CBD、望京、三元桥、中关村、上地等区域。回天地区缓解了中心城区的职住失衡，很好地与周边就业中心相衔接。按照平均出行距离 10 千米左右的常规职住平衡核算尺度，以回天地区为居住中心，中关村软件园、上地信息产业基地、立水桥北苑、亚运村、未来科学城等地均在核算尺度内。如果回天地区向自身职住平衡方向发展，则中关村、上地等地的从业者只能向更远的外围空间寻求居住地，居住地的进一步外移将形成更大规模、更长距离的跨区域通勤，增加北京市的交通压力。

（三）非首都功能疏解对职住关系的差异化影响

1. 非首都功能要有序疏解，与首都整体发展相适应

《北京城市总体规划（2016—2035 年）》提出建立"一核一主一副、两轴多点一区"的城市空间结构。首都主要负责承载全国政治中心、文化中心、国际交往中心、科技创新中心的功能，中心城区向外疏解大型专业市场、教育医疗机构、行政事业单位、制造业企业等，为中心城区释放更大的发展空间。但非首都功能的疏解不是将上述机构简单地向外疏解,而是让其与北京市乃至京津冀的协同发展相适应。根据北京市整体规划纲要的战略布局,在边缘地区形成新的具有教育、医疗、生活服务等完善配套设施的职住平衡新城,使更多人可以实现就近就业和生活,而不仅是晚上回来睡觉。

2. 专业市场外迁可实现"点状"疏解,但对北京市整体职住关系影响微弱

近10年来,北京市各类交易市场相继外迁或拆除,如图6所示,2012~2019年北京市商品交易市场数量整体呈下降趋势,下降幅度为42%,复合增长率为-7%;其中,中心城区商品交易市场数量下降更为明显,下降幅度为52%,复合增长率为-9%,2019年中心城区商品交易市场数量已不足2012年的50%;中心城区商品交易市场数量占全市比例由2012年的57%下降至2019年的48%;海淀区、西城区、石景山区、大兴区的商品交易市场数量降幅较大,均超过70%。可见,北京市专业市场功能在逐步向外疏解。典型案例包括北京动物园服装批发市场和大红门服装批发市场外迁。区域性专业市场外迁,当地集聚的人流得到有

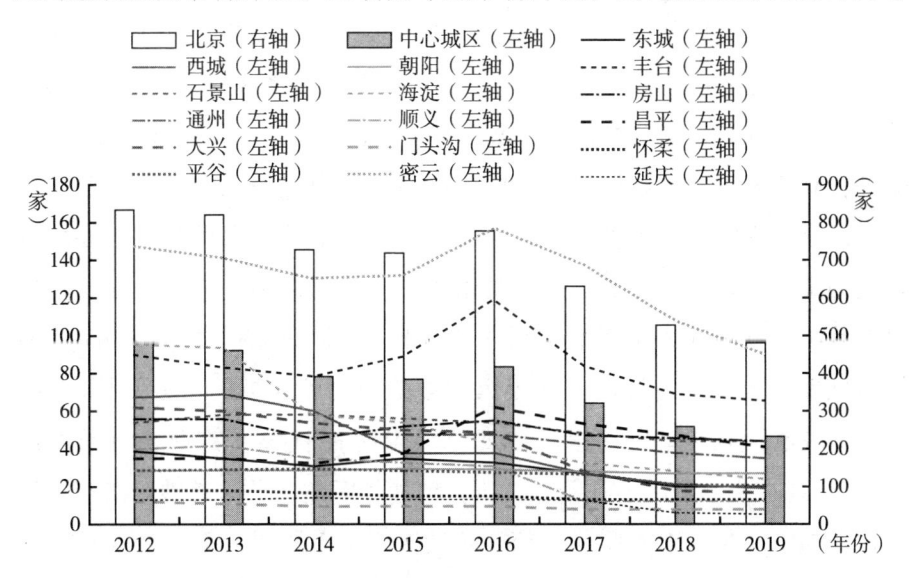

图6 2012~2019年北京市及各区商品交易市场数量

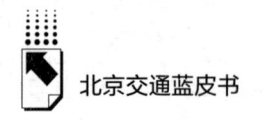

效疏散，专业市场及周边交通局面得到较大缓解，约半数从业者随市场一同迁至新址。但随着专业市场外迁疏散的就业者中，仍有半数选择留在北京尤其是中心城区工作（数据来自问卷结果）。区域性专业市场从业人员呈现"住随职走"的特征，职住平衡的自我调节意愿比较强，但受北京区位优势的影响，这些地区仍存在明显的"业走人留"现象。所以，疏解虽然改变了局部地区的产业功能和就业结构，但难以对中心城区产生整体上的减压效果。在区域性专业市场外迁的过程中，"住随职走"的模式使专业市场的迁移对北京市非首都功能疏解产生了"点状"影响，但"业走人留"的行业特点又使专业市场外迁对北京市整体职住关系影响微弱。

3. 医疗机构向外疏解短期内增加了医务人员的通勤距离与通勤时间

北京市的医疗资源主要集聚在中心城区。2019年，北京市中心城区常住人口占全市常住人口的52%，建设用地占全市的27%，而中心城区医院数量占全市的65%，三甲医院则占到全市的80%。2014年，随着北京市卫计委宣布"北京市五环内不再新建大型医疗机构"，北京市多家医院新建分院或整体外迁，严格限制中心城区医院在规模上扩张，并在制度上加强京津冀医疗服务与资源协同，缩小就医服务差距。由表2可知，北京天坛医院和北京口腔医院2家三甲医院整体从核心城区迁至丰台区；此外，有多家医院在新城建立分院，进而控制中心城区主院区的就医规模。医疗机构的向外疏解，一方面，减少了外地就医人员前往中心城区造成的交通拥堵，降低了医院原址附近的人流量；另一方面，医疗机构虽然从中心城区向外疏解，但受中心城区教育水平高、配套设施完善，在新城重新购房的经济压力大等因素影响，医务人员的搬家意愿较弱，73%无搬家计划，23%有搬家计划但尚未购置新房（数据来自问卷结果）。居住在中心城区前往新城上班，增加了医务人员的通勤距离与通勤时间，加剧了北京市的职住失衡。长期来看，若可以有效解决住房、子女教育等问题，医疗机构的向外疏解将促进北京市职住关系改善。

表 2　北京市医院搬迁、新建、扩建情况

类型	医院	原址	新址
整体搬迁	北京天坛医院	东城区	丰台区
	北京口腔医院	东城区	丰台区
新建院区	北京大学人民医院通州院区	西城区	通州区
	北京友谊医院顺义院区	西城区	顺义区
	北京安贞医院通州院区	朝阳区	通州区
	北京中医医院垡头院区	东城区	朝阳区
	北京大学人民医院房山院区	西城区	房山区
	北京大学第一医院城南院区	西城区	大兴区
	北京同仁医院亦庄院区	东城区	大兴区
	北京大学第三医院顺义院区	海淀区	顺义区
	北京积水潭医院回龙观院区	西城区	昌平区

资料来源：根据公开资料整理。

4.高校功能疏解对北京市职住关系影响微弱

随着 2017 版北京市城市总体规划纲要的发布，中心城区的高校以建立分校的形式陆续向昌平沙河高教区、房山良乡大学城 2 个高教区及通州、怀柔等地迁移。高校主要包括学生和教职工两类人群。学生日常活动范围主要集中在校园内及学校周边地区，且出行时间一般会避开早晚高峰，对职住关系影响微小。教职工一般自有住房，大多居住于五环内，且以家庭居住为主，生活模式比较稳定。住房状态影响职住选择，教职工大多自有住房，自有住房群体相比租房群体更倾向于不搬家。且受子女教育、配偶通勤、长辈生活习惯等因素限制，七成以上的教职工不愿意因学校搬迁而搬家（数据来自问卷结果）。随着多所高校分校的建立，许多教职工面临"一住多职"的局面，教职工的居住选择要同时考虑两个甚至多个校区的通勤问题。教职工的工作往往较为稳定，他们不会因为通勤问题而轻易离职重新选择居住地附近就业。所以，目前高校功能疏解未能改善北京市的职住关系，且部分教师需要"一住多职"，在一定程度上增加了北京市的交通负担。

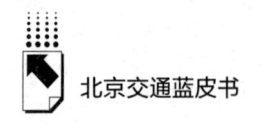

5. 北京市属行政事业单位迁入副中心，致力于促进非首都功能疏解，形成新的职住平衡圈

2020年，北京市政府宣布将17个市级审批权正式交给副中心管委会，这意味着副中心以一个独立的"市级单位"来运行。副中心致力于发展成宜居宜业、职住平衡的新城。图7为2012~2019年通州区住房面积和人口数据。2015年，北京市委十一届八次全会决议"2017年市属行政事业单位整体或部分迁入通州"，通州区住房面积在2016年和2017年出现爆发式增长，高达4600万平方米，居全市之首；人口也呈现持续稳定的增长，且近10年通州区人口密度增速达55%，居全市之首。城市区域夜光指数反映了该地人类活动情况及经济发展水平，2014~2020年通州区的区域夜光指数增长了69%，区域夜光指数的持续大幅上涨反映了其综合发展水平的提升。

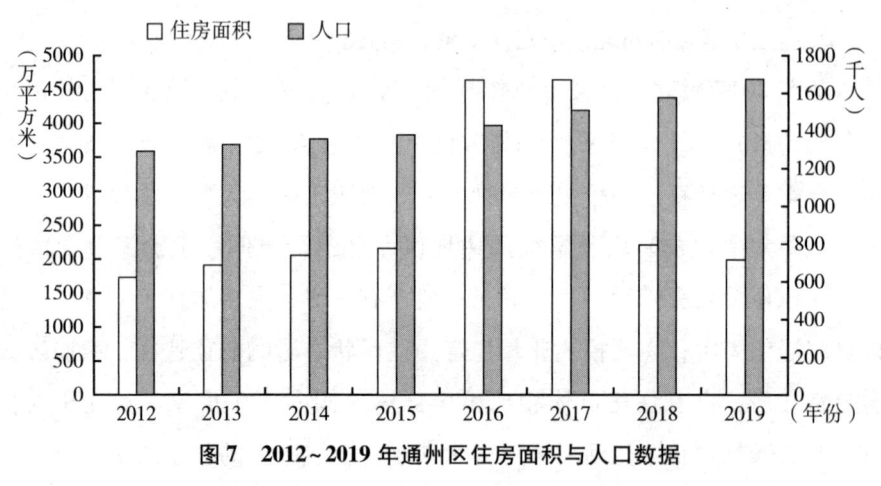

图7 2012~2019年通州区住房面积与人口数据

资料来源：根据Wind数据自行绘制。

6. 行政事业单位搬至通州副中心，正在逐步改善公职人员的职住关系

北京城市副中心的发展是一个递进式、渐变式的过程，受子女教育、配偶通勤、老人生活习惯、中心城区与通州区生活服务水平差距等因素影响，短期内"住随职走"难以完全实现。课题组对北京市属行政事业单位的公职人员进行了问卷调查。数据显示，北京市属行政事业单位迁至通州副中心后，已有53%的公职人员因此搬家，47%的人未因此搬家。对于搬家群体，搬家前，他们的通勤方式以地铁和自驾为主，占比分别为49%和23%，平均单程通勤时间为51分钟；搬家后，他们的通勤方式以骑行和地铁为主，但通勤方式更加多元化，骑行和地铁的占比分别为23%和22%，公交和步行的占比均为15%，平均单程通勤时间降至33分钟，通勤情况有所改善。对于未搬家群体，单位搬迁前，他们的通勤方式以自驾和地铁为主，占比分别为34%和32%，平均单程通勤时间为38分钟；单位搬迁后，他们的通勤方式仍以自驾和地铁为主，占比分别为36%和34%，平均单程通勤时间增加至54分钟，通勤情况有所恶化。数据表明，北京市属行政事业单位迁至通州副中心改善了搬家群体的职住现状，延长了未搬家群体的通勤时间。但在未搬家人群中，有33%的人一直居住在通州区，37%的人计划在未来3~5年搬家，可见，通州副中心公职人员职住关系还将得到进一步改善。

7. 通州副中心与北京市乃至京津冀地区的轨道交通衔接不畅

问卷结果显示，通州副中心的通勤主要存在车次少、间隔久，衔接不畅、换乘距离远，可乘坐的线路少，交通拥堵等问题。地铁是他们的主要通勤方式之一，但目前仅有地铁6号线到达北京市级行政中心附近，而应作为大城市主要通勤方式的市郊铁路却鲜有人乘坐。表3为市郊铁路城市副中心线运营时刻表。北京市级行政中心距离最近的地铁6号线郝家府站约700米；距离最近的市郊铁路乔庄东站约3000米，乘客需要乘坐公交至郝家府公交站再步行约700米才能到达地铁站，未能很好地实现点到点衔接；乔庄东站早晚各2班车，早上到达时间为7:43和8:27，晚上发车时间为17:58和18:29，每天仅运行5班列车且部分车站不经停，通勤者乘车的可选择性较小。此外，途经通州区的轨道交通线——地铁1号线、6号线、7号线、市郊铁路城市副中心线均为东西走向，此区域缺乏南北走向线路，轨道交通线路尚未成网。

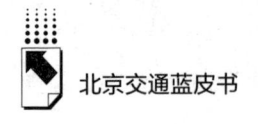

表3　市郊铁路城市副中心线运营时刻表

良乡(北京西)→乔庄东(通州)

车次	良乡	北京西	北京	北京东	通州	乔庄东
S101	—	7:00	7:14/7:15	—	7:33/7:34	7:43
S103	6:50	7:15/7:18	7:32/7:33	—	7:52	—
S105	7:11	7:38/7:48	8:02/8:03	—	—	8:27
S111	—	13:09	13:24/13:25	—	13:44/13:45	13:54
S107	—	18:27	18:41/18:42	—	19:01/19:02	19:10
S109	—	19:43	19:57/19:58	20:06/20:07	20:20/20:21	20:29

乔庄东(通州)→良乡(北京西)

车次	乔庄东	通州	北京东	北京	北京西	良乡
S110	5:51	6:00/6:10	—	6:31/6:32	6:45	—
S101	7:07	7:16/7:18	7:31/7:32	7:43/7:44	7:58	—
S112	11:57	12:06/12:07	12:21/12:22	12:33/12:35	12:50	—
S104	17:58	—	18:22/18:24	18:38/18:42	—	19:07
S106	18:29	—	18:47/18:48	18:58/18:59	19:13/19:16	19:41
S108	—	18:54	—	19:13/19:14	19:28	—

注：此时刻表自2021年1月20日起实行。

三　北京市职住平衡影响因素的实证分析

（一）数据说明

在以往学者研究的基础上，结合经济学理论基础，本报告选取了北京市16个区县的社会、民生和经济数据构建指标体系。基于数据的可得性和时效性，本报告选取了2010~2019年的面板数据，数据主要来自历年的《北京市区域统计年鉴》《北京市统计年鉴》、Wind数据库以及各区县统计年鉴。一些变量如各区县的房价数据、轨道交通线路、站点数据因无法从数据库或统计年鉴中获得，本报告将通过互联网相关信息以及相关网站进行计算、汇总整理。

（二）变量选择

（1）被解释变量

JHR 指数。该指标直接反映了区域职住数量上的平衡度，一个地区的职住比越高，就业功能比重越大；职住比越低，居住功能比重越大。一个城市职住比能直观地反映常住人口中就业人口的比例，职住比的计算如公式（1）所示：

$$JHR_{it} = EMP_{it}/POP_{it} \tag{1}$$

式子中，JHR_{it} 为第 t 年 i 区的职住比；EMP_{it} 为第 t 年 i 区的就业岗位数，一般用就业人口总数来代替；POP_{it} 为第 t 年 i 区的常住人口数，本报告只保留有就业需求的常住人口，选择统计年鉴中 15~64 岁的常住人口作为有就业需求的人口。

JHB 指数。JHB 指数（居住—就业偏离度指数）是测度职住就业空间关系的最直接的方法，通常用一个区域内居住人口数与就业人口数的比值来衡量（英成龙等，2016）。在职住均衡测度上，JHB 指数作为职住比率的变形经常被采用（孙斌栋等，2017；赵西君、何燕，2010；Sun et al.，2016），计算公式为：

$$JHB_{it} = \frac{E_{it}/E_t}{P_{it}/P_t} \tag{2}$$

式子中，JHB_{it} 为第 t 年 i 区的 JHB 指数；E_{it} 为第 t 年 i 区的就业人口数；E_t 为第 t 年北京市的就业人口总数；P_{it} 为第 t 年 i 区的居住人口数，本报告用各区第 t 年 15~64 岁的常住人口表示；P_t 为第 t 年北京市的居住人口总数，本报告用北京市第 t 年 15~64 岁的常住人口表示。为使各区的职住分离程度具有可比性，对 JHB 指数进行修正，令：

$$RJHB_{it} = |JHB_{it} - 1| \tag{3}$$

RJHB 越小，表明居住空间与就业空间越匹配；RJHB 越大，表明两者的匹配度越小。

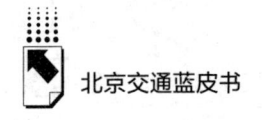

(2) 影响因素变量

一是城市化进程指标。本报告采用城市化率来衡量城市化进程，用城镇人口规模占全市常住人口的比例计算。二是经济和产业发展指标。本报告用第三产业区位熵来表征产业结构。其定义如公式（4）所示：

$$LQ_{it} = \frac{T_{it}/G_{it}}{\sum_i T_{it} / \sum_i G_{it}} \tag{4}$$

式子中，T_{it}为第i个地区第t年第三产业的产值，G_{it}为第i个地区第t年的地区生产总值，$\sum_i T_{it}$为北京市第t年的第三产业产值，$\sum_i G_{it}$为北京市第t年的地区生产总值。本报告用人均GDP来表示地区总体的经济发展水平。

三是经济职业特征。本报告用各个区从业人员平均工资来表示收入水平。四是房屋居住特征。本报告分别用商品房价格、商品房竣工面积、商品房销售面积表示房屋居住特征。五是公共服务配套指标。教育资源的丰富程度采用各区中小学招生人数占全市的比例表示，医疗资源的丰富程度采用各区医疗机构床位数占全市的比例表示，文体娱乐资源的丰富程度采用各区文化产业收入占全市文化产业总收入的比例表示，购物消费资源的丰富程度用各区消费品零售总额占全市的比例表示。六是城市交通。本报告使用地铁站密度和人均私家车拥有数量表征交通状况。七是就业—居住空间错位。为度量这种空间错位对职住平衡的影响，本报告构建了人口或就业分散化指数（Decentralization Index），用以测量各个区域就业人口或就业岗位的郊区化程度，具体公式如下：

$$DI_{it} = \frac{1}{d_i}(\frac{x_{it}}{X_t}) \tag{5}$$

DI_{it}是第i个地区第t年的分散化指数；x_{it}是第i个地区第t年的就业人口数或就业岗位数；X_t是北京市第t年的就业人口总数或就业岗位总数；d_i为第i个地区到市中心的直线距离，以天安门广场中心点作为市中心，以各个区政府所在地作为各区域的中心点。分散化指数反映了某个区域就业人口或者就业岗位随着到城市中心的距离增加而变化的分布特征，其值越大表明就业人口或就业岗位越集中在城市中心区，或越靠近城市中心区；其值越小表明就业人口或就业岗位越集中在郊区，即去中心化程度或者郊区化程度越高。

影响北京市职住平衡的指标如表 4 所示。

表 4　变量指标汇总

影响因素	变量名称	指标
职住分离程度	JHR	职住比指数
	JHB	居住—就业偏离度指数
城市化进程	Citylv	城市化率
经济和产业发展	Agdp	人均 GDP
	Terqwsh	第三产业区位熵
经济职业特征	Wage	从业人员平均工资
房屋居住特征	Fangjia	商品房价格
	House	商品房竣工面积
	Housale	商品房销售面积
公共服务配套	Stu	中小学招生人数
	Goods	消费品零售总额
	Wenhua	文化产业收入
	Chwei	医疗机构床位数
	Jigou	医疗机构数量
城市交通	Subdense	地铁站密度
	Car	人均私家车拥有数量
就业—居住空间错位	Peodis	人口分散化指数
	Jobdis	就业分散化指数
	Peodis/Jobdis	人口—就业空间错位指数

（3）描述性统计

对主要变量进行描述性统计分析，结果如表 5 所示。

表 5 描述性统计分析结果

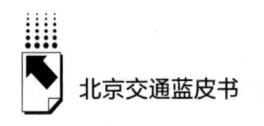

变量名	观察量	均值	标准差	最小值	中位数	最大值
JHB	160	0.5922	0.4982	0.2046	0.5061	2.6996
Citylv	160	0.7905	0.1848	0.4858	0.7954	1.0000
Agdp	160	10.9751	0.7483	8.9918	10.8100	12.7584
Terqwsh	160	0.8273	0.2468	0.4243	0.7897	1.5821
Wage	160	11.1999	0.3624	10.3947	11.2200	12.0544
Fangjia	160	2.4800	1.6687	0.1648	1.9360	8.2501
House	160	4.3510	1.1416	0.5101	4.5590	6.3281
Jigou	160	6.2980	0.5788	4.4543	6.3780	7.4679
Stu	160	9.6162	0.7308	8.3397	9.7700	11.1517
Car	160	12.1302	0.9197	10.5434	12.2200	13.7198
Wenhua	160	13.2937	2.5735	6.3570	13.5200	19.4065
Goods	160	5.8420	1.1342	3.5917	5.8810	8.0245
Peodis	160	0.0075	0.0111	0.0002	0.0021	0.0438
Jobdis	160	0.0102	0.0160	0.0001	0.0016	0.0478
Subdense	160	0.0625	0.0711	0.0000	0.0419	0.2831

（三）模型设定

（1）静态面板模型

面板数据（Panel Data）模型采用的估计方法通常有三种，即固定效应模型（FE Model）、随机效应模型（RE Model）和混合回归模型（Pooled Model）。固定效应模型又分为个体固定效应模型、时间固定效应模型和个体—时间双向固定效应模型。面板数据模型如公式（6）所示：

$$Y_{it} = \beta_0 + \beta X_{it}^{'} + \mu_{it}, i = 1,2,\ldots,N; t = 1,2,\ldots,T \tag{6}$$

其中 N 为截面个数（或个体个数），T 为每一个体对应的时间长度，i 代表各个区，t 代表年份，β_0 是截距项，$X_{it}^{'}$ 是各个影响因素，β 是待估系数，μ_{it} 为误差成分。在一维误差分解模型中，$\mu_{it} = \mu_i + \varepsilon_{it}$ 或者 $\mu_{it} = \lambda_t + \varepsilon_{it}$，在二维误差分解模型中，$\mu_{it} = \lambda_t + \mu_i + \varepsilon_{it}$。在模型的设定与应用过程中面临要对

误差分解成分满足固定效应还是随机效应进行判断和检验的问题，当不可观察个体效应与某个解释变量相关时，使用固定效应模型，否则使用随机效应模型。Hausman 和 Taylor（1981）通过允许一部分回归变量与个体的差异性之间存在相关关系的方式，运用 Hausman 类的统计量对是否存在随机效应进行检验。当假设模型中不存在个体效应时，则使用混合回归模型。

（2）logit 模型

在本研究中，因变量 JHB 指数实际上存在职住平衡与职住不平衡两种状态。从 JHB 指数的定义上可知，当某个地区 JHB=1 时，表明该地区实现了职住平衡；当 JHB≠1 时，表明该地区职住不平衡。因此，某个地区可能存在职住平衡和不平衡两种状态，据此可以通过该模型识别影响职住平衡或不平衡的因素具体是什么。虽然理想的职住平衡理论假设认为，当一个区域的职住比为 1 时，这个区域就实现了职住平衡，则通勤时耗最短。但在实践中，各种因素会导致职住比的波动（孙斌栋等，2017）。关于职住关系的平衡标准，目前接受度最高的标准为 0.8~1.2 和 0.75~1.25，某地区的测度指标若在这两个数值范围内，则意味着该地区处于职住平衡状态（白羽、赵鹏军，2018）。不同学者推荐的职住平衡标准如表 6 所示。

表 6 职住平衡标准

指标方法	作者	推荐平衡标准
职住比	Cervero(1989)	1.5 以下
职住比	Ewing 等(1996)	1.3~1.7
职住比	Frank 等(1994)	0.8~1.2
职住比	Peng(1997)	1.2~1.8
职住比	Margolis(1973)	0.75~1.25
职住比	Sultana(2002)	0.75~1.25
职住比	冷炳荣等(2015)	0.8~1.2

本报告采用国内外学者通行的做法，将职住平衡范围设定为 0.9~1.2，即当 JHB 落入 (0.9, 1.2) 区间内时认为该地区实现了职住平衡，对应修正的 RJHB 的取值范围是 (0, 0.2)。

设定研究结果存在两种不同情况，即某区域处于职住平衡状态或职住不

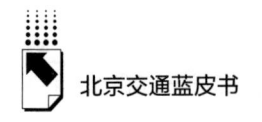

平衡状态，为对此类事件进行回归，引进定性变量 Y_{it} 作为解释变量，当出现职住平衡时，$Y_{it}=1$，否则 $Y_{it}=0$。所有的解释变量为 X_{it}，鉴于事件发生的概率取值只能在（0，1）区间，引进一个不可观察的参考变量 Z_{it} 代替虚拟因变量 Y_{it}。当估计出的 $Z_{it}>0$ 时，$Y_{it}=1$；当估计出的 $Z_{it}\leq0$ 时，$Y_{it}=0$。Logit 模型表示为：

$$\ln it\left[\frac{p(Y=1)}{1-p(Y=1)}\right]=Z_{it}=\beta'X_{it}+\varepsilon_{it}$$

$$Y_{it}=\begin{cases}1 & Z_{it}>0(\text{表示职住不平衡})\\0 & Z_{it}\leq0(\text{表示职住平衡})\end{cases} \quad (7)$$

$p(Y=1)$ 表示取概率，$X=(x_1, x_2, ..., x_n)'$，$\beta'=(\beta_1, \beta_2, ..., \beta_n)'$，$\beta'$ 是待估参数，ε_{it} 是随机误差项。

（3）tobit 模型

连续型的被解释变量有时因为截断（truncated）或者截堵（censored）而只能选取一定范围的值，这会导致估计量不一致。Davidson 等（2004）定义如果一些观测值被系统地从样本中剔除，称为截断；而没有观测值被剔除，但是有部分观测值被限制在某个点上，称为截堵。这两类情形下的因变量被统称为受限因变量。由于 JHB 指数的取值范围是（0，+∞），修正的 RJHB 指数取值范围（0，+∞），均属于左侧受限。对于截堵数据，当左侧受限点为 0，无右侧受限点时，此模型就是 tobit 模型。模型设定如下：

$$y_{it}^*=\alpha_0+x_{it}'\beta+\mu_{it}$$
$$\mu_{it}\sim N(0,\sigma^2)$$
$$y_{it}=\begin{cases}y_{it}^* & y_{it}^*>0\\0 & y_{it}^*\leq0\end{cases} \quad (8)$$
$$i=1,2,...,16;t=2010,2011,...,2019$$

式子中，当潜变量 $y_{it}^*\leq0$ 时，被解释变量 y_{it} 等于 0；当 $y_{it}^*>0$ 时，被解释变量 $y_{it}=y_{it}^*$。同时假设扰动项 μ_{it} 服从标准正态分布。y_{it} 指代因变量修正的 RJHB 指数，x_{it}' 指代一系列影响因素。

(4) 随机效应与固定效应检验

根据非观测效应的不同假设,将个体效应分为固定效应和随机效应。固定效应模型假设截距项随空间和时间而变,且与独立变量相关;随机效应模型也假定截距项随空间和时间而变,不同之处是截距项和其他解释变量不相关。这正是Hausman设定的假设前提。Hausman检验是判断模型选用固定效应模型还是随机效应模型的一种有效的检验方法,它的原假设是随机效应模型优于固定效应模型。先估计一个随机效应,然后进行检验,P值小于0.025意味着拒绝随机效应模型,支持固定效应模型。如果随机效应的假设成立,那么随机效应模型比固定效应模型更有效。

从表7的检验结果可知,P值为0,所以拒绝原假设,即固定效应模型优于随机效应模型。

表7 Hausman检验结果

检测汇总	卡方统计量	卡方自由度	P值
横截面随机	47.33	11	0.0000

(5) 似然比检验

为使检验结果更加可靠,本报告又进行了似然比检验。似然比检验(likelihood Ratio,LR)基于最大似然估计(MLE),其原假设是模型选择固定效应不合适。从表8似然比检验的结果来看,无约束模型的AIC、BIC值远小于有约束模型,表明固定效应模型最优。似然比的卡方统计量为128.3,自由度为14,P值为0,模型拒绝了原假设,进一步说明选择固定效应模型是合适的。

表8 似然比检验

模型	样本量	ll(null)	ll(model)	df	AIC	BIC
有约束模型	160	-58.7765	-58.7756	1	119.5512	122.6264
无约束模型	160	-58.7756	5.2418	15	19.5163	65.6439

（四）计量结果分析

（1）静态面板模型

根据面板数据模型 Hausman 和 LR 检验的结果，采用固定效用模型对北京市 16 个区的面板数据进行估计。为提高结果的稳健性，采用逐步加入变量的方法。

固定效应模型的回归结果如表 9 所示，固定效应模型调整后的 R^2 大于 0.7，表明模型具有很高的解释力，所选择的影响因素可以对北京市职住分离程度做出很好的解释。如表 9 回归结果所示，模型（1）和模型（2）只纳入部分影响因素，模型（3）纳入所有影响因素。结果表明，影响北京市职住平衡的因素主要有城市化率、房价水平、商品房竣工面积、人口郊区化、就业郊区化和轨道交通的密度。其他因素对职住平衡的影响不显著。

表 9　固定效应模型的回归结果

影响因素	模型（1）	模型（2）	模型（3）	模型（4）	模型（5）
$Citylv$	3.894 ***	3.966 ***	3.905 ***	3.902 ***	0.646
	(3.65)	(3.70)	(3.66)	(3.66)	(0.94)
$Agdp$		-0.055	-0.010	-0.012	
		(-0.72)	(-0.10)	(-0.11)	
$Terqwsh$		-0.152	-0.148	-0.154	
		(-0.64)	(-0.61)	(-0.63)	
$Wage$		0.132	0.025	0.027	
		(0.81)	(0.11)	(0.12)	
$Fangjia$	0.056 *	0.061 **	0.056 *	0.055 *	0.035 ***
	(1.80)	(2.01)	(1.83)	(1.79)	(3.40)
$House$	-0.068 *	-0.063 *	-0.066 *	-0.068 *	0.016
	(-1.90)	(-1.83)	(-1.87)	(-1.92)	(0.57)
$Jigou$	0.011	0.007	0.016	(-1.92)	
	(0.21)	(0.12)	(0.27)	(0.19)	

续表

影响因素	模型(1)	模型(2)	模型(3)	模型(4)	模型(5)
Stu	0.077 (0.40)	0.080 (0.42)	0.087 (0.46)	0.093 (0.50)	
Car	0.139 (1.10)	0.104 (0.83)	0.141 (1.03)	0.132 (0.96)	
$Wenhua$			−0.012 (−0.79)	−0.012 (−0.79)	
$Goods$			0.140 (1.01)	0.150 (1.09)	
$Peodis$	106.593** (2.40)	107.649** (2.36)	105.468** (2.29)	107.039** (2.28)	
$Jobdis$	−62.672** (−2.29)	−63.984** (−2.25)	−64.744** (−2.31)	−64.963** (−2.32)	
$Subdense$	−4.310** (−2.11)	−4.507** (−2.13)	−4.129* (−1.84)		
$Subdense1$				−4.166* (−1.79)	−1.140* (−1.65)
$Peodis/Jobdis$					0.762*** (6.72)
常数项	−5.643**	−5.433**	−5.990**	−5.984**	−0.574
个体固定效应	控制	控制	控制	控制	控制
调整后的 R^2	0.735	0.731	0.728	0.728	0.939

注：***、**、*分别表示在1%、5%、10%置信水平下显著；括号内为t值；使用聚类稳健标准误消除异方差，聚类层面为区。

城市化率系数为正，表明城市化率与职住空间结构的偏离程度成正比，城市化发展会导致职住空间不匹配情况的加剧。房价系数为正，且在各个模型中变化不大，总体保持稳定，在10%置信水平下显著。超高的房价导致更多的就业人口难以负担在主城区购房的成本或者租房的费用，继而居住于居住成本相对较低的郊区，这使得主城区的职住分离现象进一步加剧。商品房竣工面积的系数为负，且在10%的置信水平下显著。商品房竣工面积体现了北京市商品房的供给状况，回归结果表明商品房供给越充裕，越有助于

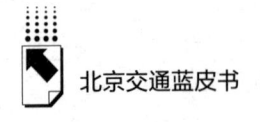

降低职住分离程度。

轨道交通密度对城市职住分离有显著的负向作用。提高轨道交通密度有利于降低职住分离程度，实现职住平衡。模型（3）中，反映中心城区地铁密度的变量 Subdense 的系数为-4.129，在10%的置信水平下显著。这表明，轨道交通密度每提高1个单位，职住分离程度下降4.129个单位。提高轨道交通的密度，如增加市区地铁线路的通勤里程，对城市职住平衡具有很强的促进作用。模型（3）中只考虑了中心城区（城六区）内的地铁密度，没有考虑市郊铁路，市郊铁路是远郊区居民工作通勤、生活出行的重要交通工具。截至2020年，北京市郊铁路运营线路达4条，市域内运营里程353.5千米，车站22座。因此，模型（4）在中心城区（城六区）地铁的基础上进一步纳入了市郊铁路，以综合反映整个城市的轨道交通密度，新的变量为 Subdense1，结果显示，该变量的系数有所下降，但依然在10%的置信水平下显著。以市郊铁路为核心的市域级轨道交通网络不仅对优化城市空间结构起到关键作用，同时也是都市圈轨道交通网络的重要组成部分。模型（3）和模型（4）的回归结果表明，大力发展包括主城区地铁和远郊区市郊铁路在内的轨道交通对实现职住平衡具有重要意义。

人口分散化指数为正，就业分散化指数为负，都在5%的置信水平下显著。计算结果表明，人口郊区化程度越高，即人口从市中心向郊区分散居住的越多，越容易出现职住分离；同时就业的分散化程度越低，也就是说就业越集中于市中心，越容易导致职住分离。之所以出现这种情况，是因为北京出现了显著的居住—就业空间错位。随着北京城市土地和住房制度的改革、城市人口规模的扩大、城区面积的扩张、城市交通基础设施的发展以及私家车的普及，人口居住郊区化的程度大幅提高，与此同时，就业郊区化的进程却相对缓慢，远远跟不上人口郊区化进程（徐涛等，2009）。截至2020年，服务业已经成为北京市的第一大产业，占比超过80%，而服务业为了获得规模经济和集聚经济的好处，倾向于集中在中心城区，使得就业分散化的程度有限，就业区域仍然集中于城六区四环以内及周边区域，而外围居住集中区主要分布于四环以外的区域,在空间上与就业中心的分布明显错位。就业和居住中心的错位导致大量的跨区通勤交通,进而引发职住分离。

为了更直观地反映人口居住—就业空间错位的影响,模型(5)用人口分散化指数除以就业分散化指数,得到新的变量 $Peodis/Jobdis$,用以描述居住和就业郊区化的不同步程度,同时纳入前面几个已经显著的影响因素,包括城市化率、商品房价格、商品房竣工面积、轨道交通密度(包括城六区地铁和郊区铁路)。结果显示,就业与居住郊区化的不同步对居住—就业空间错位(即职住分离)有显著影响,居住的郊区化程度越高、就业的郊区化程度越低(二者的比值越大),则居住—就业空间错位越严重,职住分离程度就越大。

(2)基于 logit 和 tobit 模型的研究

在面板数据分析前,首先进行 Hausman 检验来确定模型中涉及的非观测因素是固定效应还是随机效应,然后确定合适的模型形式。Hausman 检验结果见表 10。

表 10　Hausman 检验结果

检测汇总	卡方统计量	卡方自由度	P 值
横截面随机	0	8	1.0000

根据输出结果,P 值等于 1,检验结果接受假设条件,认为随机效应模型优于固定效应模型,因此本报告采用随机效应模型进行回归。

随机效应模型的回归结果如表 11 所示。

表 11　logit 模型和 tobit 模型的回归结果

影响因素	模型(6)logit	模型(7)logit	模型(8)tobit	模型(9)tobit
$Citylv$	46.324**	12.189	3.682***	0.512**
	(2.009)	(0.77)	(8.83)	(2.49)
$Agdp$	-1.825	-9.782*	-0.108	-0.052
	(-1.002)	(-1.70)	(-1.05)	(-1.47)

续表

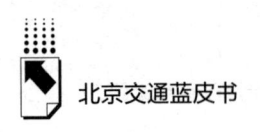

影响因素	模型(6)logit	模型(7)logit	模型(8)tobit	模型(9)tobit
Terqwsh	-12.478		-0.159	-0.033
	(-1.586)		(-0.59)	(-0.27)
Wage	-16.460**	16.779*	0.271	0.011
	(-2.035)	(1.88)	(1.33)	(0.16)
Fangjia	4.951**	1.435*	0.049	0.032**
	(2.155)	(1.65)	(1.49)	(2.36)
House	-0.173	-4.680**	-0.053*	-0.015
	(-0.094)	(-2.22)	(-1.84)	(-0.91)
Jigou	5.609		0.018	
	(1.389)		(0.21)	
Stu	-2.788		0.058	
	(-0.49)		(0.49)	
Car	1.412	-6.764	0.087	
	(0.29)	(-1.25)	(0.62)	
Wenhua	0.411	1.091	0.000	
	(0.59)	(1.58)	(0.02)	
Goods	-16.176**	-10.316	-0.086	
	(-2.51)	(-1.64)	(-0.55)	
Peodis	297.702***		73.470***	
	(3.27)		(2.61)	
Jobdis	-171.574***		-65.163***	
	(-2.70)		(-3.64)	
Subdense	-205.692***	-71.634**	-5.854***	-0.807
	(-3.09)	(-2.57)	(-2.70)	(-1.13)
Subdense1				
Peodis/Jobdis		11.925**		0.768***
		(2.29)		(25.79)
常数项	27.724	40.509	-4.667**	-1.636***
	(0.34)	(0.53)	(-2.08)	(-2.64)
Sig2u	5.205***	5.335***		
	(8.40)	(8.74)		
Sigma_u			0.666***	0.223***
			(4.80)	(5.16)
Sigma_e			0.250***	0.121***
			(16.65)	(16.85)

注：*** 、** 、* 分别表示在1%、5%、10%置信水平下显著，括号内为z值。

模型（6）包含了所有影响因素，系数的估计结果基本与固定效应一致。模型（7）为进一步检验人口—就业空间错位的影响，引入 *Peodis/Jobdis* 这一比值，结果依然为正，且在5%的置信水平下显著。模型（6）和模型（7）的回归结果表明，职住分离发生的概率受城市化率、商品房价格、商品房竣工面积、人口郊区化、就业郊区化和轨道交通的密度等因素显著影响，其中，轨道交通的密度和人口—就业空间错位对职住分离的影响要显著大于其他因素。

模型（8）、模型（9）是tobit模型的回归结果。由于使用OLS对整个样本进行线性回归，其非线性扰动项将被纳入扰动项中，导致估计结果不一致，Tobin提出用极大似然估计法进行估计。各系数的估计结果与固定效应模型基本一致。在tobit模型中，对职住失衡影响最显著的是居住、就业郊区化和人口—就业空间错位指数3个变量。从居住选择来看，企业外迁吸引人口向郊区转移。从就业的空间结构来看，在郊区化过程中，居住空间的不断扩展和城市产业（就业）向郊区扩散的不同步、郊区居住功能单一、缺乏产业提供足够的就业岗位，导致职住分离、空间错位现象日益严重，居民的通勤时间和通勤距离不断增加。

（五）稳健性检验

为保证检验结果的稳健性，本报告将职住比作为新的因变量，替换居住就业偏离度指数进行估计，结果如表12所示。

表12　替换因变量后的模型估计结果

影响因素	模型（10）固定效应	模型（11）固定效应	模型（12）logit	模型（13）logit	模型（14）tobit	模型（15）tobit
Citylv	0.846*** (6.98)	0.258** (2.37)	0.532*** (3.25)	0.114** (2.53)	0.531*** (2.72)	0.364** (2.16)
Agdp	0.028 (1.18)		0.014 (1.26)		0.023 (1.46)	
Terqwsh	0.065 (1.00)		0.075 (0.90)		0.022 (1.30)	

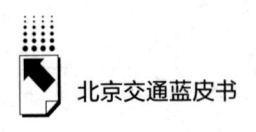

续表

影响因素	模型(10)固定效应	模型(11)固定效应	模型(12)logit	模型(13)logit	模型(14)tobit	模型(15)tobit
Wage	0.013 (0.23)		0.016 (0.24)		0.413 (0.63)	
Fangjia	0.012* (1.73)	0.041*** (11.50)	0.137* (1.67)	0.037*** (7.26)	0.145* (1.79)	0.124*** (9.30)
House	0.004 (0.54)	-0.016** (-2.50)	0.120 (0.134)	-0.137** (-2.50)	0.015 (0.56)	-0.071** (-2.13)
Jigou	0.011 (1.03)		0.126 (1.26)		0.071 (1.38)	
Stu	-0.008 (-0.28)		0.016 (0.28)		-0.078 (-0.267)	
Car	0.020 (0.65)		0.039 (0.637)		0.028 (0.59)	
Wenhua	0.003 (0.78)		0.167 (1.33)		0.408 (0.66)	
Goods	-0.032 (-0.96)		-0.089 (-0.88)		-0.153 (-0.86)	
Peodis	53.061*** (4.52)		31.120*** (6.44)		42.160*** (3.44)	
Jobdis	-18.447** (-2.53)		-12.467** (-3.58)		-16.324** (-2.76)	
Subdense	-0.655** (1.99)	-0.829* (-1.89)	0.796* (1.87)	-0.635* (-1.76)	-0.543** (2.36)	-0.654* (-1.75)
Subdense1						
Peodis/Jobdis		0.147*** (7.85)		0.264*** (7.85)		0.203*** (6.57)
常数项	1.247*** (10.45)	1.171*** (7.13)	1.370*** (8.46)	1.021*** (9.66)	1.167*** (6.45)	1.213*** (7.44)
固定效应	控制	控制				
调整后的 R^2	0.966	0.976	0.786	0.862	0.939	0.783

模型(10)~(15)分别是静态面板模型、logit 模型和 tobit 模型的估计结果。模型结果显示,城市化率、商品房价格、人口郊区化、人口—就业空间错位指数显著为正,商品房竣工面积、就业郊区化、轨道交通的密度显

著为负，与上文结果基本一致。置换变量后模型主要变量除了系数发生变化外，符号与显著性未发生明显改变，这意味着本报告的研究结果具有较好的稳健性。

四　国外典型大都市区案例分析

（一）东京都市圈轨道交通体系对职住平衡的影响

1. 东京都市圈利用轨道交通的时空重塑作用，克服了产业和住房政策在解决职住平衡问题上的局限性

东京都政府于 2000 年颁布《交通需求管理东京行动计划》，其核心思想是限制市民乘坐私家车出行，具体措施包括征收高昂停车费、对乘坐公共交通上下班提供交通补贴等，最终促使通勤人群转变出行方式（张暄，2015）。因此，相较于普遍使用私人交通工具通勤的北京、纽约等大都市区，东京都市圈的城市通勤状况更好。从通勤比例来看，在东京都市圈每天通勤的人群中，高峰时段乘坐轨道交通的乘客比例达到 91%；从通勤距离来看，东京都市圈的轨道交通网使通勤人群的出行半径从 1872 年第一条铁路修建时的 10 千米扩大到如今的 70 千米，单程通勤时间仍控制在 2 小时以内，而 2 小时单程通勤时间通常是人体所能忍受的极限，超出 2 小时通勤时间覆盖范围的通勤人数将大幅减少；从通勤时间来看，东京都市圈内通勤人群的单程平均通勤时间为 89 分钟，乘坐轨道交通的单程平均时间为 68.7 分钟。[①]

2. 轨道交通的布局建设为职住人群提供运力保障

第一，东京都市圈内建设的规模庞大的轨道交通网满足了职住失衡带来的大量通勤需求。截至 2018 年底，东京都市圈轨道交通网运营总里程达 3515 千米，地铁运营总里程仅约 500 千米，市郊铁路运营总里程高达 3000

---

① 数据来源：日本国土交通省《首都圈整备发展白皮书》（平成 29 年版）。

千米，平均车站密度约 0.16 座/平方千米；都心 23 区的路网密度则达到 1.01 千米/平方千米，车站密度为 1.58 个/平方千米；轨道交通日均客流量为 4074 万人次，约占东京都市圈交通总客流量的 86.5%，其中地铁总客流量占比约为 25.5%，市郊铁路客流量占比约为 61.0%。[①] 第二，东京都市圈内的市郊铁路和地铁呈放射状和网格状相结合的布局特征，最大限度地覆盖职住两地的通达范围。地铁和市郊铁路的分布区域基本以山手线环线划分，山手线内侧分布着东京约 70%的网格状地铁网，由东京地铁和东京都营地铁两家公司经营；山手线外侧则广泛分布着 JR 东日本旅客铁路公司和各私营铁路公司运营的市郊铁路网。这些市郊铁路多以山手线的枢纽车站为起点向郊区呈放射状延伸，连通了东京都市中心与郊区。第三，大量的铁路复线建设缓解了职住两地繁忙路段面临的巨大通勤压力。以繁忙的市郊铁路山手线环线为例，该线路绝大部分区段都至少有 3 条平行复线，部分区段甚至有 7 条平行复线。

3. 轨道交通的公交化运营使职住人群提高了通勤效率

第一，市郊铁路灵活安排的发车频次满足了不同区域和不同时段职住人群的通勤需求。以市郊铁路的外房线、京叶线和地铁乐町线为例。在工作日上午的高峰时间段（见图 8），京叶线：从苏我站到新木场站区间的高峰时间段出现在 07：01~08：14，在这 73 分钟的高峰时间段向苏我站发出了 18 趟市郊铁路列车。有乐町线的高峰时间段略有滞后，出现在 07：53~09：02，在 71 分钟内也发出了 18 趟地铁列车。乘客从新木场站下车后，除去 2 分钟的步行时间，仅需再等待 2~3 分钟即可换乘下一辆地铁列车。第二，市郊铁路快慢结合、大小交路运行和过轨直通的列车为职住人群提供多样化的出行选择。以连接近郊和中心城区的京叶线为例，从苏我站到新木场站全程约 35.6 千米，慢速列车中途需要停靠 11 站，平均耗时 45 分钟；快速列车中途只经停 7 站，平均耗时 35 分钟；通勤快速列车在苏我站和新木场站之间没有经停站，平均耗时仅 29 分钟。第三，市郊铁路线与地面交通

[①] 数据来源：日本国土交通省《平成 30 年铁道统计年报》。

外房线，JR东日本		换乘 约2分钟	京叶线，JR东日本		换乘 约5分钟	有乐町线，东京地铁		步行 约3分钟 到达目的地时间
大原 → → →	苏我		苏我 → → →	新木场		新木场 → → →	樱田门	
			04:50 各站停车 05:30		换乘	05:00 各站停车 05:15		
			此处省略3趟京叶线列车			此处省略14趟有乐町线列车		
04:40 各站停车 05:38		换乘	05:50 各站停车（经停11站）	06:29	换乘	06:34 各站停车 06:49		06:52
			06:05 快速（经停7站）	06:40	换乘	此处省略4趟有乐町线列车		07:02
05:10 各站停车 06:10		换乘	06:12 各站停车	06:53	换乘	06:59 各站停车 07:14		07:17
			06:20 各站停车	07:04	换乘			07:27
			06:28 快速	07:09	换乘	此处省略6趟有乐町线列车		07:34
			06:36 各站停车	07:22	换乘			07:47
05:32 各站停车 06:37		换乘	06:42 快速	07:17	换乘	07:22 各站停车 07:38		07:41
			06:51 快速	07:28	换乘	此处省略8趟有乐町线列车		07:52
			06:55 各站停车	07:40	换乘			08:05
05:54 各站停车 06:59		换乘	07:01 各站停车	07:47	换乘	07:53 各站停车 08:09		08:12
			07:05 各站停车	07:52	换乘			08:15
			07:08 通勤快速（无轻停站）	07:37	换乘			08:02
			07:12 各站停车	07:56	换乘			08:23
			07:17 各站停车	08:02	换乘	此处省略8趟地铁列车		08:27
			07:21 通勤快速	07:50	换乘			08:15
			07:24 各站停车	08:05	换乘			08:31
			07:27 各站停车	08:10	换乘			08:35
			07:32 各站停车	08:13	换乘			08:39
06:24 各站停车 07:35		换乘	07:37 各站停车	08:23	换乘	08:28 各站停车 08:44		08:47
			07:43 各站停车	08:31	换乘			08:55
			07:46 通勤快速	08:15	换乘	此处省略4趟地铁列车		08:39
06:41 各站停车 07:46	过铁直通		07:46 通勤快速	08:15	换乘			08:39
			07:52 各站停车	08:43	换乘	08:49 各站停车 09:10		09:13
			07:59 通勤快速	08:28	换乘	08:32 各站停车 08:47		08:51
			08:03 各站停车	08:45	换乘	08:54 各站停车 09:09		09:13
			08:07 各站停车	08:55	换乘	08:58 各站停车 09:13		09:17
06:52 各站停车 08:09		换乘	08:14 各站停车	08:58	换乘			09:21
07:19 各站停车 08:23		换乘	此处省略7趟京叶线列车		换乘	此处省略10趟有乐町线列车		09:34
07:59 各站停车 08:57		换乘	09:07 各站停车	09:43	换乘	09:47	10:02	10:05
16:44 各站停车 17:48		换乘	此处省略部分京叶线列车		换乘	此处省略部分有乐町线列车		19:02
18:14 各站停车 19:21		换乘						20:28
20:39 各站停车 21:47		换乘						23:03
21:53 各站停车 22:53		换乘	23:09 各站停车	23:48	换乘	00:01	00:15	00:19

图 8 "大原→警视厅" 通勤时刻表

资料来源：东京地铁网站。

实现高效衔接。如图9所示，市郊铁路线网和车站通常建设在住宅区周围，上班、求学等通勤人群可通过步行、骑车、自驾、乘坐公交巴士等方式到达

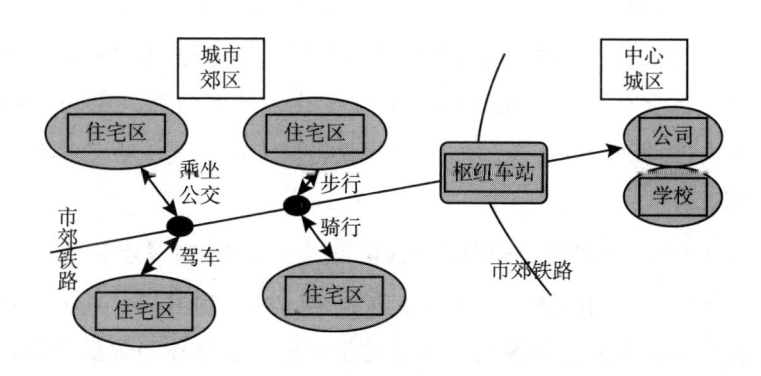

图 9 东京郊区公共交通体系

资料来源：作者自绘。

就近的市郊铁路车站,然后乘坐慢速列车到达枢纽车站,再换乘快速列车直达中心城区目的地。因此,郊区的地面公交线路发挥的作用是将各铁路车站和周围的住宅区连接起来,形成轨道交通和地面交通的一体化衔接。

(二)芝加哥大都市区产业政策对职住关系的影响

1. 产业结构调整使郊区就业岗位增加,大都市区边缘发展迅速

芝加哥于1837年设市,当时的城市经济以农业为主。1871年芝加哥大火使近10万人无家可归,人们搬离了市中心,开始向郊区发展。1880年城市人口恢复并上升到50万人,1900年超过200万人。城市人口的迅速增长说明芝加哥城市化速度加快,制造业与商业的发展需要大量劳动力资源,这吸引了周边郊区和其他地区的人流涌向芝加哥市区。1947年,芝加哥中心城内的制造业比例从71%下降到20%,很多工厂都关闭了市区内的公司,继而转向郊区发展。20世纪下半叶是芝加哥大都市区经济结构转型、人口向郊区流动和地区面积扩张的时期。1950年,"二战"后经济逐渐恢复,城市人口数量达到362万人的历史顶峰。从1970年开始,郊区成为就业的增长点,人口数量第一次超过城区,占比达到芝加哥地区总人口的55%,且郊区面积从库克县扩展到杜佩奇县和麦亨利县(吴之凌、汪勰,2005)。到2000年,芝加哥60%以上的地区就业岗位位于距离市中心10英里以上的地方。由此可见,产业结构的不断调整使大都市区出现了就业和人口郊区化的现象,城市形态急剧变化,其中包括大都市边缘区人口、就业岗位和面积的迅速增加,这导致居住人口和经济活动在整个大都市区内相对分散。

2. 合理规划区域功能,促进就业岗位及居住人口的合理分布

按居住地点分列的货运工人人数在整个区域大幅增加,其中威尔县与货运业相关的居住人数与该地区货运就业人数同步增长趋势最为明显。当高科技企业从城市中心或近郊迁往远郊时,由于居住地和工作地点之间的不匹配,会产生社会成本。因此,将未来的企业发展定位在已经开发的地

区，可以充分利用现有的交通和基础设施资产，并更好地将工作与工人居住的地方联系起来。产业向周围县市发展的同时使芝加哥大都市区就业岗位不再过分集中在区域中心。图10为芝加哥大都市区重点产业集群提供的岗位数量，深色区域表示提供工作岗位超过500个的区域。虽然芝加哥大都市区北部的就业岗位略多于南部，但总体上工作岗位的分布相对均匀。产业的合理分布在促进就业岗位增加的同时，也使大都市区中高收入居民更愿意居住在芝加哥郊区，他们可以通过自驾前往工作地点。而低收入居民更愿意居住在市中心，因其需要使用成本更低的公共交通快速前往工作地点。

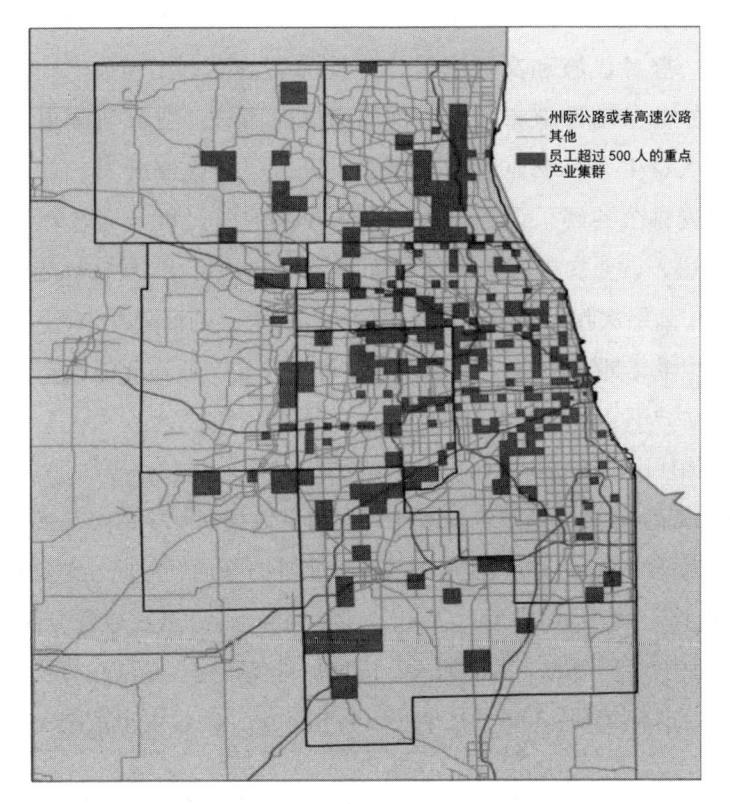

图10 芝加哥大都市区重点产业集群提供的岗位数量

资料来源：Chicago Metropolitan Agency for Planning analysis，CMAP。

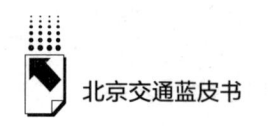

（三）纽约大都市区住房政策对职住平衡的影响

1. 住房政策导致区域房价产生分化，不同收入层次居民各取所需

芝加哥大都市区的区域综合规划机构 NIPC 于 1968 年制定了其第一版区域综合规划（Comprehensive General Plan）。此规划主张更高效地组织郊区的工业和住宅，促进区域集约发展。规划方案以芝加哥市域为中心，致力于满足复合多元中心区的空间发展需求，以将芝加哥中心区建成区域和全球金融中心为重要目标。如在中心区周边修建中高收入阶层住宅，既能保护中心区商业核心的生存，同时还能为中心区的零售商店、餐馆和娱乐场所提供消费市场（Hunt and Devries，2013）。而郊区的产业、商业、教育、医疗、服务设施和高密度居住区应布置在区域性快速交通廊道上，同时围绕这些基础设施布置密度较低的居住区域。在交通廊道之间的地区，利用大量生态和农业用地隔离建设区，严格控制开发，并在这些开放空间中安排公共娱乐设施用地。收入较高的居民可能会选择居住在公共交通发达、就业次中心和其他方面更方便的地区。[①] 居住环境变差及治安变乱使中高层次收入的居民选择搬到环境优美、风景宜人的郊区。由于中心区房屋租金比郊区便宜，且有更为便利的公共交通，此地渐渐形成"低收入人群住城里、高收入人群住郊外"的局面。

2. 增加住房供给缓解就业人口住房短缺危机

Cervero 和 Duncan 通过实证表明，利用土地规划减少出行是实现职住平衡的有效途径之一，工作和住房的接近度是唯一与通勤时间显著负相关的建筑环境变量。[②] 以 Housing New York 为例，该计划提出从减税、区域规划、融资、增加土地利用四个角度切入，以增加可负担住房。减税方面，开发商若是在项目中有 25%~30% 的住宅是可负担住房，就可以申请减免整个项目

[①] 数据来源：Chicago Metropolitan Agency for Planning-New Report Reveals How Transportation Costs Burden Residents with Low Income。

[②] R. Cervero, M. Duncan, "Which Reduces Vehicle Travel More: Jobs-Housing Balance or Retail-Housing Mixing?" *Journal of the American Planning Association* 72 (2006): 475-490.

的房产税。① 区域规划方面，纽约市允许开发商对已经规划好的区域进行提升，即原本不能建住宅的区域可以建住宅，或容积率上限较之前有所提升。但区域提升的前提是，被提升区域上所建住房需提供占项目总户数20%~30%的可负担住房。融资方面，纽约市向可负担住房的开发商提供低收入住房退税（Low Income Housing Tax Credit），低收入住房退税本质上是一种能抵免税收的优惠券，以帮助可负担住房的开发商吸引股权投资人。以政府信用做担保，向可负担住房的开发商提供低息贷款，也是纽约市帮助开发商融资的一种方式。增加土地利用方面，通过推出小地块开发扶持项目和低效土地再开发（出租纽约市住房管理局辖区土地、城市棕地回收、对历史性建筑进行适应性改造、征用私有土地）两项措施释放土地潜能。② 可负担住房的租金也十分优惠，尽可能减轻居民生活负担。美国利用"家庭中等收入"（MFI）或"地区中等收入"（AMI）指标，划分居民收入水平，界定"低收入家庭"。收入水平越低，获得的租金优惠力度越大。

五 研究结论与对策建议

（一）研究结论

1. 北京市职住分布呈现圈层式外扩特征，具体表现在居住空间特征和就业岗位空间特征两个方面

居住空间特征方面，人口总量依旧呈增长趋势，中心城区常住人口数量减少、近郊区人口数量明显增加；虽然东城、西城两区人口密度仍处于高位，但通州、顺义等郊区出现了人口密度较高的新居住集聚区；

---

① "Housing New York A Five-Borough, Ten-Year Plan", https://www.nyc.gov/assets/hpd/downloads/pdfs/about/housing-new-york.pdf.
② "Housing New York A Five-Borough, Ten-Year Plan", https://www1.nyc.gov/assets/hpd/downloads/pdfs/about/housing-new-york.pdf.

人口的分布具有明显的同心式外扩特征，城市中心区人口集聚，居住郊区化突出。就业岗位空间特征方面，北京市从业人员总体数量增长迅速，其中第二产业和第三产业从业人员数量此消彼长，与城市产业发展中"退二进三"的布局一致；传统就业中心依然集中在城市中心，以中关村、CBD、金融街为代表的中心城区依旧是就业集中地；但郊区出现的就业中心如经济技术开发区、顺义区的空港街道等也逐渐发展成熟。可见，北京市的居住人口与就业岗位均呈现由中心城区向郊区扩散的现象，呈现圈层式外扩的特征。

2. 北京市的城市空间结构分为城市内部的多中心化、城市的扩展和边缘崛起、城区内外功能的疏解和承接三种，不同的城市空间结构对职住关系的影响不同

第一，多中心化对职住关系的影响情况取决于中心功能的完备性，若功能中心职能完备，可以实现就近平衡优化通勤，则促进职住平衡；若中心职能单一，则需要跨区域通勤，加剧职住失衡。第二，北京市边缘崛起形成新的集聚区，新的集聚区逐渐实现圈层内的梯度职住平衡，如回天地区和其周边的多个产业园区实现区域自平衡。第三，非首都功能疏解对职住关系的影响随时间而改变。长期来看，非首都功能疏解会使中心城区释放更多的承载能力，更好地承载北京的首都功能；但由于新城的配套设施还不够完善，人们就业和居住地的调整也需要时间，短期内非首都功能的疏解并未改善北京市的职住关系，甚至有所加重。

3. 城市化水平、房价上涨与就业郊区化会加剧职住分离，轨道交通网络的完善有利于缓解职住分离

本报告的实证结果表明：城市化水平达到一定程度会加剧职住分离；不论工业还是服务业，产业发展对职住分离不构成显著影响；住房价格的不断上涨是引起职住分离的重要因素；城市居住用地供给的不断增加，可以在一定程度上缓解职住空间不匹配的现象；轨道交通网络的完善有利于提升职住空间的匹配程度；就业郊区化程度较低是造成北京市职住失衡的主要原因，就业岗位相对集中在城市中心区，而其吸纳的就业人口则更多的居住在郊

区。就业郊区化程度越低，居住郊区化程度越高，则居住—就业空间错位现象越严重，对职住失衡的影响越大。

4. 通过对东京、芝加哥、纽约三大都市区的分析得出，住房政策、产业政策和交通效率是影响职住关系的主要因素

都市区通过调整产业结构的布局协调劳动力与就业岗位的分布。都市区调整产业结构，将第三产业留在都市区中心，将工业企业向城市边缘疏解。部分从业者面对中心城区的高房价和就业地外迁，从中心城区迁至郊区居住，并实现了就近就业。房价是影响从业者居住选择的重要因素。中心城区的高房价迫使大部分居民向低房价的近郊甚至远郊扩散，居住地的无序外迁增加了其通勤时间，导致职住失衡，需要政府有规划地实施住房保障政策，与产业布局相协调。大都市区的城市规模决定了无法实现职住的空间完美匹配，即使有产业政策与住房政策的加持，跨区域通勤也是大都市区或特大城市发展的必然现象。促进大都市区的职住平衡，仍需大力推动TOD模式，发展轨道交通，提高区域通勤效率。

（二）对策建议

1. 发挥住房政策与产业政策对职住平衡的调节作用

产业政策方面，调整产业布局引导就业岗位分布。第一，新型就业中心外移应尽量与边缘居住中心相匹配，在城市边缘实现职住梯度平衡，形成新的职住中心；第二，产业布局过程中应注重新城配套设施的完善性，既要发展工业，也要注重教育、医疗、科技和文化的服务供给，这也是影响非首都功能成功疏解的重要因素；第三，产业政策不能孤立存在，要与住房政策、交通路网布局以及首都的整体规划相适应，优化北京市的职住关系。住房政策方面，应从供需关系着手调控房价。一是增加保障性住房供给，考虑中低收入人群多层次的住房需求，在新的就业中心附近辅之以相匹配的住房供给，并通过贷款利率优惠吸引就业人群在工作地附近居住；二是增加住宅用地供给，对职住用地比例进行调整优化，提高居住用地占比，工业园区和科技园区与住宅配套，增加住房供应；三是既要考虑

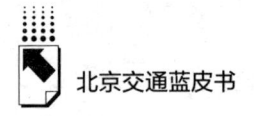

购房价格，又要考虑广大租房群体的价格阈值。以"互联网+"思维搭建高效、便民的住房租赁监管服务平台，实现住房租赁交易全流程监管。使居民能方便地通过租赁市场调整居住场所，在动态中维持职住平衡，减少通勤时耗。

2. 推动城市轨道交通的发展，发挥交通对职住关系的改善作用

职住分离是特大城市以及大都市区发展的必然现象，住房和产业政策的调节是有限的，尤其是跨区域通勤问题需要大力发展轨道交通、提高通勤效率来解决。规划建设方面：第一，加强市郊铁路与城市地铁的衔接，确保轨道交通线路、站点与周边用地协调一致，推进站城一体化发展；第二，发挥市郊铁路运行速度快的优势，在地铁高负荷运载路段修建市郊铁路复线，疏解地铁的运载压力；第三，市郊铁路与地铁明确布局分工，市郊铁路连通中心城区与郊区，地铁充分覆盖中心城区。管理运营方面：第一，市郊铁路应充分利用既有线路，根据地区实际出行需求，实行差异化发车模式，提高市郊铁路运营效率，实现公交化运营；第二，大力推动TOD模式的发展，以公共交通枢纽为核心完善周边的配套设施，吸纳人流沿站点集聚，促进站城一体化发展；第三，应加强市郊铁路与城市地铁、公交等不同交通系统之间的衔接，提升地下交通运营效率，释放地面交通压力，提高城市路网密度。

3. 促进"就业—居住—交通"三者之间的协调发展，减少居住—就业的空间错配，促进职住关系沿廊道分布的时空平衡

第一，推动产城融合，在就业中心周边开发居住单元，利用集体建设用地和企业自用地建设租赁住房，加强产业功能区的住房保障。在交通可达性较好的城郊区域完善公共服务设施，以此支撑和带动相关产业发展，促进区域性就业多中心的形成与拓展；第二，沿轨道交通廊道建设居住、就业等不同的功能组团，形成"职住梯度分布"的格局。优化城市功能与轨道交通设施的耦合关系，促进职住更好地对接。在外围规划新建功能区和就业中心时，应强调功能区与城际铁路、通勤铁路枢纽站点的近接性和可达性；第三，实行"轨道+物业"综合开发的TOD模式，引导城市功能、产业、居住、人口、公共服务向轨道站点周边集聚，建立集工作、商业、文化、教育、居住等于一体的功能区，为人们的通勤和居住提供便利。

参考文献

白羽、赵鹏军：《职住平衡概念与测度方法研究进展》，《西北师范大学学报》（自然科学版）2018年第4期。

北京市人民政府：《北京城市总体规划（2016—2035年）》，2017。

刘满芝、刘贤贤：《中国城镇居民生活能源消费影响因素及其效应分析——基于八区域的静态面板数据模型》，《资源科学》2016年第38期。

荣朝和：《铁路/轨道交通在新型城镇化及大都市时空形态优化中的作用》，《北京交通大学学报》（社会科学版）2014年第13期。

孙斌栋等：《职住均衡能够缓解交通拥堵吗？——基于GIS缓冲区方法的上海实证研究》，《城市规划学刊》2017年第5期。

吴之凌、汪勰：《芝加哥的发展经验对我国中部城市的启示》，《城市规划学刊》2005年第4期。

杨明等：《边缘城镇崛起下的特大城市职住梯度平衡研究——以北京为例》，《城市发展研究》2019年第10期。

杨明等：《新阶段北京城市空间布局的战略思考》，《城市规划》2017年第11期。

姚永玲、杨阳：《多中心职住共生模式识别——以北京市为例》，《城市发展研究》2021年第7期。

英成龙等：《乌鲁木齐市职住空间组织特征及影响因素》，《地理科学进展》2016年第4期。

于涛方、吴维佳：《单中心还是多中心：北京城市就业次中心研究》，《城市规划学刊》2016年第3期。

张沛、王超深：《出行时耗约束下的大都市区空间尺度研究——基于国内外典型案例比较》，《国际城市规划》2017年第2期。

张暄：《对东京整治城市交通拥堵政策的分析与研究》，《城市管理与科技》2015年第3期。

张艳等：《基于多源数据融合的北京市职住空间特征研究》，《城市发展研究》2019年第12期。

赵坚编《中国大都市区与中国铁路问题研究》，中国经济出版社，2019。

赵西君、何燕：《北京市居住与就业的空间错位及原因》，《城市问题》2010年第5期。

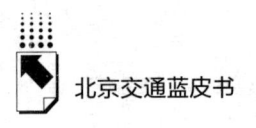

郑思齐等：《"职住平衡指数"的构建与空间差异性研究：以北京市为例》，《清华大学学报》（自然科学版）2015年第4期。

徐涛等：《北京居住与就业的空间错位研究》，《地理科学》2009年第2期。

B，Sun，Z. He，T. Zhang，"Urban Spatial Structure and Commute Duration：An Empirical Study of China，" *International Journal of Sustainable Transportation*（2016）.

C. Xu，H. Li，J. Zhao，"Investigating the Relationship between Jobs-Housing Balance and Traffic Safety，" *Accident：Analysis and Prevention* 107（2017）.

D. B. Hunt，J. B. DeVries，*Planning Chicago*（APA Planners Press，2013）.

Davidson R，MacKinnon J G.，*Econometric theory and methods*（New York：Oxford University Press，2004）.

E. Blumenberg，H. King，"Jobs-Housing Balance Re-Visited，" *Journal of the American Planning Association* 87（2021）.

H. Pan，Z. Wang，"The Effects of Spatial Measurement Choice and Multidimensional Factors on Jobs-Housing Balance，" *Urban Planning Forum* 2（2020）.

J. A. Hausman，W. E. Taylor，"Panel Data and Unobservable Individual Effects，" *Econometrica：Journal of the Econometric Society*（1981）.

J. Kim，B. Lee，"More Than Travel Time：New Accessibility Index Capturing the Connectivity of Transit Services，" *Journal of Transport Geography* 78（2019）.

L. Engelfriet，E. Koomen，"The Impact of Urban Form on Commuting in Large Chinese Cities，" *Transportation* 45（2018）.

M. H. Rahman，F. R. Ashik，"Is Neighborhood Level Jobs-Housing Balance Associated With Travel Behavior of Commuters？A Case Study on Dhaka City，Bangladesh，" *GeoScape* 14（2020）.

M. Zhang，S. He，P. Zhao，"Revisiting Inequalities in the Commuting Burden：Institutional Constraints and Job-Housing Relationships in Beijing，" *Journal of Transport Geography* 71（2018）.

N. Ta，Y. Chai，Y. Zhang，et al.，"Understanding Job-Housing Relationship and Commuting Pattern in Chinese Cities：Past，Present and Future，" *Transportation Research Part D* 52（2017）.

R. Cervero，"Jobs-Housing Balancing and Regional Mobility，" *Journal of the American Planning Association* 55（1989）.

R. Dong，F. Yan，"Revealing Characteristics of the Spatial Structure of Megacities at Multiple Scales with Jobs-Housing Big Data：A Case Study of Tianjin，China，" *Land* 10（2021）.

Y. Hu，F. Wang，"Temporal Trends of Intraurban Commuting in Baton Rouge，1990-2010，" *Annals of the American Association of Geographers* 106（2016）.

Y. Shen, Na. T, Z. Liu, "Job-Housing Distance, Neighborhood Environment, and Mental Health in Suburban Shanghai: A Gender Difference Perspective," *Cities* 115 (2021).

Z. Le, "Rethinking on Job-Housing Balance Theory in Urban Transportation Planning," *Urban Transport of China 16* (2018).

B.8
北京智慧城市建设管理研究

摘　要： 中国智慧城市建设逐步推进，出现了创新协同、以人为本、因地制宜、共建共享、数字共融的新发展趋势。自"十四五"规划发布以来，北京市的智慧城市建设取得较大的进展，但仍然存在部分亟待解决的问题。本报告首先梳理了上海、纽约、巴塞罗那等国内外智慧城市建设的经验；之后，结合国内外经验和北京市智慧城市建设现状和存在的问题，参照北京市智慧城市建设管理的目标模式，提出包含智慧基础设施、智慧产业发展、智慧终端应用和发展环境指数四个维度的指标体系，并基于此与国内主要城市进行了横向对比；最后从科学规划顶层设计、夯实智慧基础、实现长效运营、明确服务对象以及形成智慧创新生态五个方面提出了具体的政策建议。

关键词： 数字共融　智慧城市　北京市

一　智慧城市建设管理的新趋势和新特点

（一）智慧城市的概念

早在2008年IBM公司提出了智慧地球的概念，即将信息技术运用到各个行业，通过互联网将各个行业的单位联系起来。在具体操作上，则是将各类传感器嵌入医院、铁道、公路、供水等多个领域，从而将各领域的信息通过互联网进行联系，然后使用超级计算机或其他预算方式，对这些信息进行处理和预测，为人们的工作、生活管理提供指导，从而提升全球人类生活的"智慧水平"。而后人在智慧地球概念的基础上，将其延伸至城市管理，便形成了智慧城市的相关概念。虽然总体上各国家不同学者对智慧城市的研究角度不同，对智慧城市的定义也没有完全统一，但总体而言，智慧城市是运用新一代信息技术，对民生、环保、公共安全、城市服务、工商业活动等方面的需求做出智能响应，加快城市升级、促进城市建设和管理智慧化转型的新模式。

《新型智慧城市发展报告2018—2019》显示，截至2019年底，我国处于智慧城市建设准备期的城市占比与2017年相比已经大幅度降低，从42.3%下降到11.6%，现阶段，我国大量城市已经处于智慧城市建设的起步期和成长期，占比从57.7%增长到80%。无论是从智慧城市的参与数量来看，还是从投入规模来看，我国都已经成为全球智慧城市建设的第一大国。随着数字经济的蓬勃发展，国家逐渐加大"新基建"在信息技术领域投资的政策支持，各地也积极响应，这预示着我国智慧城市建设将迎来新一轮的高潮。

（二）智慧城市建设管理的新趋势

随着智慧城市在技术应用、理论探究、实际建设中不断发展，智慧城市建设在创新协同、为民服务、数据共享、产业赋能、应急安全等方面都出现了新的发展趋势。

1.创新协同，夯实智慧基础

伴随5G、人工智能、物联网等多种新技术的应用，升级的智慧城市基础能力为智慧城市建设提供全新的"智慧支撑"，感知体系、云网和算力底座得到加强，基础平台和数据服务能力进一步赋能。新能力催生新要求，创新协同，建设"科技创新策源地"成为智慧城市发展的新方向。

新技术相互联动，产生智慧城市的新场景。新一代信息技术逐渐投入应用化阶段，人工智能、物联网、区块链等技术之间互相交叉、互相融合，形成新的应用场景，拓宽原本智慧城市的范围，并且智慧人文、智慧交通、智

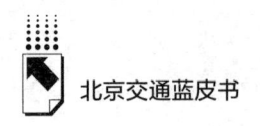

慧医疗、执法公安等领域的智慧体验被进一步拓展。例如,在已有的交通智能调度系统的基础上,新型智慧交通体系通过对计算机、物联网、大数据、云计算以及人工智能等新型信息技术的综合应用,实时掌握城市交通的动态信息,能够及时且迅速地调整城市交通流量和缓解城市交通拥堵。

此外,智慧安防、智慧教育、智慧医疗、网格化管理等也是智慧城市建设的重要内容。智慧安防系统的构建可以实现对城市气候、人员流动等综合信息的动态化防控,进而提高城市对公共安全突发事件的应对能力。网格化管理模式提高了城市市政规划建设服务能力,政府、企业、城市居民之间的距离被技术拉近,"城市大脑"架构更加完善,"一网通办"服务内涵进一步深化,城市运行"一网统管"进一步推进,新一代信息基础设施布局进一步优化,资源得到整合,渠道更加通达,城市生活更加智慧便利。网格化管理模式改变了传统城市管理模式,是智慧城市发展的重要方向。

2.以人为本,增强政务效能

智慧城市建设越来越强调为城市居民提供精准、多样、及时的服务,依托智慧城市平台,城市管理将从由上而下的单向管理方式逐步转向政府和居民互相沟通的双向管理方式。以城市事件为牵引,统筹管理网络,构建城市运行"一网统管"应用体系,并基于市级大数据平台,建设城市大脑中枢,实现全局统揽、精准服务、高效决策。基层治理模式进一步升级,"微基建"概念被提出,城市居民与智慧城市建设的距离被进一步拉近。通过完善公众参与机制,居民在城市建设中的参与感不断增强。

在智慧城市中,城市的政务部门和职能部门具有灵活的信息架构、先进的管理以及创新的技术应用体系,加快建立信息共享平台,综合处理城市运行过程中各类信息资源,对各类信息资源进行分析后加以整合利用。建立服务评价信息体系,通过人民群众的监督和服务评价促进政府部门工作人员服务意识的增强和服务能力的提升,充分发挥政府的服务职能,最终建设服务型政府。

3.因地制宜,差异化实施

全球范围内智慧城市建设标准不一,根据自身资源条件、发展水平、需求的不同，各国具有不同的经济和社会发展要求，呈现多样化发展趋势。我国各地智慧城市新规划中广泛出现"因地制宜"概念，智慧城市建设因地施策，各地级市智慧城市的推进和发展政策形成差异化布局。具体问题具体分析，不同类型的城市，具有不同的发展问题和重点，具有不同的资源和特色，发展需求不同，智慧城市的建设路径也不同。从城市需求出发开展城市建设，既满足城市管理需求，又突出城市的优势资源和发展特色。

4. 数字共融，加强数字经济效能

"十四五"期间，依托智慧城市建设，新一代信息技术应用化步伐加快。城市智慧化发展带动城市产业发展，产业发展壮大进一步促进城市智慧化转型。发展数字经济有助于各地智慧城市的建设。产业发展为智慧城市提供新技术、新能力、新产品，智慧城市反过来为产业发展提供市场和创新聚集地。

一方面，智慧城市建设通过吸引社会资本和金融资源投入，投资额将持续增加，带动相关产业发展，市场规模逐步扩大，带动全产业链高质量发展；另一方面，智慧城市为新技术提供了试验场，新技术应用驱动新发展，吸引创新要素，使创新成果落地，将智慧城市打造成为创新应用新高地。

5. 保障安全，搭建应急管理体系

经过新冠肺炎疫情的考验，应急管理成为智慧城市建设的重要发力点。注重提升协同创新和救援实战能力，有助于提高城市公关危机应对能力。在智慧城市中，新基建安全基础将继续被夯实，智能检测预警水平将进一步提高，防范公共安全风险能力将得到提升。在后疫情时代，完善重大疫情跟踪体系、传染病监测网络，运用大数据支撑重点人群排查；开展医疗健康数据专区建设，推动"1+N+1"互联网医院综合平台建设，助力医疗健康产业创新发展。同时，数据安全被提升至高位，居民信息保护的重要性凸显，数据被分级分类进行不同级别的保护，并及时对数据泄露进行应急处理。

（三）智慧城市建设管理的新特点

基于智慧城市新动向和相关产业发展实际，在原有内涵基础上，智慧城

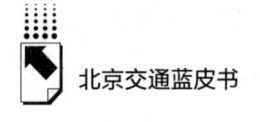

市呈现以下新特点。

1. 新着力点：尖端技术与全程服务

智慧城市在依靠新一代信息技术的基础上，增加配套的全程服务来帮助技术落地，促进城市发展。

一方面，智慧城市中的新技术、新应用、新场景需要配合服务才能发挥最大效力。智慧城市已经从强调技术转向强调数据，从服务的角度去看待智慧城市，让服务贯穿于全部场景，真正服务城市的管理者和生活在城市中的每一个人。另一方面，"技术+服务"能够实现智慧城市的全流程响应，促进数据共享，提高政府管理效率，使居民、企业、产业普遍受益，推动经济发展。

2. 新落脚点：数字空间与现实空间

新技术的应用拓展了城市建设与管理的范围。数字空间是现实空间的拓展，是网络空间中与现实世界对应的"数字世界"。其数字化模拟城市全要素资源，通过推动数据开放流通，加强数据防护安全，使得数据要素能够有序流动，形成"数字空间+现实空间"高效协同、蓬勃发展的智慧城市有机体。

3. 新目标：普惠民生与生态友好

智慧城市的发展，既要实现提高城市经济发展水平的目标，也要实现提高居民生活满意程度的目标，二者要相互协调，最终实现城市经济转型发展、生态环境保护和居民的智慧服务相统一。一方面，智慧城市不再单纯是技术与信息基础设施的堆砌，针对城市居民的"一网通办""接诉即办、吹哨报到"等业务不断推进，智慧城市以"惠民"为建设出发点，也以"惠民"为建设目标；另一方面，全流程、全链条的将平衡生态环境保护与城市发展的理念贯彻到智慧城市的建设中，推动生态环保领域更加协同。智慧城市建设集"数字化"、"绿色化"和"安全发展"三大要素于一体，是"碳中和"全面推进的最好抓手和实现"碳中和"愿景的重要途径。

二 北京智慧城市建设的现状和存在的问题

（一）北京智慧城市建设的现状

进入2021年以来，北京市愈加重视智慧城市的发展，将智慧城市发展摆在重要位置，接连针对建设什么、如何建设提出具体规划。《北京市国民经济和社会发展第十四个五年规划和二〇三五年远景目标纲要》中强调，要"充分运用大数据、云计算、区块链、人工智能等前沿技术推动城市管理理念、手段、模式创新，推进智慧城市建设"，并重点提及了"城市大脑"、智慧赋能城市精细管理、智慧服务惠民这三个方面。为了解决数字经济发展面临的突出问题，2022年7月27日，北京市人大常委会首次审议《北京市数字经济促进条例（草案）》。

1. 深入推进一站式服务，政务效能大幅提高

"十三五"期间，北京市全面推进智慧政务，大力推广"一网通办""一网统管""一窗受理"等服务形式，并推出一站式政务App"北京通"，作为北京试点新型智慧城市的重要入口，通过基于人脸识别和权威大数据的实名认证方式，市民可将手中的实体卡转化为App中的虚拟卡，集合多项功能，节省群众的办事时间。同时，企业为智慧政务提供技术支持，华为云基于区块链技术助力北京市建立了大数据系统，帮助53个市级部门上链，成效显著。例如，北京市水务局共享北京市规划和自然资源委员会的数据，需求提出、申请、授权、确认、共享、使用等全流程在目录链管控下自动执行，10分钟内可以完成，各环节全程记录可追溯，大大提高了政府政务的效率和安全性。

2. 信息化、智慧化交通管理，保障居民出行安全便捷

发展至今，北京市智慧交通管理系统主要形成了八个子系统，通过高新技术赋能传统交通领域，不断引入大数据、互联网、物联网、人工智能等先进技术，北京市已形成了"一云、一中心、三张网、五大综合应用"的新

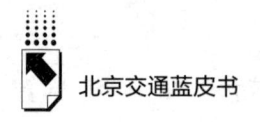

型智能交通系统，努力建设信息化、智慧化的现代交通警务。

在北京市随处可见智慧交通的"影子"。如配合大数据信息，分析区域路段交通特点，制定"互联网+信号"配时优化机制的"绿波带"计划；北京CBD西北区试点智能斑马线和行人闯红灯抓拍大屏；将"互联网+"思维嵌入公交的实时查询系统以及扫码支付系统；可以通过拍照获得车辆信息的移动警务终端App；等。智慧交通的实施为居民的出行带来了极大的便利，同时为交管部门的管理提供了有力支撑。

3. 全面激活医疗领域动能，助力疫情防控

疫情防控常态化期间，北京大数据平台构建的"城市大脑"精准掌控街道、社区防疫情况。智慧医疗充分发挥作用，基于区块链技术的"北京健康宝"App帮助3800万名用户约16亿人次查询疫情信息，为城市管理者分析全市复工复产政策决策提供了数据支持，极大地减轻了政府、社区、服务人员的工作压力。2021年，中国移动已制定数据标准11582个，为疫情防控提供120亿次通信行程查询。未来几年，北京市将继续推动互联网、物联网、大数据等在医疗领域的应用，更好地满足人民群众的医疗卫生需求。

4. "线上+线下"共同发展，智慧社区打造现代化生活环境

为加强智慧社区建设，北京市通过物联网、云计算等现代技术，积极建设智慧社区平台，推进城市治理现代化。在社区基础设施方面，北京市已经对部分社区进行了试点改造，包括人脸识别摄像头、安上烟感报警器的自行车棚等。同时，5G技术的应用，让智慧社区的改造变得更加容易，让智慧社区可实现的功能也更加丰富。随着技术的日益成熟，智慧社区的改造范围也会不断扩大，为更多的居民带去生活的便利。

5. 新基建为新型智慧城市建设提供强劲动力

"智慧北京"建设已在信息基础设施方面有了突破式进展。北京智慧城市建设已基本完成以"大数据行动计划"为主线和以"筑基"为核心的1.0阶段，2.0阶段的全域应用场景开放和大规模建设已具基础，以建设全球新型智慧城市标杆城市为目标，构建以大数据为基础的智慧城市评价体系变得十分重要。为此，北京市经济和信息化局启动北京大数据行动计划和第三方评估评价支撑服务项目,采取购买服务的形式对北京智慧城市建设的成效进行考核评估,精准把控北京大数据治理情况、提升北京大数据治理能力、明晰北京大数据发展方向。

(二)北京智慧城市建设存在的问题

在信息技术革命和产业变革的背景下,我国的智慧城市建设蓬勃发展,但智慧城市建设尚存在许多实际问题。当前,在智慧城市信息化发展进程中,北京市面临缺乏科学布局、数据资源的流通不畅、城市管理以及公共服务能力亟待提高等现实问题。

1. 缺乏科学布局、统一标准的"城市大脑"

"城市大脑"作为城市的"中枢神经系统",可以有效提升城市治理水平。然而,北京市高科技企业众多,不同的科技企业由于出发点和侧重点的差异,纷纷从自己的角度去搭建"城市大脑",这直接导致了城市"多脑"问题的出现。究其原因是"城市大脑"来源于市场,北京市缺乏一个权威的、精确的标准,一旦在政府治理过程中产生各种"大脑",与已有的治理体系和服务对象产生排斥反应,就会给智慧城市的运行造成阻碍。同时,没有统一的规范和标准,城市各领域的机器、AI等就无法连接到"城市大脑",造成部门孤岛、行业孤岛、企业孤岛等问题。

2. 数据资源的流通不畅、质量较低

北京市在智慧城市建设过程中,数据普遍具有碎片化、分散性、孤立性的特点,信息缺乏在纵向部门间和横向领域间的联动和沟通,使得所获得的信息难以满足智慧化发展以及智慧城市建设全方位的信息服务需求。同时,受机制、设备、环境等的限制,信息资源的整合和协同共享并不顺畅,数据准确性、有效性和实时性未能达到商业运作的标准,数据质量有待提高。一些项目不做调查分析、没有通过权威机构的可行性论证,城市基础设施条件与智慧城市发展规划脱节,导致项目夭折,致使城市资源浪费。大量社会数据仍由互联网公司、运营商或第三方公司掌握,无法与政府数据实现充分融合,且动态时空数据不足,制约了智能技术的大规模应用,政府无法实现精

准施策。

3. 尚未形成各部门统一规划、协同推进的局面

北京市智慧城市发展涉及政务、交通、医疗、社区、环境、安全、金融等诸多领域，而各领域又分属于不同的主管部门，彼此之间相互独立、分割明显，加上智慧城市建设时间尚短，智慧城市顶层设计及整体推进方案还不成熟，致使局部亮点多，但整体发展难以协同，全市"一盘棋"的统筹规划和管理稍显不足。各部门虽然都建立了各类政务应用系统，但因为存在信息壁垒，这些资源无法实现共享应用，数据交易模式不健全。尽管5G与新基建融合将推动智慧城市与智慧园区的创新与发展，但是目前国内智慧社区建设缺乏统一的规划和部署，各建设部门之间存在"信息孤岛"，项目完成后缺少持续迭代机制，难以适应新的数字化治理升级需求。

4. 项目普遍"重建设而轻运营"，实际效益较低

北京市智慧城市发展初期，大量运营商建设了不少"软硬件"设施，却忽视了运营，一些业务反响差，应用生态少，甚至无人问津，造成了资源浪费和项目"烂尾"。尽管数据的重要性逐渐得到了重视，但搭建的各种大数据库形同虚设，没有激发数据活力、激活数据要素，最终无法有效转化为数据资产，释放数据价值。不少项目存在"重建设而轻运营"的问题，致使业务应用匮乏，部分项目建成后却沦为空壳。要想建设好新型智慧城市，就必须跳出只重建设的思维，并着重思考智慧城市项目的运营策略。智慧城市顶层设计基于完美的理想状态，过于专注新技术应用，致使城市没有合理估计实际效益就盲目地为大一统方案买单。成功的智慧城市发展不能仅仅依赖顶层设计，还要以效益为导向不断优化。因此，未来北京市智慧城市的建设关键在于提升效益。

5. 市民获得感不强

尽管当前北京市在政务、交通、医疗、社区、环境、安全、金融等诸多领域都进行了智慧城市的相关部署，推出了很多应用程序，也建设了不少智能化的基础设施，但市民的获得感和满意程度却没有显著的提升。乡镇基层的智慧化建设相对滞后，基层治理智能化水平有待提升。各部门之间的数据没有共享,不能进行业务合作,降低了办事效率,市民不能从中获得便利。重技术而轻运营等问题仍存在,智慧城市建设后的运营与市民使用感受及便利性之间仍不能很好的契合,部分功能上线后存在便利性不足、体验差和使用门槛过高等问题,导致民众使用意愿不高。如"北京通"App已融合近千项服务,但实际使用率和评价并不高。因此,在智慧城市的建设中要始终坚持以人民为中心,以人为本,通过不断比较实际工作进展与目标的差距,及时调整,强化适老助残的便利性,从而提升市民获得感、满意度。

三 国内外智慧城市发展经验

随着新一代信息技术的不断发展,数字技术与现实生活的联系越发紧密,各个国家都逐渐提高对数字经济的重视程度,利用数字化和智能化技术促进经济增长、改善人民生活已上升至国家战略。在此过程中,智慧城市作为信息技术的重要载体,扮演了至关重要的角色。在智慧城市建设方面,上海、纽约和巴塞罗那等城市在全球范围内具备一定的比较优势,因此北京可以借鉴其经验,以便更好的推进智慧城市建设。

(一)国内外智慧城市建设实践

1. 上海

上海市在2011年和2014年开展的两轮三年智慧城市建设行动计划的推动下,始终保持国内领先的信息化水平,并且移动通信、民生应用等领域在世界范围内迈入领先行列。

上海于2020年从全球350座申报城市中脱颖而出,成为首个荣获"世界智慧城市大奖"的中国城市,这得益于上海市在信息基础建设和电子政府方面取得的显著成就。以光纤宽带为代表,至2016年底,上海已经基本实现光纤到户全覆盖,达到了941万户,固定宽带的平均下载速率居全国领先地位,超过14兆;上海市政府组织电信运营企业承建、运营和不断升级无线局域网络i-Shanghai,使上海在全国范围内成为提供覆盖范围最完整、上网速度最快的公共 Wi-Fi 服务的城市。另外，上海有序推进电子政务外网建设，实现"一网通办"和"一网统管"，提高为人民服务的水平，提升政府现代化治理能力。对"一件事"的申请条件、申报方式、受理模式、审核程序、发证方式、管理架构等进行整体性再造，平均减环节69%、减时间54%、减材料75%、减跑动71%。截至2021年7月，上海市"一网通办"接入事项3197项，累计办件量1.5亿件。

2. 纽约

早在2009年1月，IBM就曾向美国联邦政府提议，应加强对于新一代智慧型基础设施的投资建设，此举措拉开了美国智慧城市建设的序幕。纽约作为美国智慧城市发展的"领头羊"，曾在《2020全球城市动态指数报告》城市排名中夺得第一，获得了全世界"最智慧城市"的称号。其在智慧城市的建设中，不仅强调云计算和物联网等新兴技术的简单应用，还强调通过数据开放和信息共享建设可持续创新生态，这为北京的数字化发展道路提供了现实参考。

数据开放是纽约作为智慧城市的核心特征之一。首先，完善的法律体系为数据高效利用提供了有效保障。2012年，纽约市政府正式通过了《开放数据法案》，此法案要求，政府及其分支机构必须向全体市民公开非机密和非隐私数据。为了方便市民获取教育、医疗、交通等数据，纽约市政府进一步简化流程，放宽权限，真正做到零成本化。此外，为了满足企业或个人对特殊数据的需求，市政府特意在其官网设立了50多个部门的数据申请接口。

在数据开放的帮助下，人们对于城市的感知开始由抽象向具体转变，驾驶员可以基于数据选择最优驾驶路线，行人也可以决定是继续步行还是选择乘坐公交车。每个人都可以利用可量化的数据来优化自身的决策，这既提高了市民的生活质量，也降低了政府的治理成本。

3. 巴塞罗那

1992年主办奥运会以来，巴塞罗那因其随后的经济增长而吸引了人们的关注，最近，它成为欧洲智慧城市的典范。这座城市使用传感器监测城市数据，这些数据通过应用程序传递给市民，或者与交通系统和垃圾处理等社区服务联系起来。

巴塞罗那通过将传感器安装在十字路口周围监测空气和噪声污染，读数可以作为公开数据自由获取。如果某个十字路口的读数很高（表示污染严重），就会调整交通信号模式，使车辆不停地通过，从而减少该十字路口周围的交通烟雾。

为解决司机停车难的问题，巴塞罗那引入了智能停车系统。嵌入沥青的传感器监测空间是否被占用，司机使用应用程序访问这些数据，并识别空位在哪里。这些传感器配备了电池和发射器，它们通过发出信号表示空间是空的还是被占用的。这些信号显示在智能手机应用的街道地图上，司机可以实时查看信息。

巴塞罗那也将低碳环保的理念应用在智慧城市的建设。为了降低二氧化碳等温室气体的排放，巴塞罗那发起了绿色城市运行计划。早在21世纪初，巴塞罗那就开始鼓励居民在日常生活中使用太阳能，在经过了多年的发展后，巴塞罗那已成为欧洲使用太阳能板密度最高的城市之一。同时，为进一步降低汽车尾气对于空气的污染，巴塞罗那大力推广新能源电车，并在全市范围内安装了电车充电站。

（二）国内外智慧城市经验

1. 重视发展数字技术和人工智能

信息技术是各个智慧城市共同强调的重要部分。完善以ICT为主要特征的信息基础设施是智慧城市建设的先决条件，从纽约市发起的"连接的城市"行动到深圳市的"双千兆城市"建设，都体现了信息基础设施的重要性，它不仅是建设智慧城市的重要组成部分，还是国家战略性、关键性的基础设施。完善的信息基础设施，可以充分发挥数字化平台功能，利用平台效应和网络效应放大智慧城市对我国经济高质量发展的积极作用。

然而需要认识到，仅仅依靠信息基础设施是不够的，要想最大限度地发挥智慧城市的优势，关键在于提高新型数字基础设施与传统基础设施的融合程度，推动市民、企业、政府之间的互联互通。上海充分利用数字技术和人

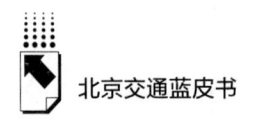

工智能治理群租房就是一个很好的例子，按照传统方式，其需要花费大量的资金在安装监控等硬件上，而政府部门在利用水电费进行建模后，以较低的成本破解了治理群租房的难题。上海通过采用数字技术和人工智能的方式，大大降低了城市治理成本，提高了城市治理能力。

2. 强调数字资源整合和加大数据开放力度

在传统的城市治理模式中，不同部门之间往往存在信息壁垒，由此产生的信息不对称现象为社会治理带来了较高的成本。从国内外智慧城市建设的实践中可以发现，强调数字资源整合和加大数据开放力度已然成为人们的基本共识。纽约制定《开放数据法案》和上海推进"一网通办"等举措，都体现出智慧城市的建设在追求更加开放的治理模式。通过提高城市数据的开放程度，市民可以轻易获取有利于自身决策的信息，在提高个人福利的基础上推动社会整体福利的上升。各政府机构跨部门获取数据所花费的时间缩短、所花费的成本大幅度降低，有助于提升不同部门之间的协同办公能力。此外，开放政务数据，提高政府公开度，有利于市民切身参与城市治理的过程，增强政府公信力。大数据平台的建立，让协同多方力量提高我国创新能力成为现实，企业、高校和科研院所可以通过云平台进行需求在线发布等方式合作，这不仅可以提高产学研能力，还可以进一步提升整个城市的创新水平。

在此过程中，还应对公共数据共享的政策框架进行进一步的优化，打破在法律和技术层面影响数据共享的瓶颈，明确公共数据共享的原则，制定公共数据共享的机制，积极推进数据开放和可视化，让数据共享和开放真正落到实处。

3. 注重市场力量的参与

在进行智慧城市建设的过程中，各个城市都意识到，仅仅依靠政府力量是不够的，应充分发挥市场活力，积极调动企业、科研院所和公众参与的积极性。考虑到数字技术变革迅速、新型数字基础设施更新迭代周期短的客观因素，以政府投资为主导的传统发展模式已不适用。对于政府主导投资的基础设施而言，其具有较强的刚性，必须严格按照先前规划好的运营周期执行，无法及时地根据现实因素进行灵活调整，在数字技术不断发展的大背景下，极易产生运营亏损的现象。相比之下，市场机制主导就显得尤为重要，它可根据市场需求灵活调整投资重点，不仅有利于降低投资失败的风险，还有利于资源优化配置，可以更好地为新技术和新模式提供发展动力。纽约与IBM公司合作建立火灾预警系统和上海市联合中国移动与车联网企业合作建立动态交通监控系统都体现了这一发展理念。

随着数字系统在城市中的普及，必然要求政府从最初的主导者向引导者转变，政府通过制定框架引领企业实现突破和创新，让多元主体共同参与城市的建设，每个人都可以成为城市的主人，而这正是智慧城市的本质内涵。

4. 坚持以人为本的建设理念

信息技术在城市管理领域的最新实践仅仅是智慧城市的一部分意义，更重要的是它代表城市治理理念的最新突破。智慧城市的本质是服务人类、便利生活，其核心和内涵是技术使生活更加智慧和美好。智慧城市的本质决定了其以人为本的发展理念、以人类生活需求为导向、以技术为重要载体。比如，大伦敦市政府（Great London，GLA）创立的"对话伦敦"（Talk London）网上社区，其主要目的在于集民思、顺民意，以人民意愿和建议为参考来制定政策，筹备智慧城市的建设。在其规划和实施中，政府实时展示智慧城市规划进程和具体方案与行动，市民可通过在线"成绩单"了解措施实行的具体进度。类似的，上海为贯彻落实"人民城市人民建，人民城市为人民"的理念，于2020年12月10日举行了"2020上海智慧城市合作大会"。以网络问卷的形式，向市民对上海智慧城市"十四五"规划的需求进行调研，全面了解市民最期待通过智能化手段解决的难题，以及市民期望的智慧城市是什么样的，让智慧城市更加"以人为本"，推动上海成为更有温度的数字之都。

四 智慧城市建设管理的目标模式和指标体系

在新一轮信息技术发展迅速的当今社会，发达国家已经开始对智慧城市建设进行探索与实践，并出台了一系列基本规划。北京在开展智慧城市建设

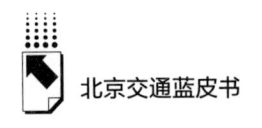

的工作中，为了确保智慧城市建设工作顶层设计的科学性，应形成完善、科学、合理、可评估的量化细则，应形成科学的目标模式以及指标体系。

（一）智慧城市指标体系构建综述

国内学者根据中国城市发展实际情况，从不同维度出发构建了不同的分析框架。王静远等（2014）以数据为中心研究智慧城市的技术体系时发现，科技部863计划"智慧城市（二期）"项目提出了"六横两纵"的智慧城市技术框架，并指出数据管理是一个重点。李志清（2014）为解决智慧城市评价指标体系庞大杂乱、不切实际的问题，提出了以智慧技术、智慧产业、智慧公民、智慧治理和智慧生活等五大领域指标为主的广州智慧城市评价指标体系。

崔璐（2018）认为人力、物力和财力是三项基本的生产要素，在智慧城市建设中，这三项基本的生产要素表现为拥有高技术的人力资源、信息流通更加流畅的基础设施以及为建设智慧城市而投入的资本，并根据智慧城市的投入—产出分析框架，从七个维度出发构建了智慧城市建设管理的评价指标体系，但部分指标数据可得性不强。王高华等（2020）对已有的智慧城市建设的指标体系进行了梳理与比较，在此基础上提出了基础设施、信息资源、惠民服务、智慧环境、智慧经济、市民体验、信息安全七个层面的指标体系，该指标体系更加侧重解决"信息孤岛"的问题，旨在提高信息贡献指标在体系中的权重，但是该指标体系却在数据可得性方面有所欠缺。郭周祥（2021）在国家发改委下发的《新型智慧城市评价指标（2018）》基础上，结合国内外不同国家城市的评价管理体系，聚焦项目建设成效，构建了更加具有通用性、覆盖面更广的智慧城市建设的评价指标体系。

胡军燕等（2020）结合指标设计的科学性、全面性和可操作性原则，从经济、人群、生活、治理和环境五个维度建立智慧城市评价指标体系，并设立8个一级指标和13个二级指标，利用因子分析、聚类分析与趋势分析对面板数据进行实证研究，数据可得性较强。宫攀和赵杰美（2017）基于国家发改委下发的《新型智慧城市评价指标（2016年）》，从科技、经济、社会、环境四个方面构建了智慧城市建设的评价指标体系,同时结合实证对青岛智慧城市建设的实践进行了测度和评价。奎永秀等(2019)分析了中国社会科学院信息化研究中心、国脉智慧城市研究中心联合发布的《第九届(2019)中国智慧城市发展水平评估报告》中所构建的指标体系,指出其评估指标在内容上顺应时代发展变化,更加突出以数据体系建设和治理为基础,以数据应用及服务为导向。

张赫等(2021)在政府—企业—公众三元主体决策视角下,构建了智慧城市建设的评价指标体系,对天津市的智慧城市建设各主体权重进行赋值计算,分析天津市智慧城市规划与建设过程中政府、企业、公众三大主体的协作运营模式。孔波等(2019)使用因子分析法构建了河南省智慧城市评价指标体系,基于可得性的原则,从已有年鉴出发构建了智慧城市建设的指标体系,但是就具体指标而言,部分指标并没有体现出"智慧化"与"数字化"的特征,而是继续沿用传统指标,指标的科学性有待提高。

葛鹏飞等(2016)以昆明市五华区为研究对象,以昆明市五华区"11316"项目为出发点,将基础设施、政府管理、城市运营能力、市民服务、保障措施五个一级指标纳入测算体系,该指标体系对于五华区智慧城市建设的评估具有显著意义,但由于其部分指标的选取是来自特定智慧城市工程的建设,因此其虽然较为新颖,但是横向的可比性不强。曲岩和王前(2018)使用主成分分析法,从基础设施、发展、科技、产业发展、智力水平五个维度构建了智慧城市评价的指标体系,同时对我国15个副省级市以及4个直辖市的智慧城市发展水平进行了比较。

王芙蓉等(2018)等基于"多规合一"的角度,分析智慧城市的特征维度之后,修正了现有的"多规合一"评价指标体系框架,设定了7个一级指标、19个二级指标、57个三级指标,一级指标包括保障体系、规划管理、数据体系、平台功能、服务性能、应用推广、其他。其运用德尔菲法进行指标权重的确定,选取全国36个城市作为样本,并在南京市进行验证。王朝南(2019)运用层次分析和模糊综合评价的方法构建了智慧城市建设的指标体系,同时对长沙市进行了实证分析,主要基于智慧城市建设效果进

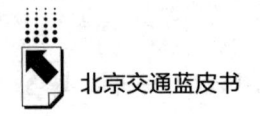

行评价，而非建设过程的投入。何琴（2019）以城市群作为研究对象，运用AHP法构建了以智慧基础设施、公共管理应用、公共服务应用、公共支撑体系为核心的评价体系，其研究对象并非单一的重点城市，所得出的结果也具有较强的普适性。

智慧城市指标体系的构建，需要赋予公共治理的科学性一定的权重。姚尚建（2021）指出，城市的数字化变革提高了城市的"可计算性"，若不能实现数据红利的充分共享以及信息在群体之间的均衡传播，则会导致居民权力与能力的被剥夺，从而使得居民陷入贫困。因此，智慧城市的建设，在指标体系的设计上，应当赋予公共治理与法制建设在智慧化指标体系中一定的权重。魏建琳（2021）从网格化管理运作机制的视角探讨了数字城市建设的设计原则，认为数字城市的建设应当由基础信息设施层、应用支撑平台层、综合信息服务层以及综合决策支持层四个层面构成。孙玉桃和孙志斌（2020）在智慧城市建设的基础上进一步提出了智慧社会的架构，认为相较于智慧城市的建设，智慧社会的建设还需要将农村信息化、城际智慧互联纳入指标体系的构建，从而实现数据福利的共享，并基于i-Social模型提出了基础投入、应用创新、产出绩效三个维度的指标体系。张俊豪（2021）在县域智慧城市发展评价中，以三维复合定位为基础，指出新型县域智慧城市应是集管理、农业、医疗、交通、文化、旅游、生态于一体的，由此提出从基础设施到农业、医疗、旅游、教育等九个维度的指标，对县域智慧城市进行评价，充分考虑县域的发展现状。

（二）目标模式

为了在智慧城市建设顶层设计之初做好总体规划，需要从整体上对智慧城市建设管理做出描述，一方面体现建设智慧城市共性基础，另一方面结合北京市实际情况体现独特性。具体来说，智慧城市建设管理目标模式可分为基础设施层、产业层、应用层三个层面。基础设施层涵盖了构建智慧城市所需要的接入设备和网络设施；产业层涵盖了支撑智慧城市的信息技术相关产业；应用层涵盖了虚拟空间的综合信息处理功能（见图1）。此外，智慧城市建设所面临的发展环境也至关重要。在此目标模式下，本报告提出北京市智慧城市建设评价维度，并构建相应的评价指标体系。

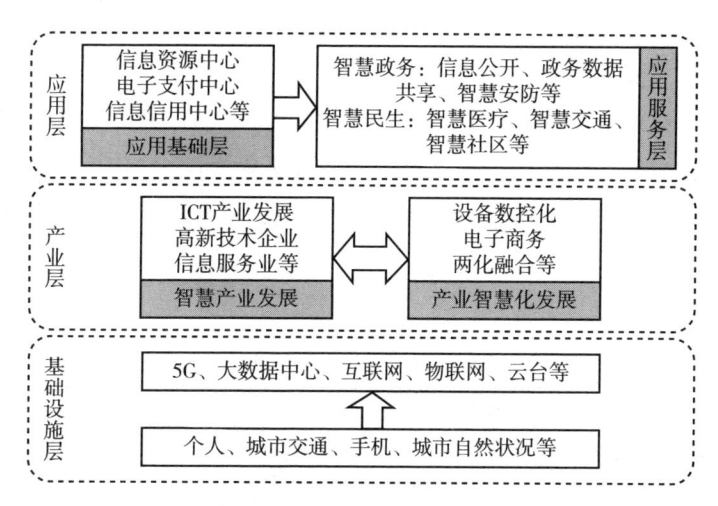

```
应用层
  ┌─ 信息资源中心
  │  电子支付中心      →   智慧政务：信息公开、政务数据      应用
  │  信息信用中心等         共享、智慧安防等                 服务
  │  [应用基础层]          智慧民生：智慧医疗、智慧交通、    层
  └─                      智慧社区等

产业层
  ┌─ ICT产业发展      ↔   设备数控化
  │  高新技术企业          电子商务
  │  信息服务业等          两化融合等
  │  [智慧产业发展]        [产业智慧化发展]
  └─

基础设施层
  ┌─ 5G、大数据中心、互联网、物联网、云台等
  │                    ↑
  │  个人、城市交通、手机、城市自然状况等
  └─
```

图 1　北京市智慧城市建设管理目标模式

（三）评价维度

结合智慧城市建设的国内外经验以及北京智慧城市建设的现状与存在的问题，本报告提出智慧城市建设管理评价指标体系应包括智慧基础设施、智慧产业发展、智慧终端应用和发展环境指数这四大评价维度。

智慧基础设施。智慧城市建设离不开网络布局，离不开智慧基础设施建设。北京市必须建设网络基础稳固、数据智能融合、产业生态完善的智慧基础设施，才能不断推进新型智慧城市建设管理，为城市各方面发展提供有效保障。

智慧产业发展。经济产业在智慧化的发展趋势是，充分利用信息技术、网络技术等智能化、智慧化科技手段，为产业的革命性发展提供强大驱动力，成为智慧城市建设管理的动力源泉。

智慧终端应用。智慧终端应用是一种结合了多种技术的综合性应用终端，可以对城市运转的各项需求及时提供智能化反馈。

发展环境指数。要推进新型智慧城市建设管理，北京市必须要打造细致

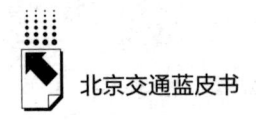

的文化软环境、营造良好的创新环境氛围、打造和谐宜居的社会服务与生态环境等，发展环境指数是智慧城市建设管理成效的最直接反映。

（四）评价指标体系

本报告基于智慧城市建设评价的客观性、全面性、科学合理性，从智慧基础设施、智慧产业发展、智慧终端应用和发展环境指数四个维度，构建北京市智慧城市建设管理评价指标体系。该指标体系包含了9个二级指标和30个三级指标（见表1）。

表1 北京市智慧城市建设管理评价指标体系

一级指标	二级指标	三级指标
智慧基础设施	传统数字基础设施	固定宽带可用下载速率
		4G网络下载速率
		光纤接入用户数
	新型智慧基础设施	移动电话普及率
		5G基站数
		5G网络下载速率
		IPv6比重
		物联网终端用户数
智慧产业发展	智慧产业规模	信息传输、软件和信息技术服务业总产值
		ICT领域主板上市企业数量
		高新技术企业规模
	产业智慧化发展情况	重点领域生产设备数控化率
		"两化融合"贯标企业数量
		应用电子商务比重
		电子商务交易额
智慧终端应用	智慧政务水平	政府机构微博和公众号数量
		政府网站服务水平
		政务数据平台项目数量
		公共信息资源共享率
	智慧民生水平	社区医疗服务覆盖率
		市民云公共服务接入应用水平
		公交电子站牌覆盖率
		公共停车场(库)系统联网率

续表

一级指标	二级指标	三级指标
发展环境指数	文化软环境	文化体育传媒财政支出占比
		数字电视用户数
	创新发展水平	科技投入财政支出占比
		每万人中研发人员数量
	社会服务与生态	社会组织单位数
		人均公园绿地面积
		环境质量检测水平

智慧基础设施是建设发展智慧城市的前提保障，是北京市实现数字化、信息化、智能化、智慧化发展的基础支撑。传统数字基础设施，即传统的电信网络基础设施，是促进城市发展的初期基础网络设施，新型智慧基础设施指基于新一代信息技术（5G、物联网、工业互联网等）的城市通信网络基础设施。

智慧产业是围绕智慧制造、知识经济等形成的技术密集型和智力密集型产业。智慧产业规模指标衡量了智慧制造、知识经济等技术密集型和智力密集型产业的规模大小，产业智慧化发展情况指标衡量了产业整体在生产经营活动中智能化、智慧化、数字自动化、网络信息化的程度。

智慧终端应用是智慧城市建设发展的直观体现，是智慧城市便民、智慧、开放、共享特征的集中展现。智慧政务是利用互联网与物联网等现代化手段，对政务服务进行的智能分析、智能响应，实现政府与公众便捷高效的互动，提升政务服务水平与效果。智慧民生是以民生服务中心为枢纽，充分融合现有资源，促进信息资源共享与利用。

发展环境指数是从城市的文化软环境、创新环境支持和社会服务与生态的角度对智慧城市从外部环境层面进行的刻画和评价，文化软环境反映了在智慧城市建设中，智慧城市工程对文化传媒事业的支持，创新发展水平指的是为智慧城市建设提供智力支持的创新环境，社会服务与生态则从社会服务质量以及生态和谐程度的角度衡量了智慧城市建设中的社会与生态的可持续性。

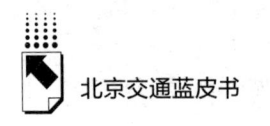

（五）智慧城市建设对比分析

自2012年国家推动智慧城市试点工作以来，我国各地的智慧城市建设取得了长足的进展，本报告调查了四个直辖市以及在数字经济领域排名前三的广东、江苏和浙江的智慧城市开展状况，以通过不同省（市）之间的横向对比，得出北京市智慧城市发展所处的水平和位置，为北京市更好地进行智慧城市建设和管理提供建议。由于统计数据的限制，在本报告构建的智慧城市建设管理评价指标体系中，5G基站数、IPv6比重、物联网终端用户数、ICT领域主板上市企业数量、高新技术企业规模、"两化融合"贯标企业数量、政府机构微博和公众号数量、政府网站服务水平、政务数据平台项目数量、公共信息资源共享率、社区医疗服务覆盖率、市民云公共服务接入应用水平、公交电子站牌覆盖率、公共停车场（库）系统联网率、数字电视用户数、社会组织单位数、人均公园绿地面积、环境质量检测水平等指标在不同地区之间存在着统计不一致或者统计缺失的问题，因此本报告仅选用了固定宽带可用下载速率，4G网络下载速率，光纤接入用户数，移动电话普及率，5G网络下载速率，信息传输、软件和信息技术服务业总产值，重点领域生产设备数控化率，应用电子商务比重，电子商务交易额，文化体育传媒财政支出占比，科技投入财政支出占比，每万人中研发人员数量指标进行测算（见表2）。

表2 我国重点省（市）智慧城市建设横向对比

三级指标	北京	上海	天津	重庆	广东	江苏	浙江
固定宽带可用下载速率（Mbps）	95.00	96.12	145.17	90.91	94.56	96.28	95.44
4G网络下载速率（Mbps）	43.06	35.58	36.94	22.16	31.68	37.48	36.82
光纤接入用户数（万个）	2084.09	2322.04	1254.63	2368.76	8653.23	7224.86	6031.51
移动电话普及率（部/百人）	181.40	176.90	125.90	117.00	129.10	120.10	137.20

续表

三级指标	北京	上海	天津	重庆	广东	江苏	浙江
5G网络下载速率（Mbps）	233.17	267.39	262.20	126.38	207.47	196.20	256.96
信息传输、软件和信息技术服务业总产值（亿元）	18661	7714	2634	2307	15692	12067	8303
重点领域生产设备数控化率	71.86	65.95	56.14	60.44	73.54	76.09	79.36
应用电子商务比重(%)	22.80	11.20	6.80	13.70	11.30	10.40	12.20
电子商务交易额（亿元）	25831.80	23624.76	4342.03	5810.33	30533.82	13189.06	12124.54
文化体育传媒财政支出占比(%)	3.16	1.99	1.08	1.33	2.39	2.28	2.28
科技投入财政支出占比(%)	5.78	5.01	3.75	1.69	5.48	4.27	4.68
每万人中研发人员数量（人）	153.62	91.89	65.35	32.94	69.09	78.93	90.13

通过分析可获得的数据，本报告选择利用熵值法对已有指标的权重进行测算，并得出七个省（市）的智慧城市建设得分。首先，为了避免量纲不同造成的影响，对已有数据进行正向标准化处理。

$$X'_{ij} = \frac{X_{ij} - \min\{X_j\}}{\max\{X_j\} - \min\{X_j\}}$$

之后计算第 i 个省（市）第 j 项指标的比重。

$$Y_{ij} = \frac{X'_{ij}}{\sum_{i=1}^{m} X'_{ij}}$$

计算各指标的信息熵。

$$e_j = -k \sum_{i=1}^{m} (Y_{ij} \times \ln Y_{ij})$$

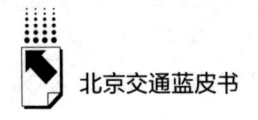

计算信息熵冗余度。

$$d_j = 1 - e_j$$

计算各指标的权重。

$$W_i = d_j \Big/ \sum_{j=1}^{n} d_j$$

最终计算七个省（市）的智慧城市建设得分。

$$S_{ij} = W_i \times X'_{ij}$$

其中，X_{ij}表示第i个省（市）第j项评价指标的数值，$\min\{X_j\}$和$\max\{X_j\}$分别为七个省（市）中第j项评价指标的最小值和最大值，$k = 1/\ln m$，其中m为省（市）个数，n为指标数。

我国重点省（市）智慧城市建设各指标权重如表3所示。

表3 我国重点省（市）智慧城市建设各指标权重

单位：%

一级指标	二级指标	三级指标	权重
智慧基础设施	传统数字基础设施	固定宽带可用下载速率	20.19
		4G网络下载速率	4.20
		光纤接入用户数	10.57
	新型智慧基础设施	移动电话普及率	12.58
		5G网络下载速率	4.35
智慧产业发展	智慧产业规模	信息传输、软件和信息技术服务业总产值	9.21
	产业智慧化发展情况	重点领域生产设备数控化率	5.98
		应用电子商务比重	7.31
		电子商务交易额	8.76
发展环境指数	文化软环境	文化体育传媒财政支出占比	6.52
	创新发展水平	科技投入财政支出占比	4.18
		每万人中研发人员数量	6.16

七个省（市）的得分分别为北京67.38778分、广东51.37409分、上海45.49477分、浙江43.58397分、江苏40.33899分、天津33.02668分、重

庆 7.11582 分。由计算结果可知,北京市智慧城市总得分排名第一,但是从一些细项上来看北京市仍然需要向有关省(市)借鉴学习:北京市的固定宽带可用下载速率在七省(市)中排名第五;5G 网络下载速率在七省(市)中排名第四;重点领域生产设备数控化率在七省(市)中排名第四。另外需要说明的是,多项指标在各省(市)之间的统计口径并不统一,且有的省(市)并未进行有关指标的统计,这对横向对比结果可能产生一定的影响。

五 北京市新型智慧城市建设管理的政策建议

结合《北京市"十四五"时期智慧城市发展行动纲要》,为实现"到2025 年,将北京建设成为全球新型智慧城市的标杆城市"的发展目标,本报告提出要重点关注以下五个方面的建设。

(一)加强顶层设计,科学统筹规划

智慧城市建设的推进需要一个紧密结合智慧城市建设整体需求的技术发展框架,并且由于智慧城市是一个复杂的系统,加强城市的协调运行设计显得至关重要。因此,要紧密结合智慧城市建设的整体需求,充分考虑建设目标、特点、原则,制定标准化的顶层设计和总体规划。

1. 制定总体技术发展框架

智慧城市是一个复杂的系统,其面临的最大挑战是构建一个技术发展框架,在这个技术发展框架下形成一个整体的信息集成架构和数据平台,这将使数据和信息能够在不同的服务部门(例如能源、交通)之间横向集成,在跟踪每个服务用户的历史和属性(例如他们的医疗信息、消费行为和教育历史)时在系统内纵向集成,并保证信息安全、可靠、可用,最终提供一个将不同部门的信息联系在一起的知识数据库。这个技术框架的构建不是由某一个部门、企业或者高校科研机构可以完成的,必须依靠政府的统筹能力和协调手段,建立能够紧密结合智慧城市建设的整体需求的技术发展框架。

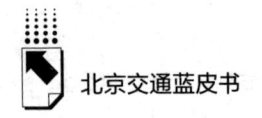

2. 制定标准化的顶层设计

当前，数家科技企业纷纷从自身角度出发去解读智慧城市建设方案，内容涉及政务、交通、医疗、社区、环境、金融等诸多方面，功能多而复杂，缺少顶层设计的统筹规划，会导致城市"多脑"问题的出现，甚至会出现与已有的治理体系和服务对象产生排斥的现象。因为没有统一的规范，各领域易形成"信息孤岛"。因此，必须充分考虑建设目标、特点、原则，制定标准化的顶层设计和总体规划，只有做好顶层设计和体制机制配套保障，才能让各条块的"大脑"都存在于畅通的数字化循环系统中，共同服务城市数字化高质量发展。

3. 制定符合智慧城市发展需要的新基础设施规划

与智慧城市相配套的新基础设施与传统基础设施相比，具有更加智能化、专业化，科技含量更高的特点，新基础设施的高质量建设离不开厘清各种不同种类基础设施的实际作用和交互关系。相互之间联系紧密的特点决定了新基础设施的建设需要统筹布局。因此，需要根据北京市各地区的实际情况，有针对性地建设适合当地发展的新基础设施，注重其与当地产业的结合。在做好前期调查的基础上，针对地区经济发展情况布局可以配套的新基础设施，同样鼓励针对地区未来的发展规划，适当进行超前的新基础设施布局，为整个北京市符合智慧城市需求的新基础设施体系的构建做好前期的准备。

（二）夯实智慧基础，强化技术支撑

智慧城市的建立是以5G、大数据、互联网、物联网、人工智能等高新技术的发展为基础的，因此需要不断加强科技创新、强化技术支撑、补齐软硬件设备短板、健全技术规范体系、加强核心技术攻关，从而为智慧城市建设夯实基础，特别是在数据方面，作为智慧城市发展的命脉，要打通各部门的数据流通壁垒，解决"数据孤岛"问题，促进信息共享，为大数据的应用提供便利。在此基础上，统筹城市感知体系，夯实云网和算力底座，强化基础平台的建设和数据服务能力，为智慧城市各类功能的实现提供有力支撑。

1. 打造以5G为基础的新型网络体系

5G是当前具有代表性、引领性的网络信息技术，具备超高带宽、超低时延、超强接入能力的优势，能够加深数字化设备泛在互联，是加快产业数字化转型、促进数字技术与传统产业融合的关键性智慧城市基础设施。推进北京市新型网络体系的建设，不能只强调硬件设备的更新升级，同时应该重视基于5G所衍生的各种服务和应用，培育数字化生态，形成数字经济新实体，推进北京数字化转型。5G的应用有利于提升整个产业链水平，推动元器件、终端、芯片等产业核心技术的突破，提高企业的研发创新能力，为北京市智慧城市发展注入新动能。以加快5G网络为支撑，加强政策指引与机制创新，加速推进5G独立组网核心网建设和商用。

2. 深入挖掘大数据中心潜力

大数据中心在北京疫情防控中发挥了重要作用，基于海量动态数据的智能采集和关联分析与计算，精准追踪高风险人群和区域，使疫情得到了及时控制，这在一定程度上体现了大数据中心建设对北京市健康发展的重要作用。经过北京市政府多年来的积极推进，北京大数据中心投资规模大、建设速度快，市场需求已基本达到饱和，数据过剩和有效处理数据的能力不足成为制约大数据中心助力北京市高质量发展的主要问题。

因此，在建设智慧城市的进程中，不能单纯追求增加投资与数量，而是要注重提升数据处理能力，加大在算法、算力领域的投入，打造与5G、人工智能等相匹配的"智能数据加工厂"。通过打造城市智慧云平台，统一整合调配北京市云计算与大数据资源，提高服务效率，实现高效可持续运营。以科技赋能提升大数据中心对社会、经济的智能化，对技术的经济化，协同新型制造业动态数据处理与优化的能力。

3. 构建面向未来的城市轨道交通

随着我国经济的快速增长，原本的产业结构发生了明显的变化，城市的交通压力日渐加大，交通基础设施已经无法满足智慧城市的交通出行需求，轨道交通建设已经成为改善城市交通状况的首选。城市交管部门通过通程信息采集和信息集约化处理技术，对城市轨道交通系统进行实时跟踪管理，提

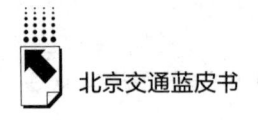

高轨道交通系统综合服务效能；通过应用云计算技术综合承载地铁各类调度指挥系统，集成统一处理调配地铁监控系统、乘客信息系统、安防系统、车场智能化系统等数据资源，实现城市轨道交通的"一图全面感知"和"一体运行联动"，使线路调度指挥系统和安防系统更加先进可靠。城市轨道交通还应坚决贯彻生态和智慧设计理念，促进线路建设运营与节能、绿色新能源、减少碳排放等创新技术的结合，积极探索轨道交通与环境、社会的协调发展，走绿色低碳发展之路。

（三）实现长效运营，转化建设成果

随着智慧城市逐步走深向实，各类科技设备呈现井喷式发展，智慧城市的具体运营方式以科技设备和数字空间的维护、运营、管理等全流程服务为重点，如何用好智慧城市将会是北京市下一阶段发展所要思考的问题。当前，智慧城市相关项目尽管很多，但正常运营且发挥效果的却很少，造成了大量资源的浪费。因此，以往"重建设而轻运营"的传统模式必须摒弃，智慧"烂尾"必须杜绝，要把建设重点转移到运营环节。

1. 构建数据全社会公开机制

运营环节薄弱的原因在很大程度上是运营环节的两端积极性不高，必须构建数据全社会公开机制，以激发企业层面公开数据、使用数据的积极性。传统上，公司通过垄断客户和营销数据来获取利润，而一旦实现数据的全社会公开，公司通过将其数据集作为开放数据发布（在进行信息脱密处理后）并在网络空间与他人共享创造新的商业机会。在适当关注个人信息保护的同时，公司会公开发布自己无法完全分析的数据。公交、铁路和出租车运营商将发布其人员流动数据；房地产经纪人将公布他们的土地和房产使用数据；电力和天然气供应商将公布他们的能源消耗数据。这些数据经过整理和整合后，将会产生商业协同效应，为社区和用户提供更好服务的新业务的潜力巨大。此外，数据全社会公开，可以使企业更加敏锐地捕捉到其他潜在的成本和收益，意识到在社会发展的同时追求公司的发展将有助于公司自身利益实现可持续增长，以做出既符合自身利益最大化又能够向社会效益最大化靠拢

的决策,通过这种方式有效地引导企业为达到目的制订相应的计划。

2. 吸引和培养数据人才

强化智慧城市配套设施的运营,必须大力吸引和培养使用人工智能分析大数据的人才。在未来几年,交通运输(自动驾驶汽车)、能源(CEMS/BEMS)、建筑(智能建筑)和商业(电子商务)等领域对此类数据分析人才的需求将激增,社会对此类数据的需求将会越来越大。对数据科学家日益增长的需求正吸引着医学和制药领域基因组大数据分析师的关注。随着与物联网相关的产品越来越多,现在迫切需要培训专业人才,来对这些产品收集的数据进行分析,进而形成对决策者有用的信息和知识。

3. 推进数字产业化与产业数字化

强化智慧城市配套建设项目的运营需要加快推进数字产业化,形成数字经济新兴产业集群:聚焦发展重点,布局数字经济核心产业,鼓励企业通过自主创新实现技术突破,掌握数据存储、边缘计算、数据加密运算等关键核心技术,通过技术创业等多种途径实现数字产业化。培育壮大人工智能产业,支持新型智能芯片、软件服务等相关基础产业的发展。人工智能产业是未来各国科技竞争的高地,是引领新一代科技创新革命的蓝海,北京市必须要加快人工智能技术在教育、医疗、家政服务等领域的应用。扶持一批高技术信息设备制造业,支持发展基于IPV6、5G商用的信息网络设备和信息终端产品及系统应用。此外,还需加快推进产业数字化,全面推进三次产业与数字经济的融合发展,实现产业结构转型升级,建立数字贸易试验区,开展数据跨境流动安全管理试点,构建适应开放环境的数字经济和数字贸易政策体系。

4. 完善监督评价体系

以智慧化标准为指导,完善智慧城市建设的运营系统评价及精细化监管评价体系。建立与完善智慧城市长效运营系统评价体系,科学开展对内容、机制、能力、成效等方面的智慧城市运营评价。建立与完善各类型城市假设信息化项目的评审管理办法,形成项目从立项到结项的闭环,依托智慧监管,实现精细化的、动态实时的监管,在第一时间发现问题、启动响应、妥

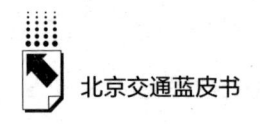

善处置，加强事中、事后监管和智慧城市建设应用成效的监督评价。结合评估结果在市、区两级遴选有代表性的应用实践作为示范标杆并予以奖补，宣传总结典型经验，组织学习与培训，以形成标准促建、监督促改、评价促优的提升发展格局。

（四）明确服务对象，实现多方协同

智慧城市建设需要从项目建设转向效益驱动，不能为了发展技术而发展技术，其本质上是提供服务，服务于需求，服务于城市发展，更重要的是服务于人。因此，在智慧城市的建设过程中，始终要坚持以人为本，增强服务意识，提升便民服务水平，结合地区实际与群众需求，推动技术创新和群众服务融合，解决民生痛点、社会关注焦点，提高产品质量和增强群众体验感，便利市民城市生活。摒弃工程师思维和公司化思维，为城市治理、民生服务等提供务实管用、方便友好的应用系统，一切以为市民服务为中心。

1. 坚持以人为中心的发展目标

智慧城市的目标必须以人为中心。随着应对气候变化的压力越来越大，北京市面临及时实现"双碳"目标，完成走向零碳社会的紧迫任务。同时作为一个人口老龄化的超大城市，北京市也面临应对超老龄化社会的紧迫任务。以上这些社会挑战，最终可能会迫使人们做出牺牲。但智慧城市的建设必须平衡社会问题的解决（整个社会的利益）和人们对美好生活的需求（个人的利益）之间的关系，做到既很好地应对这些挑战，又不妨碍人们在此过程中实现美好生活。此外，随着数字技术的应用和推广，人们的工作弹性增大、时长增加、面临的工作压力不断增大，因此智慧城市的建设更需要坚持以人为中心的建设理念不动摇。

2. 培养公众使用数据的意识

为了更好地实现智慧城市为城市居民提供服务的目标，政府和企业必须开放真实可靠的数据，同时公众必须在自己生成数据的同时，持续主动地与政府和企业接触，政府和企业必须对此做出适当回应。确保实现这一符合智慧城市发展目标的良性循环，至关重要的是逐步发展和培养公众使用数据的

意识。一旦利益相关者就服务、技术和法律进行了大量协商，公众将逐渐成为社会的主要行动者，创新将越来越多地由公众发起并为公众服务。一旦公众主动使用数据，就有可能平衡社会问题的解决与经济增长之间的关系，并为城市可持续转型创造必要条件。

3. 提高公众数据信息素养

普通大众必须具备正确解读数据和信息的素养。当居民误读数据和信息时，会以错误的方式处理问题，最终可能会错误地使用数据或信息，并产生错误的行为反馈。假设一个地区的交通违法率正在上升，但违法活动主要集中在某些热点地区，地方政府将使用数据来解决交通违法问题，政府采用何种处理方式降低交通违法率将取决于如何解释这些违法数据。但政府采取何种对策将取决于是关注违法热点还是交通行为人。此外，政府还必须考虑发布这些数据可能会如何影响当地公众的行为。这个典型的例子说明准确解释数据和做出适当反应是很困难的。因此必须特别注意公开的数据，并提高公众对数据信息的理解和判断能力，因为公众对数据信息的反应会以各种方式影响城市未来的发展。

（五）形成智慧创新生态

智慧城市的发展进步需要科技创新的大力支撑，需要形成符合新发展需要的智慧创新生态。创新生态的核心是科技创新服务体系，载体是科技服务业，具体是由科技服务机构统筹知识、技术、信息、资金、人才等科技资源，向社会提供科技创业、成果转化、技术咨询、专利与知识产权、科技金融、科学技术普及等专业科技服务和综合科技服务。北京市高端人才集聚、科技基础雄厚，通过加强科技服务业的建设，有利于统筹各方面的创新资源，完善智慧创新生态，优化提升首都创新核心功能，强化北京科创中心的作用。

1. 推动智慧教育教研

借助 AICDE 融合交织，强化数据要素驱动，推动政产学研用数字一体化。加快数据感知层建设，有序开放数据源，实现海量底层微观数据监管治

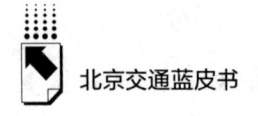

理与挖掘分析的平衡。加快数据平台层与应用层互通,补足高端科技服务人才培育短板。探索智慧科研管理,优化人才评价。充分利用大数据技术建立多元、多维度、多指标的科研人才评价模型,对科技过程及成果数据进行充分挖掘与分析,形成科研价值评估报告,将信息技术与智能分析融入科研人才评价之中。

2. 构建智慧研发体系

通过搭载以 AI 技术为核心的科技成果转化平台,对接战略研究院、高校与科学院整合创新资源,创立专业研究院引领创新载体,布局产业联合创新中心挖掘技术需求,最终形成以市场为导向的产学研深度协同的"端+管+边+云"创新转化生态。依托北京市作为全国科创中心"三城一区"主平台的科技资源,深化与国内外各高校、研究所的合作,形成以产业创新研究院为核心、以核心龙头企业为主导、以各类研究所和国内外高校为支撑的"1+1+N"发展模式。以孵化高质量科技企业为目标,创立专业研究院实现技术价值升级,引领"众创空间—孵化器—加速器—产业园"全链条创新孵化基础设施高效运转。加快产业行业数据驱动,推动数字化引领建设。发挥企业作为技术创新交易主体的作用,推动头部企业合作建设企业联合创新中心,对接企业真实、迫切的核心关键技术需求和行业共性技术需求,实现将行业共性技术需求"引上来"、创新成果和项目"落下去"的良性互动。

参考文献

崔璐:《智慧城市评价指标体系构建》,《统计与决策》2018 年第 6 期。

葛鹏飞、陈涛、杨俏、朱瑞勋:《基于指标体系的昆明市五华区智慧城市建设研究》,《特区经济》2016 年第 5 期。

宫攀、赵杰美:《基于新标准的青岛市智慧城市建设水平评价》,《国土资源科技管理》2017 年第 5 期。

郭周祥:《新型智慧城市考核评价指标体系研究》,《通信企业管理》2021 年第 5 期。

何琴：《基于 AHP 的智慧城市建设水平评价模型及实证》，《统计与决策》2019 年第 19 期。

胡军燕、修佳钰、潘灏：《基于面板数据的城市智慧度评价与分类》，《统计与决策》2020 年第 7 期。

孔波、曹淑娟、蒋红敬：《基于因子分析的河南省智慧城市评价体系研究》，《河南教育学院学报》（自然科学版）2019 年第 3 期。

奎永秀、孙泽红、宋金双：《我国智慧城市发展现状及策略研究》，《中国建设信息化》2019 年第 24 期。

李志清：《广州智慧城市评价指标体系研究》，《探求》2014 第 6 期。

曲岩、王前：《智慧城市发展水平测度指标体系的构建》，《统计与决策》2018 年第 11 期。

孙玉桃、孙志斌：《智慧社会评价指标体系构建》，《中国电信业》2020 年第 5 期。

王朝南：《智慧城市建设绩效评价指标体系构建及实证研究》，硕士学位论文，湘潭大学，2019。

王芙蓉、王亚平、吴掠桅、孙玉婷、赵伟伟：《智慧城市多规合———评价体系研究与构建》，《测绘科学》2018 年第 12 期。

王高华、张新刚、王保平、程新党、刘妍：《新型智慧城市建设模式与评价指标体系探索》，《数字技术与应用》2020 年第 2 期。

王静远、李超、熊璋、单志广：《以数据为中心的智慧城市研究综述》，《计算机研究与发展》2014 年第 2 期。

魏建琳：《数字城市视阈下网格化管理运作机制解析》，《西安文理学院学报》（自然科学版）2021 年第 3 期。

姚尚建：《被计算的权利：数字城市的新贫困及其治理》，《理论与改革》2021 年第 3 期。

张赫、黄雅哲、张梦晓、亚萌、马巧珊：《基于三元主体的智慧城市评价指标体系研究——以天津为例》，《智能建筑与智慧城市》2021 年第 5 期。

张俊豪：《县域智慧城市评价指标体系研究》，《中国标准化》2021 年第 19 期。

Abstract

In 2021, Beijing had the important achievements of improving bus operation services, low-carbon travel, integration of transportation modes, transportation integration in the Beijing-Tianjin-Hebei region, and comprehensive transportation management. High-quality transportation development has played an important role in ensuring transportation for the Winter Olympics and residents' commuting during the pandemic, which has strongly supported the construction of Beijing's "four centers" and the implementation of the national transportation development strategy. With the continuous construction of the city, the structure of the capital area is gradually complete, and the large number of urban and regional trips have put forward higher requirements for the transportation development of Beijing. At the present stage, there are some challenges, such as the rapid development of rail transit and road infrastructure network, but the lack of comprehensive connection between different networks, which results in the difficult transfer of buses and subways, the inconvenience of multi-mode transportation connections, and the decentralized management of ticket information. Based on public transportation, the gap between cars, bicycles and walking should be broken down from the two aspects of facility connection and information integration, and a comprehensive transport network led by public transportation will be built.

This report is divided into three parts. The first part is the general report, the second part is the sub-reports, and the third part is the special Topics. Firstly, the general report analyzes the transportation development situation of Beijing in 2021, and summarizes and prospects it from the perspectives of external transportation, green transportation, safe transportation, technical transportation, humanistic transportation, and tourism transportation. On this basis, this paper analyzes the

Abstract

development status of the comprehensive transport network in Beijing, and proposes the development plans and improvement methods. The topical reports focus on the subdivided fields of railway, airport, road traffic and integrated transportation. In terms of railway, according to the current situation of Beijing's existing railway resources and commuting demand, this paper studies the feasibility and inevitability of using the existing railway to provide commuter services, and puts forward the structural mode of using national railway resources to build a suburban railway commuter network. In terms of airport, this paper studies the development and construction strategies of the Airport Economic Zone of Daxing International Airport based on economic level and traffic level. In terms of road traffic, through the analysis of the current situation and problems of parking in Beijing, the optimization scheme and suggestions are put forward. In terms of comprehensive transportation, this paper studies the optimization of the integrated and efficient transfer network of Beijing's public transportation and the methods of improving the travel quality of Beijing's non-motorized transportation system, and makes an implementable strategic plan. Based on the ideas proposed by the general report and the sub-reports, the special Topics make more specific and targeted case analysis and research. Firstly, they discuss the influencing factors of occupational-residential balance in Beijing and the countermeasures to improve it. Secondly, they analyze the current situation and problems of the new smart city construction in Beijing, and put forward relevant development suggestions.

This report summarizes the important achievements of the development of transportation in Beijing in recent years, analyzes the traffic construction situation from the relevant fields, analyzes the current challenges and prospects of the future development trend, and puts forward the corresponding countermeasures and the implementation plan, so as to provide reference for the development of traffic in Beijing, and provide reference for the transportation development of other cities in our country.

Keywords: Comprehensive Transport Network; Urban Commuting; Green Transportation; Public Transportation; High-Quality Development

Contents

I   General Reports

B.1   Research Report on Beijing's Traffic Development in 2021

/ 001

Abstract: In response to the *Outline for the Construction of a Strong Transportation Country* released by the Communist Party of China Central Committee and the State Council, the Beijing transportation industry has conducted an analysis and study of the transportation development in Beijing this year, which has achieved many results under the guidance of the *Beijing Urban Master Plan* (2016–2035). Carrying out annual analysis and research is of great reference significance for future work. This report summarizes and analyses Beijing's transportation development in 2021 from the perspectives of external transport, green transport, safe transport, scientific and technological transport, humanistic transport and tourism transport. The relevant data shows that Beijing's transport has been running smoothly and orderly this year, which supports the construction of the "two districts" and promotes the high-quality development of Beijing-Tianjin-Hebei transportation integration.

Keywords: Urban Transportation; Transportation Development; Transportation Policy

B.2 Research Report on Beijing Comprehensive Transport
Network Construction and Development in 2021 / 022

Abstract: In recent years, the infrastructure construction of urban transportation in China has made great achievements, and the construction of urban comprehensive transport network is also in a stage of rapid development. This report summarizes the development experience of the comprehensive three-dimensional transportation network of cities at home and abroad by analyzing its development status. By combining the current development status of Beijing comprehensive transport network, the existing problems in its current development are analyzed, such as the low level of informatization and intelligence, the lack of smoothness and compatibility between the traffic modes in the network, the insufficient hierarchy of the comprehensive transport network, and the low level of greening. On this basis, the development concept of "convenient and smooth, economical and efficient, green and intensive, intelligent and advanced, safe and reliable" is proposed. Finally, this report analyzes the function improvement and development countermeasures of Beijing comprehensive transport, and puts forward suggestions for the short-term, medium-and long-term improvement of Beijing comprehensive transport network, such as promoting the optimization of rail transit line network, promoting the construction of comprehensive passenger transport hub, strengthening the construction of "four networks integration", and promoting the greening of comprehensive transportation.

Keywords: Comprehensive Transport Network; Urban Transport Planning; Integration of Public Transport

II Sub-reports

B.3 Research on the Mechanism of Using National Railway
Resources to Serve Urban Commuting Demand in 2021 / 064

Abstract: In recent years, the passenger flow demand between the central urban area of Beijing and the suburban new town has increased significantly. Using the national railway resources to serve the urban commuting demand is an effective way to solve the urban commuting problem. Based on the analysis of the main transport corridors in Beijing metropolitan area, the commuter passenger flow demand of Beijing suburban railway service and the current situation of existing national railway resources in Beijing metropolitan area, this study puts forward the use of suburban railway as an important starting point to carry out commuter service. On this basis, starting from the analysis of the existing problems in the development of suburban railway, combined with the advanced development experience at home and abroad, this report puts forward the corresponding innovation path and mechanism construction from the aspects of cooperation mechanism, railway planning, investment mode, operation mode, transfer optimization and so on. The relevant research results can provide a reference for Beijing to use the existing national railway resources to solve the problem of commuting demand.

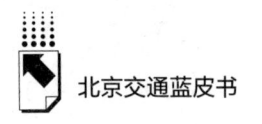

Keywords: National Railway Resources; Suburban Railway; Beijing Urban Commuting

B.4 Research on High-Quality Development Policy of the Airport Economic Zone of Daxing International Airport in 2021

/ 101

Abstract: The first task proposed in Beijing Daxing District's 14th Five-Year Plan and 2035 Vision is to expand openness and build an Airport Economic Zone at a high level. The development of the Daxing International Airport Economic Zone will not only create a new engine for Beijing's development, but also form a new highland for the coordinated development of Beijing, Tianjin and Hebei. Therefore, it is important to promote the high-quality development of Daxing International Airport by benchmarking with the international first-class level. This study focuses on the analysis of the development and construction strategy of the Airport Economic Zone of Daxing International Airport, taking the economic level and traffic level as the starting point, analyzing the Daxing International Airport against the international first-class level, and deeply exploring the construction and operation strategy of the Airport Economic Zone in terms of industrial development, traffic development, coordinated development, spatial layout, development mode and development policy, giving full play to the role of the Daxing International Airport as a hub node linking the domestic and international double circulation. Finally, we propose five measures to improve the industrial development planning of the airport economic zone, strengthen the construction of transportation system, improve the quality of service management refinement, give full play to the role of government guidance, and build a "green" airport economic zone; supplemented by three major guarantees of planning, organization and platform.

Keywords: Daxing International Airport; Airport Economic Zone; High-Quality Development

B.5 Research on Multi-Network Integration Development of Rail Transit, Ground Bus and Slow Traffic System in 2021　/ 147

Abstract: The urban rail transit system needs to develop together with the multi-level comprehensive transportation system and cooperate well to give full play to the role of the urban rail transit system. This paper focuses on the integrated connection of rail transit, bus, and ped bike system. Based on a full investigation of Beijing's existing rail transit, bus, and ped bike system, the main problems existing in Beijing's public transit network and ped bike facilities are analyzed. Correspondingly, A hierarchical optimization model of the public transit network and a travel intention selection model of the ped bike system are built in this paper. Based on the connection relationship between lines at different levels, some suggestions on network optimization and improvement of travel quality of ped bike system are put forward. These suggestions can give full play to the backbone role of rail transit, increase the passenger flows of rail transit significantly, promote the overall efficiency of public transport, and improve the transportation conditions and travel transfer environment of the whole society.

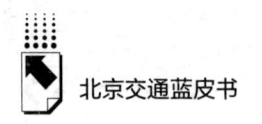

Keywords: Rail Transit; Liround Bus; Slow Traffic Non-Motorized Transportation System; Multi-Network Integration; Network Optimization

B.6 Research on the Development Mode of Beijing Parking Industrialization in 2021 / 191

Abstract: With the rapid development of urban society and economy, the number of motor vehicles in Beijing has increased rapidly, and the contradiction between the rapid increase in demand for parking facilities and insufficient supply has led to the increasingly serious problem of "difficulty parking", which affects the efficiency and safety of urban operation. In order to solve this problem, this paper analyzes the existing parking industrialization process in Beijing from five aspects issues are summarized, which are the construction and utilization of existing parking facilities, the participation of private capital, the current on-street parking management strategy and parking price system, and the current status of license management in suburbs. At the same time, through on-the-spot research and literature reading, on the basis of drawing on the advanced management experience of cities at home and abroad, targeted countermeasures and improvement suggestions are put forward for the above-mentioned five problems, so as to alleviate the problem of parking difficulties and further improve the level of urbanization.

Keywords: Parking Industrialization; Public-Private-Partnership Model; Beijing

Ⅲ Special Topics

B.7 Research on the Influencing Factors and Countermeasures of
Job-Housing Balance in Beijing / 225

Abstract: The *Beijing Urban Master Plan (2016–2035)* proposes to optimize urban functions and spatial layout, focus on changing the development model of single-center agglomeration, build a new urban development pattern in Beijing, and take the balance of work and housing as one of the development goals of the city. Focusing on the problem of occupational-residential balance in Beijing, this paper analyzes the characteristics of occupational-residential space in Beijing, and discusses the impact of urban spatial reconstruction forms of "polycentrism", "marginal rise" and "functional relief" on the balance of work-life and housing. Empirical analysis shows that rail transit, housing policy and industrial policy are the main factors affecting the balance of work and housing in Beijing. The impact of rail transit systems, housing policies, and industrial policies on the balance of work and housing in three typical international metropolises of Tokyo, Chicago, and New York is analyzed. Finally, according to the influencing factors, targeted countermeasures and suggestions are proposed to promote the balance between work and housing in Beijing.

Keywords: Job-Housing Balance; Rail Traffic; Urban Restructuring

B.8 Research on the Construction and Management of Beijing
Smart City / 266

Abstract: The construction of smart cities in China has gradually advanced, and new development trends of innovation and coordination, people-oriented, local conditions, co-construction sharing, and digital integration have emerged. Since the release of the 14th Five-Year Plan, great progress has been made in the construction of a smart city in Beijing, but there are still some problems that need to be solved urgently. This paper reviews the experience of smart city construction in New York, Barcelona, and Shanghai. After that, combined with domestic and foreign experience and the current situation and problems of Beijing smart city construction, referring to the target model of Beijing smart city construction management, this paper puts forward an index system that includes four dimensions including smart infrastructure, smart industry development, smart terminal application, and development environment index, and makes a horizontal comparison with major domestic cities based on this. Finally, the paper puts forward specific policy suggestions from five aspects which are scientific planning of top-level design, consolidation of wisdom foundation, the realization of long-term operation, clear service targets, and formation of wisdom and innovation ecology.

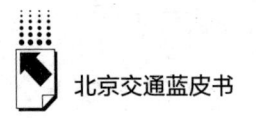

Keywords: Digital Communion; Smart City; Beijing

社会科学文献出版社

皮 书
智库成果出版与传播平台

❖ 皮书定义 ❖

皮书是对中国与世界发展状况和热点问题进行年度监测,以专业的角度、专家的视野和实证研究方法,针对某一领域或区域现状与发展态势展开分析和预测,具备前沿性、原创性、实证性、连续性、时效性等特点的公开出版物,由一系列权威研究报告组成。

❖ 皮书作者 ❖

皮书系列报告作者以国内外一流研究机构、知名高校等重点智库的研究人员为主,多为相关领域一流专家学者,他们的观点代表了当下学界对中国与世界的现实和未来最高水平的解读与分析。截至2022年底,皮书研创机构逾千家,报告作者累计超过10万人。

❖ 皮书荣誉 ❖

皮书作为中国社会科学院基础理论研究与应用对策研究融合发展的代表性成果,不仅是哲学社会科学工作者服务中国特色社会主义现代化建设的重要成果,更是助力中国特色新型智库建设、构建中国特色哲学社会科学"三大体系"的重要平台。皮书系列先后被列入"十二五""十三五"" 十四五"时期国家重点出版物出版专项规划项目;2013~2023年,重点皮书列入中国社会科学院国家哲学社会科学创新工程项目。

皮书网

（网址：www.pishu.cn）

发布皮书研创资讯，传播皮书精彩内容
引领皮书出版潮流，打造皮书服务平台

栏目设置

◆ 关于皮书
何谓皮书、皮书分类、皮书大事记、
皮书荣誉、皮书出版第一人、皮书编辑部

◆ 最新资讯
通知公告、新闻动态、媒体聚焦、
网站专题、视频直播、下载专区

◆ 皮书研创
皮书规范、皮书选题、皮书出版、
皮书研究、研创团队

◆ 皮书评奖评价
指标体系、皮书评价、皮书评奖

◆ 皮书研究院理事会
理事会章程、理事单位、个人理事、高级
研究员、理事会秘书处、入会指南

所获荣誉

◆ 2008年、2011年、2014年，皮书网均在全国新闻出版业网站荣誉评选中获得"最具商业价值网站"称号；

◆ 2012年，获得"出版业网站百强"称号。

网库合一

2014年，皮书网与皮书数据库端口合一，实现资源共享，搭建智库成果融合创新平台。

皮书网　　"皮书说"　　皮书微博
　　　　　微信公众号

权威报告·连续出版·独家资源

皮书数据库
ANNUAL REPORT(YEARBOOK) DATABASE

分析解读当下中国发展变迁的高端智库平台

所获荣誉

- 2020年，入选全国新闻出版深度融合发展创新案例
- 2019年，入选国家新闻出版署数字出版精品遴选推荐计划
- 2016年，入选"十三五"国家重点电子出版物出版规划骨干工程
- 2013年，荣获"中国出版政府奖·网络出版物奖"提名奖
- 连续多年荣获中国数字出版博览会"数字出版·优秀品牌"奖

皮书数据库　　"社科数托邦"微信公众号

成为用户

登录网址www.pishu.com.cn访问皮书数据库网站或下载皮书数据库APP，通过手机号码验证或邮箱验证即可成为皮书数据库用户。

用户福利

- 已注册用户购书后可免费获赠100元皮书数据库充值卡。刮开充值卡涂层获取充值密码，登录并进入"会员中心"—"在线充值"—"充值卡充值"，充值成功即可购买和查看数据库内容。
- 用户福利最终解释权归社会科学文献出版社所有。

数据库服务热线：400-008-6695
数据库服务QQ：2475522410
数据库服务邮箱：database@ssap.cn
图书销售热线：010-59367070/7028
图书服务QQ：1265056568
图书服务邮箱：duzhe@ssap.cn

社会科学文献出版社 皮书系列
卡号：519526465484
密码：

S 基本子库
SUB DATABASE

中国社会发展数据库（下设 12 个专题子库）

紧扣人口、政治、外交、法律、教育、医疗卫生、资源环境等 12 个社会发展领域的前沿和热点，全面整合专业著作、智库报告、学术资讯、调研数据等类型资源，帮助用户追踪中国社会发展动态、研究社会发展战略与政策、了解社会热点问题、分析社会发展趋势。

中国经济发展数据库（下设 12 专题子库）

内容涵盖宏观经济、产业经济、工业经济、农业经济、财政金融、房地产经济、城市经济、商业贸易等 12 个重点经济领域，为把握经济运行态势、洞察经济发展规律、研判经济发展趋势、进行经济调控决策提供参考和依据。

中国行业发展数据库（下设 17 个专题子库）

以中国国民经济行业分类为依据，覆盖金融业、旅游业、交通运输业、能源矿产业、制造业等 100 多个行业，跟踪分析国民经济相关行业市场运行状况和政策导向，汇集行业发展前沿资讯，为投资、从业及各种经济决策提供理论支撑和实践指导。

中国区域发展数据库（下设 4 个专题子库）

对中国特定区域内的经济、社会、文化等领域现状与发展情况进行深度分析和预测，涉及省级行政区、城市群、城市、农村等不同维度，研究层级至县及县以下行政区，为学者研究地方经济社会宏观态势、经验模式、发展案例提供支撑，为地方政府决策提供参考。

中国文化传媒数据库（下设 18 个专题子库）

内容覆盖文化产业、新闻传播、电影娱乐、文学艺术、群众文化、图书情报等 18 个重点研究领域，聚焦文化传媒领域发展前沿、热点话题、行业实践，服务用户的教学科研、文化投资、企业规划等需要。

世界经济与国际关系数据库（下设 6 个专题子库）

整合世界经济、国际政治、世界文化与科技、全球性问题、国际组织与国际法、区域研究 6 大领域研究成果，对世界经济形势、国际形势进行连续性深度分析，对年度热点问题进行专题解读，为研判全球发展趋势提供事实和数据支持。

法律声明

"皮书系列"(含蓝皮书、绿皮书、黄皮书)之品牌由社会科学文献出版社最早使用并持续至今,现已被中国图书行业所熟知。"皮书系列"的相关商标已在国家商标管理部门商标局注册,包括但不限于LOGO( )、皮书、Pishu、经济蓝皮书、社会蓝皮书等。"皮书系列"图书的注册商标专用权及封面设计、版式设计的著作权均为社会科学文献出版社所有。未经社会科学文献出版社书面授权许可,任何使用与"皮书系列"图书注册商标、封面设计、版式设计相同或者近似的文字、图形或其组合的行为均系侵权行为。

经作者授权,本书的专有出版权及信息网络传播权等为社会科学文献出版社享有。未经社会科学文献出版社书面授权许可,任何就本书内容的复制、发行或以数字形式进行网络传播的行为均系侵权行为。

社会科学文献出版社将通过法律途径追究上述侵权行为的法律责任,维护自身合法权益。

欢迎社会各界人士对侵犯社会科学文献出版社上述权利的侵权行为进行举报。电话:010-59367121,电子邮箱:fawubu@ssap.cn。

社会科学文献出版社